서울대학교 규장각한국학연구원 한국문화연구총서 21

향가해독법연구

김완진 지음

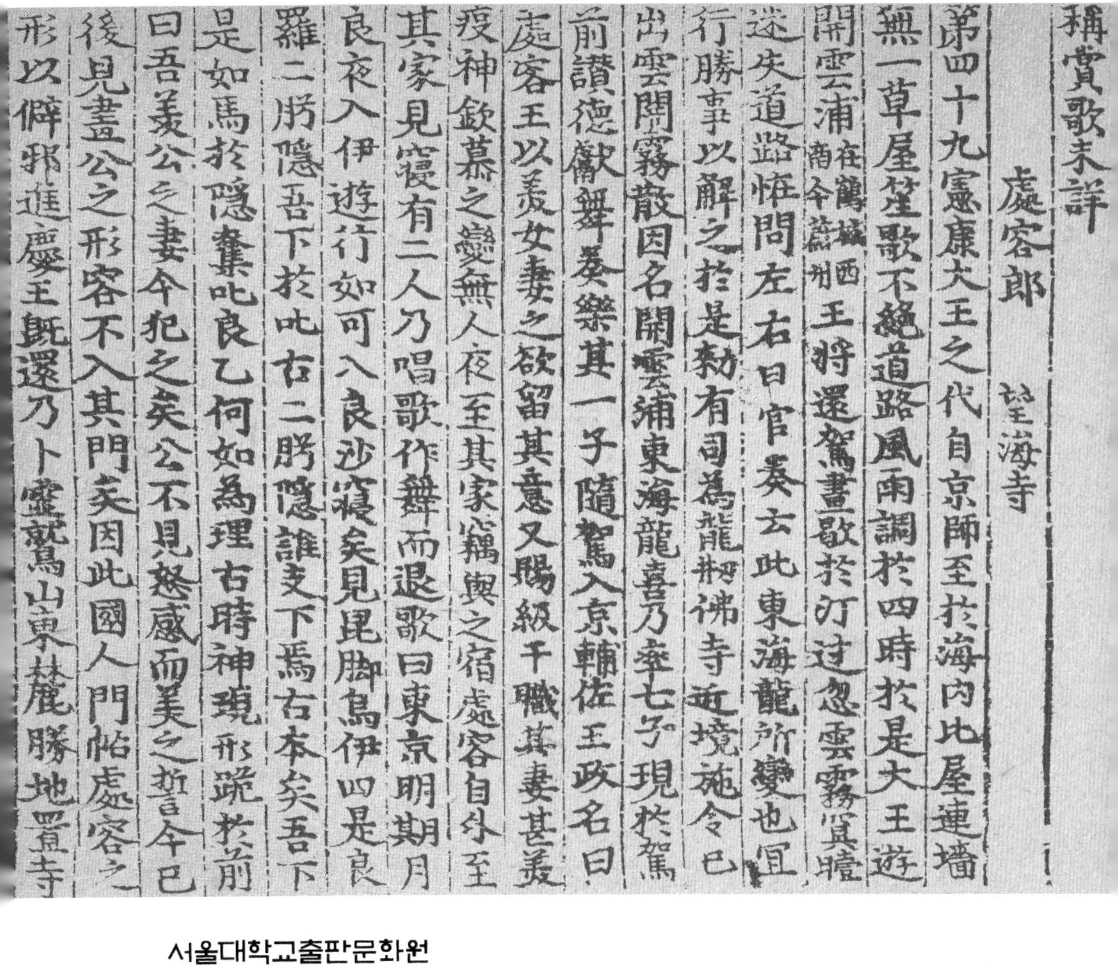

稱賞歌未詳

處容郎 望海寺

第四十九憲康大王之代自京師至於海內比屋連墻
無一草屋笙歌不絕道路風雨調於四時於是大王遊
開雲浦(在鶴城西南今蔚州)王將還駕晝歇於汀邊忽雲霧冥曀
迷失道路怪問左右日官奏云此東海龍所變也宜
行勝事以解之於是勅有司為龍刱佛寺近境施令已
出雲開霧散因名開雲浦東海龍喜乃率七子現於駕
前讚德獻舞奏樂其一子隨駕入京輔佐王政名曰
處容王以美女妻之欲留其意又賜級干職其妻甚美
疫神欽慕之變無人夜至其家竊與之宿處容自外至
其家見寢有二人乃唱歌作舞而退歌曰東京明期月
良夜入伊遊行如可入良沙寢矣見昆脚烏伊四是良
羅二肹隱吾下於叱古二肹隱誰支下焉古本矣吾下
是如馬於隱奪叱良乙何如為理古時神現形跪於前
曰吾羨公之妻今犯之矣公不見怒感而美之誓今已
後見畫公之形容不入其門矣因此國人門帖處容之
形以僻邪進慶王既還乃卜靈鷲山東麓勝地置寺

서울대학교출판문화원

이 책은 학술연구의 발전을 위한 서울대학교 학술 연구재단의 출판보조비 도움으로 간행된 것임을 밝힌다.

自 序

鄕歌 解讀의 길은 멀고도 험난하다. 우리가 不斷한 精進을 계속한다 하더라도 解讀의 本義에 맞고 어지간히 만족할만한 성과에 도달하려면 아직도 줄잡아 50년의 세월은 필요하리라고 어림하고 있다. 漢字音의 古層에 대한 지식이 극히 미미하고, 古代의 言語 體系에 대한 우리의 認識 또한 氷山의 一角과도 같은 현재의 상황에 있어서는, 心血을 기울인 解讀이라 하더라도 필경 많은 부분에 있어 中世語의 批定에 그치는 것이요 진정한 의미의 古代語의 再現에까지 이르지 못하는 것이 속임 없는 우리의 현실이기 때문이다. 욕심이야 한량 없겠지만, 아직은 어느 누구도 千年前의 先民에게 묻고 千年 뒤의 後孫에 期約한다는 말을 호기 있게 할 수 있는 處地가 되지 못하는 것이다.

따라서 현재의 우리의 노력은 五十年 百年 뒤를 내다보면서 礎石을 놓아 나가는 작업에 필적하거니와, 數三年間의 考究를 정리하여 내 놓는 이 작은 著作은 著者 자신에게 있어서도 결코 最終案이라고는 할 수 없는, 一種의 예비적 中間 報告書라 하겠다. 허다히 많은 難題들 가운데 적어도 얼마쯤은 著者 자신의 손으로 해결하고 싶은 욕구를 지니고 있는 것이다.

다른 분야의 학문에서도 마찬가지이겠지만, 先蹤의 功業을 옳게 계승한다는 것은 어려운 일이다. 長點은 이어받으면서도 그들이 저지른 또는 저지를 수 밖에 없었던 過誤를 止揚하고 새로운 認識의 길을 여는 것이 그들에 대한 眞正한 報恩이겠는데, 말처럼 쉽지 않은 것이 前轍에서 벗어나는 일임을 實感할 수 있었다. 先入見으로부터의 解放을 위하여 一旦은 旣往의 解讀을 度外視하고 자료만을 대상으로 解讀을 가다듬은 후에 旣往의 解讀들과 對比 檢證하는 태도를 취하였는데, 구체적인 解讀 論議에 이러한 態度가 많이 반영되었을 줄 안다.

鄕歌의 解讀이란 制約된 與件下에서의 어려운 작업이요, 무수한 絶望을 경험하게 되는 것이지만, 人間이 남긴 것은 人間이 풀 수 있다는 執念과

民族의 古典을 자기 힘으로 再現시킨다는 自矜이 작으나마 지금의 결실을 가져왔다고 自負하나, 돌이켜 생각하면 오늘의 著者와 이 著作이 있게 하여 준 고마운 분들의 얼굴이 눈을 가린다. 역시 학문은 개인의 것이 아니요, 학문에서만 학문이 나오는 것이라는 느낌을 강하게 가진다.

鄕歌에 대한 관심은 진작부터 가져오던 터이지만, 구체적인 연구 계획을 세우고 지금과 같이 단행본으로 출판할 수 있게 되기까지에는 韓國文化硏究所 所長으로 계시는 韓沽劤 博士의 각별한 권유와 격려의 힘이 컸음을 적어 感謝의 뜻을 表한다.

1980년 10월 28일

著　　者

차 례

第一章 鄕歌 解讀의 語學的 基準

第一節 緖 論

鄕歌는 民族의 文化的 遺産中 最大의 것의 하나다. 비록 지금에 傳存되는 것이 분량에 있어 많은 것은 아니지만, 古代에 있어서의 우리의 言語와 文學을 代表하는 大宗이라 하여도 조금도 過言이 아니다.

우선 言語的 側面에서 보아, 鄕歌 이외에도 같은 借字表記로 된 자료들, 예컨대 誓記體의 記錄이나 吏讀로 된 碑文類에서부터 典籍에 전하는 地名人名의 표기 등 여러 종류의 것들이 있지만, 音韻에서부터 統辭 構造에 이르는 情報를 제공해 주는 完全한 우리말 文章으로 된 正統的인 자료는 鄕歌밖에 없는 실정이다.

文學의 觀點에서 보아도 사정은 비슷하다. 漢譯된 韻文이나 散文들이 남아 있어 先民들의 文學 生活의 一面을 엿볼 수는 있지만, 당시의 文學 作品들을 원 모습대로 대할 수 있는 것은 鄕歌를 통해서만 가능한 것이다. 더우기 鄕歌의 文學的 價値는, 文學史的 관점에서는 現代人의 안목에서만 평가되는 것이 아니라, 당시의 사람들이 그 崇高한 뜻이 漢詩와 견주어 難兄難弟함을 증언하고 있는 것이기에, 鄕歌 作品에 대한 이해와 평가는 더욱 意義 있는 일이라 할 것이다.

비록 佛敎詩를 중심으로 한 記述이지만, 崔行歸의 譯序에서 보는 다음 글은 吟味할만한 존재라 본다.[1)]

……論聲則隔若參商, 東西易辨, 據理則敵如矛楯, 强弱難分. 雖云對衒詞鋒, 足認同歸義海, 各得其所于何不臧. 而所恨者, 我邦之才子名公解吟唐什, 彼土之鴻儒碩德莫解鄕謠, 矧復唐文如帝網交羅, 我邦易讀, 鄕札似

1) 均如傳, 第八. 譯歌現德分者.

梵書遠布，彼土難諳.……

그러나 文學 作品으로서의 鄕歌든, 古代語 資料로서의 鄕歌든, 그것이 漢字의 音과 訓을 빌어 쓰는 鄕札로 표기되어 있기 때문에 직접적인 관찰과 연구의 대상으로 이용되지를 못하고, 解讀이라는 어려운 過程을 거치지 않으면 안된다는 데에 우리의 괴로움이 있다. 따라서 소박한 形式 論理를 따르는 한에 있어서는, 鄕歌의 해독이 完成되지 않으면, 鄕歌에 대한 語學的 硏究나 文學的 探究가 불가능한 것처럼 들릴는지 모른다. 그러나 이것은 鄕歌 硏究의 實相과는 거리가 먼 이야기요, 그러다가는 鄕歌에 대한 연구다운 연구는 적어도 당분간은 나오지 못한다는 말이 될 것이다.

鄕歌에 대한 語學的, 文學的 硏究는 鄕歌의 解讀과 表裡의 관계에 선다. 解讀된 文面 없이는 語學的 硏究나 文學的 硏究가 成立될 수 없는 것이 사실이지만, 語學이나 文學의 지식 없이는, 그리고 그 지식을 바탕으로 한 前提나 假說의 設定 없이는 解讀의 進展을 기대할 수 없다는 것도 엄연한 사실인 것이다.

그러므로 鄕歌를 해독한다는 것은 곧 古代 國語의 探究요, 동시에 作品 하나 하나에 대한 文學的 理解까지를 포함하는 폭 넓은 認識 行爲라 할 수 있다. 글을 읽어야 그 뜻을 알 수 있는 것이지만, 뜻을 아는 사람만이 글을 읽을 수 있다는 論理가 여기에도 적용되는 것으로 믿는다.

물론 지금의 著者가 혼자서 이 모든 일을 해낼 수 있다고 말하려는 것은 아니다. 오히려 著者는 本分을 지켜 순수히 어학적인 側面에서의 探究에 한정하고 다른 面으로부터의 批判과 補完을 기꺼이 기다리는 것이지만, 言語 資料인 동시에 文學作品인 鄕歌 硏究의 複合性을 결코 등한히 해서는 안된다는 것을 말하고자 했을 뿐이다.

지금의 연구는 鄕歌 26首를 대상으로 하여 鄕歌 解讀의 論理를 理論的으로 追求하고 그 論理에 立脚하여 26首 全篇을 解讀하는 作業까지를 포함한다.

지금까지는 現存의 鄕歌를 25首라고 말하여 왔으나, 三國遺事에 실린 14首와 均如傳의 普賢十願歌 11首에다 睿宗의 悼二將歌 한 首를 더한 것이다. 作品의 年代가 늦고, 또한 이 作品이 發見되어 解讀된 時期가 늦기는 하지만, 적어도 解讀의 관점에서는 旣往의 鄕歌들과 다를 바 없기 때문에 鄕歌로 追加토록 한 것이다.

우리의 鄕歌 解讀을 어렵게 하는 第一의 原因은 지금 남아 있는 鄕歌 作品의 수가 너무나 제한되어 있다는 데에 있다. 우리에게도 三代目이 지금에 전하여 數千首의 노래를 대할 수 있다든지, 또는 突厥碑文의 경우와 같이 한 편이 數千言으로 된 敍事詩들을 가졌다든지 하면, 저들에서와 같이 類例를 모아 歸納시키는 방법에 주로 의존하며 비교적 평탄한 解讀 作業을 진행시킬 수 있겠지만, 우리에게 주어진 것은 길어야 10行을 넘지 못하는 敍情詩 26편에 지나지 않는 것이다. 이러한 資料的 制約은 正確하고 精密한 해독에 도달하기 위한 昇華된 方法論의 開拓을 우리에게 요청한다.

다른 학문에 있어서와 마찬가지로 鄕歌 해독에 있어서도 解讀者 個人의 直觀과 그 直觀에 이끌린 상상력이 성공적인 해독의 원동력이 된다는 점을 부인하지는 않지만, 그 해독의 타당성은 논리적으로 검증되고 객관적으로 증명되는 것이 되지 않으면 안된다.

이러한 검증과 증명에 필요한 객관적 기준을 著者는 鄕札의 표기 원리에서 찾도록 한다. 비록 借字 表記로서의 鄕札이 不足한 데가 많은 表記法이지만, 漢字의 音과 訓을 아무렇게나 이용하고 無分別하게 通用을 허락하고 하는 것은 아니기 때문에, 한 表記體系로서 당연히 지니고 있을 原則들을 抽出하는 것이다. 물론 原理니 基準이니 하는 말을 쓴다 하더라도 거기에는 상당한 例外들이 존재하기 때문에 한 基準만을 가지고 그 해독의 適否를 결정할 수는 없는 노릇이지만, 한 語形이 여러개의 基準에 맞을 때 그것이 옳은 해독이 될 蓋然性은 높아지는 것이며, 반대로 그렇지 못할 때에는 그 해독 자체가 반성되어야 할 것이다.

위에 말한 것은 解讀者에 의하여 想定된 特定한 語形에 대한 適否를 가리는 方便이었지만, 더 나아가 주어진 文面에 알맞는 語形이 어느 것이라야 하는가를 결정하는 데 있어서도 이들 客觀的 基準에 의한 檢證은 유효하다. 주어진 文面에 대하여 可能한 어형들을 최대한으로 생각해 놓고 저들 기준에 의한 검증 작업으로 蓋然性이 적은 것부터 지워나가면 가장 바람직한 어형이 남는다는 論理다.

한편, 합당한 해독을 하기 위하여는 典籍에 전하는 鄕歌의 文面에 대한 訂誤 作業을 게을리할 수가 없다. 잘못된 文面을 놓고서 해독만을 옳게 한다는 것이 불가능함은 너무나도 自明한 일이지만, 말처럼 쉽지는 않은 것이 이 訂誤 作業이다.

均如傳에서[2)]

右歌播在人口, 往往書諸墻壁

이라 한 것에서 알 수 있듯이 鄕歌는 입으로 읊기만 하는 것이 아니고 쓰여지는 文學이었기 때문에, 그리고 特히 三國遺事의 경우에는 실린 노래들이 表記 體裁와 表記 方式에 차이를 보이고 있어 模寫와 轉載를 겪은 것들임이 분명하기에 지금은 우리들이 볼 수 없는 筆寫本을 假想하며 筆寫上의 類似에 의한 轉訛까지를 생각하는 것이 남과 다른 점이다.

鄕歌의 表記 基準에 관한 論議들을 緖論에 이어 第一章에 包容하고 原典批判에 관계되는 것을 第二章에 실었으나 鄕歌 解讀의 方法論의 考究라는 點에서는 第一章의 연속이라 할 수 있다. 解讀의 實際는 분량을 고려하여 두 章으로 나누었는데, 第三章은 三國遺事에 실린 14首를 포괄하고 第四章은 普賢十願歌 11首와 悼二將歌를 담았다. 노래의 配列 順序와 그 이름은 梁柱東의 것을 따르도록 하였다. 鄕歌 解讀에 있어서의 그의 不朽의 功業을 기리려는 微衷도 들어있지 않은 바 아니나, 이런 것들을 함부로 바꾸는 것은 後學이 취할 바 태도가 아니라는 생각에서다.

解讀에 있어서는 轉字와 轉寫의 두 단계를 두었다. 轉字는 文面의 各文字에 대한 著者의 理解를 밝히기 위한 것이요, 轉寫는 轉字를 바탕으로 하여 당시의 言語를 複原하려 한 것이다.

轉寫에 있어서 中世的 表記에 準하여 한 것은 鄕歌 解讀에서의 傳統을

2) 第七. 歌行化世分者.

이어 받은 것이 되기도 하지만, 아직은 다른 文字 體系를 빌어서 표기해야 할만큼 古代語의 音韻體系에 대한 우리의 지식이 충분한 것이 아니기 때문인데, 읽는 이에게 생소하지 않다는 實用的인 利點도 있을 것이다.

中世語的 표기법에 의하면서 'ㅿ, ㅸ, ㆁ' 등의 기호를 사용하는 것이, 이들 음소의 古代語에서의 實在를 著者가 믿고 있음을 의미하지는 않는다. 그것들이 古代語에 존재치 않았다는 확실한 증거가 없고, 존재치 않았다면 그 先行形이 어떠한 것이며 어떻게 표기되야 할지 확실치 않기 때문에 취해진 표기일 뿐이다. '白'字에 대하여 '숣'으로 一貫하는 것도 같은 태도이다. 어떤 환경에서나, 특히 頭音의 'ㅅ'이 고정적으로 쓰였을까에 대하여 의심되는 바 없지 않지만, 吏讀의 讀法을 따라 그대로 고정시키고 있는 것이다. 해독과 함께 古代國語 音韻論에 대한 인식이 정밀화되면, 차차 이런 表記의 문제들도 해결을 보게 될 것이다.

解讀의 論議는 句別로 詳論하되, 語形의 例證을 위한 文獻例의 列擧를 지양하고, 旣往의 解讀者들의 解讀 論理의 比較와 評價를 위주로 하였다. 지금까지의 解讀界에서의 通弊라 할 引用과 批判의 不在를 불만스럽게 여겨 온 平素의 信念을 반영한 것이다. 남이 해 놓은 것과 자기가 새로 시도하여 책임질 일을 구별하는 것은 學問의 基本이기 때문이다.

끝에 부록으로 鄕歌에 대한 諸家의 해독을 붙인다. 著者의 選好度에 따른 선택이나, 해독의 논리적 발전을 조감할 수 있는 편의를 제공해 줄 뿐만 아니라, 著者의 해독 논의를 위한 참조에 이용될 수 있을 것이다.

解讀史的인 관점에서 마련한 것이기 때문에, 더 들어가야 할 것들이 있었으나, 몇편의 해독에 그친 업적들은 대조의 균형에 오히려 거슬릴 것을 우려하여 割愛할 수밖에 없었다.

著者는 解讀의 구체적인 논의에서 때로는 旣往의 해독들을 가혹하리만치 비판적으로 대하는 일이 있으나, 이는 새로운 해독을 유도해 내기 위한 방편이지 先輩의 功業을 허는 데 목적이 있는 것은 아니다. 오히려 그분들의 勞苦가 있었기에 오늘의 새 認識이 가능한 것이다.

第二節 一字一音의 原理

一字一音의 原理란 본래 李崇寧(1955)이 提唱한 것으로, 같은 字는 같은 音으로 읽혀야 한다는 너무도 當然한 내용의 것이었다. 그때까지의 解讀에서는 이 原理가 존중되었다고는 보기 어려운 말하자면 一字多音의 상황을 흔히 목격하는 것이었기에 古代語에 관심을 두는 사람들에게 큰 경종을 울려 준 格이 되어 그 이후의 鄕歌 해독에 많은 영향을 준 것이 사실이다. 만약 이 原理가 正面으로 拒否된다면 그것은 表記體系 자체의 파탄을 의미하는 것이 된다. 가령 '憂音', '夜音', '心音' 등의 표기에서의 '音'字를 '시름', '밤', 'ᄆᆞᅀᆞᆷ'이라 읽어 오면서 '掌音'으로 'ᄉᆞᆫ바당'이라 하고 '…音如'를 '…이다'라 한다든지 같은 '羅'字가 '라'로 읽혔다 'ㄹ'로 읽혔다 한다면,이는 결코 정상적인 일이라 할 수 없을 것이다.

著者는 '音'字에 대해서라면 '음'을 가지고 대하며 모음에 대하여는 약간의 융통성을 두어 'ᄋᆞᆷ', 'ㅁ'까지는 허용하되, 자음 'ㅁ'에 대하여는 'ㅁ'이외의 것을 허용하지 않는 태도를 지킨다. 그리하여 獻花歌의 '執音乎手'에 있어서도 '자ᄫᅳᆷ온손'으로 一貫하고 '掌音'에 대하여는 'ᄉᆞᆫᄫᅩᆷ'을 再構하기에까지 이르는 것이다.

이렇듯 一字一音의 原理를 堅持해 나가므로써 解讀을 恣意(?)의 볼모가 되지 않게 할 뿐만 아니라, 새로운 言語事實 또는 그 用例를 확인하게 되는 것이니, '執音馬'를 '자ᄫᅳ며'로 읽지 않고 '자ᄫᅳ마'로 읽으면서 前記의 '執音乎手'에 있어서의 '音'字의 용례와 함께 持續態의 存在를 推定하게 되고, 더 나아가 이 '음'이 現存形의 'ᄂᆞ'나 未來形의 '리'에 후속하므로써 '…ᄂᆞᆷ다', '…림다'라는 새로운 연구 대상도 확보할 수 있게 되는 것이다.

그러나 漢字가 우리말의 모든 音節型을 다 나타낼 수 없는 이상, 어느 程度의 近似性에 머물 수 밖에 없었다는 사정은 考慮되어야 한다. 가령 對格을 나타내는 자리에 '乙' 또는 '肹'만이 나타나는 것을 보고, 古代國

語에는 對格 接尾辭로서 '을' 또는 '홀'만이 쓰이고, '올', '홀'은 존재하지 않았다든지, 또는 母音調和가 존재하지 않았다든지, 또는 더 나아가 古代國語에 'ᄋ'가 音素로 존재하지 않았다는 말까지를 할 수 있을는지는 매우 의심스러운 것이다.

분명히 '올/을'의 대립이 존재했던 中世의 口訣 자료에서도 對格은 '乙'로만 표기되었지 '올'을 위한 다른 기호를 가지지 않았던 것은 '올'을 나타낼 文字가 없어서이기도 하였겠지만, '올'과 '을'을 區別해서 적어야 하는 切實한 必要性을 느끼지 않은 탓이라고도 할 수 있겠다.

主題格의 '은'의 경우도 對格의 '을'과 매우 비슷하여 보통은 '隱'字로 표시되는 것인데, 梁柱東(1942:257-258)이 비상한 洞察力을 가지고 看破했듯이 '焉'字가 代用된 경우에는, 中世國語로 치면 '온/는'이 올 자리에 해당되는 것이다. 이 發見은 '焉'字의 古音 推定에 공헌할 뿐만 아니라, 音素로서의 'ᄋ'의 存在, 및 母音調和의 實在까지에 대해서 상당히 肯定的인 示唆를 해 주는 것으로 이해한다.[3)]

梁柱東의 示唆에 따라 屬格으로 쓰인 '矣, 衣'字를 조사한 결과도 '隱, 焉'字의 경우와 동일함을 著者는 확인할 수 있었거니와, 先行 形態素의 末音 'ㅁ'과의 결합으로 이루어진 '未, 米'에 있어서도 비슷한 경향을 볼 수 있는 것 같다.

유독 '乙'字의 경우에, '焉', '衣'에 해당되는 짝이 없는 것은, 그에 합당한 漢字가 없었던 데 말미암은 것이지, '온/은', '의/의'는 존재하면서 對格만은 단일 형태로서의 '을'을 지켰기 때문이라고는 말하기 어려운 것이다.

한편 主題格의 경우 '온/은'에 대립되는 重加形의 존재를 적극적으로 시사하는 表記가 보이지는 않지만, 그 사실만 가지고 古代語에는 重加形이 존재하지 않았다든지, 그것은 後代의 발달이라느니 하는 말을 하는 것은 性急한 일이 아닐까 한다. 著者는 '於'字의 訓 '늘'을 對格 重加形

3) 따라서 母音調和의 存在를 古代國語에 대해서 부정하거나 회의하려면, 이러한 자료들의 증언을 누를만한 强한 反證이 필요할 것이다.

'를'에 연유하는 것으로 생각하며, 鄕歌 解讀에서도 그렇게 訓讀하는 일이 있거니와 (伊於衣波=뎌를 니버), 對格에만 重加形이 存在하고 主題格에는 그에 비견할 것이 없었다고 하기는 어려우므로 '隱, 焉'이 나타내는 것은 '은, 온' 만이 아니라 '는, 눈'까지가 포함되는 것으로 보는 것이다.

要컨대 鄕歌의 표기란 一種의 形態音素論的 表記로서 通音이란 이 범주 및 그에 準하는 테두리 안에서만 可能하고 그 밖에는 一字一音의 原理를 侵犯할 것이 아니라는 말이다.

'肹'字에 대하여 그 音을 '흘'로 하면서도 對格으로서의 '肹'을 고지식하게 '흘'로 읽지 않고 '올/을', 때로는 '룰/를'로 읽는 것을 서슴지 않는 것도 비슷한 이유에서다. 現代的인 관점에서 보면 '흘'이 '을'과 等價의 것이 아니지만, 最近까지 'ㅎ' 曲用이라는 말이 쓰이었던 것처럼, 名詞末音의 'ㅎ'과 '을'의 결합으로서의 '흘'은 '을'의 異形態처럼 보이는 것이요, 바로 이 似而非 異形態 '흘'로 對格을 대표시킨 것이 '肹'이라고 보기 때문인 것이다.

'良'字를 著者가 '라/아'로 읽는 것도 같은 이유에서다. 處格이나 副動詞 語尾로서의 '라'가 一定한 規則에 따라 그 'ㄹ'을 탈락시키는 것이라 假定하며 子音 아래에서는 '아'로 母音 아래에서는 '라'로 하고 있는데, 著者의 이 假說的 理解가 타당한지의 여부는 앞으로서의 考究의 대상이 될 수 있을 것이다.

著者는 이 形態音素論的 表記 態度를 漢字音의 制約에서 온 不得已한 것이었던 것으로만 이해하지를 않고, 能動的인 自制力을 발휘한 것이라고 肯定的인 평가를 한다. 音聲 표면과의 약간의 乖離를 甘受하면서 形態素 中心의 表記를 할 수 있으므로써 表記 效果를 높이고 借字의 數를 줄일 수 있었다고 보는 것이다.

一字一音의 原理는 그 逆으로서의 一音一字까지를 뜻하는 것은 아니다. 借字 表記의 文字生活이 더 오래 持續되었었다면 日本의 假名에 있어서와 같이 '一字一音=一音一字'의 결과를 가져왔겠지만, 鄕歌에 있어서는 같은 音이 다른 글자들로 표기될 수 있었던 것이다. 예컨대 '리'의 표기에는 '里', '理', '利' 이외에 알 수 없는 이유로 해서 '呂'字까지가 쓰이고 있는 것과 같은 것이다.

같은 字가 音讀도 되고 訓讀字로도 쓰인다는 것은 一字一音의 原理에 어긋나는 것이 아니다. 이러한 兼用은 表意文字의 多義性과 함께 이집트나 近東의 古文書 解讀者들을 괴롭히는 큰 요인이기도 하였던 것이지만, 이른바 借字表記의 宿命으로 오히려 正常的인 것이라고 甘受하는 수밖에 없고, 解讀은 바로 이 訓讀字와 音讀字의 識別에서부터 出發하는 것이다.

一字一音의 原理는 訓讀字의 檢討에서도 어느 정도까지는 유용하게 원용할 수 있다. 가령 '身靡只碎良只塵伊去米'의 '塵伊'는 '드트리'라 읽혀오던 존재인데, 著者는 '伊'를 音讀하지 않고 訓讀하여 '드틀뎌'라 읽으며 '몸이 부서져, 티끌이 가매'보다는 '몸이 부서져 티끌되어 가매'라 읽는 것이 더 자연스럽다고 믿거니와, '塵伊'를 '드틀뎌'라 읽었다면 '佛伊衆生毛叱所只'에서의 '佛伊'로 '부톄'니 '佛이'니 하고 읽을 것이 아니라 '부텨뎌'라고 읽어야 하는 것은 당연한 요청이라 할 수 있다. '부처가 衆生이 끝나도록'이라고 보는 것도 이상하지만, 갑자기 여기서 '伊=이'를 共同格이라 하는 것도 납득할 수 있는 논리는 아니다. '부처되어 衆生이 다 없어질 때까지'를 가능케 해 주는 것이 바로 '伊=뎌'인 것이다.

鄕歌에서는 '于萬(隱)'이 세번 쓰이고 있는데, 일단 한 곳에서 'ᄀᆞ만'이라고 읽혔으면 다른 곳에서도 'ᄀᆞ만' 또는 '가만'으로 읽힐 公算이 큰 것이다.

그리고 좁은 범위 안에서라면, 예컨대 같은 노래 안에서라는 제약하에서라면, 一字一音의 逆으로서의 一音一字의 경우에 해당하는 것까지를 기대할 수 있을 것이다. 가상하여 '집'이라는 단어가 일단 '宅'이라는 文字로 나타났으면, 다음 行에서도 '宅'으로 나타날 확률이 높은 것이요, '家'나 '屋' 같은 同意 내지 類義의 漢字로 나타나거나 音借에 의하여 表記될 확률은 낮아지는 것이다.

著者가 鄭然粲이나 徐在克과 함께 梁柱東의 慕竹旨郞歌 첫 句 '去隱春皆理米'에 대한 '간봄 그리매'라는 해독을 不信하는 이유가 바로 여기 있으니, 같은 노래 안에서 '慕理尸心未'라는 표현으로 동사 '그리-'를 성공적으로 표기하고 있는 處地에서 군이 '皆理'와 같은 不充實한 音借로 '그리-'를 표기하려 하였을까 하는 것이다.

一字一音의 原理를 말하면서 함께 言及해 둘 것에 轉寫에서의 音의 補入이라는 문제가 있다. 鄕歌의 表記에서 흔히 생략되었다고 보이는 것에 繫辭의 '이'와 함께 媒介母音으로서의 '으/ᄋᆞ'가 있으며, 子音 아래에서의 半母音도 거의 표기되지 않는 성향을 보인다. 不可不 거기에 있지 않으면 안된다고 믿어지면서도 表記 慣習으로 省略된 것을 補充하는 것은 解讀者의 의무인데, 때로는 이 작업 때문에 讀法에 대한 오해를 본의 아니게 받을 수가 있다. 著者가 轉字와 轉寫를 구분하는 이유도 일부는 여기 있는 것이지만, 解讀의 표면만 가지고는 音讀의 一貫性 與否가 判別되지 않을 수 있는 것이다.

가령 존경의 보조어간을 나타내는 데 恒用되는 '賜'의 경우 著者는 音 '시'로 一貫하면서도 轉寫에서 그것을 '샤'로 하고 있는 경우들이 있을 것이다. 그러나 이것이 가다가는 '샤'로도 읽힌다는 것을 의미하는 것은 아니고, 鄕歌의 표기에서는 형태소 '-시-'를 '賜'로 나타내되, 그것이 의도형의 어미와 결합되었을 때에도 그것을 反映하지 않고 '賜'로만 적는 표기 전통이 있었던 것으로 인식한 것을 나타내는 것이다.

'好支賜乎隱'이나 '持以支如賜乎隱'과 같은 표기에서의 '賜'는 그 다음의 '오'의 存在로 보아 절대적인 '시'이지만, '去賜矣'의 '賜'는 '아'를 보충받아 '가샤듸'로 읽히지 않으면 안된다. 결국 이러한 '賜'의 특수성이 吏讀의 독법에서 '賜'를 一律的으로 '샤'라 읽게 한 것이겠지만, '賜'를 著者가 때로 '샤'라 읽었다 하더라도 그것은 '샤'를 '시'의 古形으로 보고 '賜'를 모두 '샤'로 읽은 분들과 같은 態度에서 나온 것이 아님을 밝혀 둔다. 다만 '-샨', '-신', '-샬', '-실'과 같이 두가지로 읽힐 듯싶은 경우에는 '賜乎'의 존재를 고려에 두고 '-신', '-실'로만 읽는다.[4)]

---

4) 著者는 한동안 '賜'에 대하여 해독 표면에서까지 엄격히 '시'로 임해 왔으나 지금의 반성은 최근의 것이다.

第三節　訓主音從의 基準

'川理=나리', '心音=ᄆᆞᅀᆞᆷ', '慕理=그리-', '改衣=가시-' 등에서 보는 바와 같이 뜻을 나타내는 글자를 머리에 놓고 다음 글자로 그 形態의 끝 부분을 나타내는 方式을 著者는 訓主音從이라 부르거니와, 이는 鄕歌 表記에 있어서의 基本 모델이라고 할만한 것이었다. 이 方式은 읽는 사람으로 하여금 그 말의 뜻을 파악하게 함과 동시에 그 語形을 짐작케 하여 다른 類義語를 배제시켜 주는 效果的인 方式이었던 것인데, 古代의 이집트나 近東에서의 表記 方法이 역시 이 모델을 主로 하였던 것도 우연한 일은 아니었다고 본다.

물론 鄕歌의 表記例들을 분석해 보면, 訓主音從에서 벗어나는 것들이 꽤 있는 것이 사실이나, 特定한 語句의 해독이 訓主音從의 틀을 전제로 한 것일 때, 그 해독은 正鵠을 얻은 것일 수 있는 확률이 높으며, 반대로 이 모델에서 벗어난 해독들에서 再考되어야 할 예들을 많이 보는 것이다. 특히 여러 字를 내리 音讀하고 있을 때, 그 위험성은 가장 높아지는 것이라고 말할 수 있다.

가령 怨歌의 '行尸浪 阿叱沙矣以支如支'의 圈點 부분을 梁柱東이 '애와티듯'으로 읽은 것은 그 가장 심한 예에 속하거니와, 著者가 '믉겨랏 몰애로다'라 읽었을 때에는 전체적으로 訓主音從의 질서를 지킨 것이 된다.

또 前章에서도 잠시 言及했던 慕竹旨郞歌의 '皆理米'가 '그리매'로 읽힐 가능성을 줄여 주는 또하나의 이유가 바로 이 석자를 내리 音讀했다는 데 있으며, 著者가 鄭然粲이나 徐在克의 'ᄀᆞ리매, ᄀᆡ리매'로의 改讀을 굳이 마다 하고 '몯 오리매'로 읽기를 제의하는 理由의 一部도 여기 있는 것이다.

'皆'를 '모도'로 訓讀하고 '理米'로써 어미 '-리매'를 삼는 것인데, 표기에 이용된 訓과 실제로 의도된 語詞가 音相의 一致는 가지지만 同一하지 않다는 점에서 '川理'나 '集刀'의 경우들과는 구별된다. '川'이나

'集'이 의도된 語詞의 의미를 직접적으로 지시하는 正統的인 訓借로 이를 正借라 한다면, 語形의 相似를 바탕으로 訓을 빌어 쓰는 借用 方式은 一種의 假借로 梁柱東이 이르는 義訓借라 할 것이다.[5] 假借는 漢字와 같은 表意文字의 세계 자체 안에서도 상당한 예를 볼 수 있는 존재거니와(가령 '朋'字가 본래는 새(鵬)를 뜻하던 것인데, 同音으로 하여 '벗'의 뜻에 假借된 것과 같은 것이나, '維'가 '惟'나 '唯'로 통용되는 따위), 鄕札과 같은 表記體系에서는 뜻보다도 語形에 置重하는 표기 태도가 되는 것이겠다.

禮敬諸佛歌의 '心未筆留 慕呂白乎隱佛體前衣'에서의 '慕呂'는 '그리-'(畫)라는 동사를 '그리-'(慕)로 나타낸 예이지만, '花乎白良'는 명사 '곶'과 '乎'(오)의 결합으로 동사 '고조-'(拱)를 나타낸 것이며, 著者의 해독 '몯 오리매'(皆理米)는 부사 '모도'로써 '몯'(不能)+'오'(來)의 결합을 나타낸 것이 된다.

'川理', '心音', '集刀', '慕理' 등에서의 '理', '音', '刀', '理'와 같이 語形의 示唆를 위하여 訓讀字 밑에 받쳐 적는 字들을 梁柱東을 따라 末音添記라 부르기로 하거니와, 末音添記를 기준으로 표기 양식을 분류해 보면 다음과 같아진다.

a) 無添記
b) 純正添記
c) 代替添記
d) 附加的添記
e) 確認添記

5) 실제로 解讀에 임하여 보면, 義訓借를 거의 쓰지 않고 正借만으로 表記한 작품과 義訓借가 꽤 愛用된 듯한 作品을 식별해 볼 수 있게 되어 있다. 月明師의 두 작품인 兜率歌와 祭亡妹歌에 있어서는 적어도 語幹 부분에 관한 한 義訓借라고 할 것을 發見하지 못하는 데 비하여, 普賢十願歌에서는 義訓借의 예들을 꽤 많이 만나게 된다. 表記者 개인의 選好의 결과라 할 것인데, 解讀者의 관점에서는 正借로 된 것이 誤讀의 危險 負擔이 적은 것이니, 月明師의 작품들의 해독이 비교적 成功的일 수 있었던 것은 그 表記의 透明性에 의존하는 바 클 것이다.

첫째 無添記는 文字 그대로 末音添記가 전혀 加해져 있지 않은 것을 말함이니, 당시의 表記者의 관점에서 말한다면 末音添記를 하지 않더라도 읽는 사람이 읽는 데에 별로 어려움이 없을 것으로 생각한 것을 나타내는 것이겠다. '春'(봄), '今日'(오늘), '朋'(벋), '母牛'(암쇼), '白'(힌), '露'(이슬), '兩手'(두손), '處'(곧), '希仰攴'(ᄇᆞ라울워러)와 같은 것들이 이 범주에 들 것인데 마지막 例에서의 '攴'는 指定文字이지 末音添記가 아니다.

純正添記는 末音添記의 典型이라 할 것인데, 머리의 訓讀字가 지시하는 형태소 (또는 단어) 자체의 끝 부분을 나타내는 것이니, 다음과 같은 것들이 이 부류에 든다.

'心音'(ᄆᆞᅀᆞᆷ), '川理'(나리), '千隱'(즈믄), '惡寸'(머즌), '沙矣'(몰애), '夜音'(밤), '道尸'(길), '岩乎'(바회), '惡知'(엇디), '佛體'(부텨).

代替添記는 위에 온 字의 訓 또는 音의 一部를 代替하는 성질의 것인데, 傳統的인 略(音)借라는 개념을 인정한다면 대부분 다음에 말하는 附加的 添記라 할 수 있는 것들이다.

'直等隱'(고ᄃᆞᆫ), '八陵隱'(가ᄅᆞᆫ), '滄陵隱'(ᄆᆞᆯᄅᆞᆫ), '月下伊'(ᄃᆞ라리), '有叱下呂'(이샤리).

한편 이것과는 작용의 방향이 반대가 되는 것이지만, '良'字가 '라/아'로 읽힐 때의 '아'는 子音 아래에서의 일로 그 子音에 의하여 '라'의 'ㄹ'이 代替된다고 볼 수 있다.

'潤良只'(저적), '硲良只'(ᄇᆞ삭), '修良'(닷가), '斜良只'(빗걱).

附加的添記란 體言의 助詞나 用言의 語尾 같은 것이 添記된 것으로 그 용례가 가장 많은 것은 자연스러운 일이다.

'前衣'(알ᄑᆡ), '至去良'(니르거라), '筆留'(부드로), '頓部叱'(ᄇᆞᄅᆞᆺ), '去隱'(간), '爲賜尸知'(ᄒᆞ실디), '目肹'(누늘), '冬矣也'(겨ᄉᆞ례여), '去內尼叱古'(가ᄂᆞ닛고), '聞古'(듣고), '來叱多'(왯다), '佛體刀'(부텨도).

確認添記란 音借字의 末音에 대한 확인을 위한 것으로 '于萬隱'(ᄀᆞ만, 가만), 使以惡只(브리이악) '知皆矣'(알ᄀᆡ) 등에서의 '隱', '只' '矣'가

그렇게 쓰인 것들이다.

末音添記의 實際 例들 가운데에는 위에서 論理的으로 분류한 순정첨기와 부가적첨기의 기능을 복합적으로 수행하는 것들이 있게 되는데, 예컨대 '心未'(ᄆᆞᅀᆞᆷ), '月羅理'(ᄃᆞ라리), '迷波'(이ᄇᆞᆯ), '擬可'(비겨) 등에서의 끝의 字가 그런 例들에 속한다.

訓主音從이라고는 하지만, 종속적인 자리에 오는 것이 반드시 音讀字만은 아니고 訓借에 의한 末音添記의 경우도 적지 않이 발견된다. 가령 慕竹旨郞歌에 보이는 '作乎下是', '有叱下是'에서의 '下是'는 어미 '-아리'를 나타내기 위한 것으로 均如의 '下呂'와 같은 것인데, 前者에서는 두 字 모두를 訓讀한 것이고 後者에서는 '下'字를 訓讀하고 '呂'를 音讀한 차이가 있을 뿐이다. 讚耆婆郞歌와 怨歌에 보이는 '月'의 主格形 '月羅理'는 'ᄃᆞ라리'를 나타내기 위한 것인데, 願往生歌에 있어서는 같은 'ᄃᆞ라리'가 '月下伊'로 표기되어 있다. 앞의 것에서는 '라리'가 '羅理'로 添記되어 있고 後者에서는 '아리'가 '下伊'로 표기되어 있는 것이 다를 뿐이다.

이 末音添記는 鄕歌의 해독에 공헌하는 바 클 뿐만 아니라, 古代國語의 音韻論과 形態論 및 統辭論 연구를 위한 구체적인 자료를 제공해 준다는 점에서 그 價値는 莫重한 것이라 할 수 있다

'舊理', '倭理', '星利' 등의 명사의 표기에 '川理', '世理'에서와 같은 '理' 또는 '利'가 쓰이고 있는 것은 이들 명사가 中世語에서와는 달리 두 음절의 단어로서 '리'로 끝나고 있었던 것을 말해 준다. 요행히 '川理'나 '世理'에 대하여는 '나리'나 '누리'라는 대응형을 알고 있어 해독자들이 처음부터 '나리', '누리'로 읽을 수 있었지만, '舊理', '倭理'에 있어서의 '理'는 '녜', '예' 밖에는 생각할 수 없었던 초기의 해독자들을 당혹시키기에 알맞은 것이었다. 그리하여 그들은 '理'가 'ㅣ'를 위한 略音借가 되고 '利'는 'ㄹ'을 위한 略音借가 되고 하는 수밖에 없었지만, '伊'나 '是'나 '以', 그리고 '尸'을 놓아 두고, '理', '利'에 호소한다는 것은 아무리 古代의 借字表記에 있어서라 하더라도 생각하기 어려운 일이다. 우리에게 있어서는 '理', '利'의 가치는 절대적이다. 이 글자들로 표

기된 명사들은 '川理'(나리), '世理'와 한가지로 '리'로 끝난 명사였던 것이니, 이 표기로써 古代語에 있어서의 '녀리', '여리', '벼리'와 같은 語形이 확인되어 音韻論과 形態論의 자료로 확보되는 것이다. '녀리', '여리'가 V—*i*의 환경에서의 'ㄹ'의 탈락으로 '녜', '예'로 발달한 것이겠음은 '나리>내', '누리>뉘'의 발달로 용이하게 추측할 수 있는 것이지만, '벼리>별'의 경우는 '栢史'로 표기된 '자시'의 '잣'으로의 발달과 함께 우리가 전혀 예기하지 못했던 새 과제를 제공받는 것이 된다.

'舊理', '倭理'를 통해서 얻은 '理'에 대한 우리의 확신은 '汀理'까지를 '믈서리'라 읽게 한다. 그러나 讚耆婆郎歌의 '汀理'와는 달리 '叱'字를 받쳐 '汀叱'로 표기된 彗星歌의 예까지가 '믈서리'일 수는 없다. 그것은 '叱'의 末音添記에 의하여 '믌ᄀᆞᆺ'이라야 하는 것이니, '汀'字에 두개의 訓이 있다는 것, '믈서리', '믌ᄀᆞᆺ'이 類義語로 존재했다는 것을 알게 되는 것이다.

명사들에 있어서만이 아니고 용언의 어간에 대해서도 적어도 하나만은 V—*i*의 위치에 'ㄹ'을 가졌다가 그 'ㄹ'을 잃어 單音節化된 것임을 확인할 수가 있다. 禮敬諸佛歌와 稱讚如來歌에 '邀里白乎隱'과 '邀呂白乎隱'이라는 표기를 보는데 梁柱東 이래로는 '뫼시리ᄉᆞᆯᄫᆞᆫ'이라 읽어오고 있다. '舊理', '倭理'를 '녜', '예'라 읽으며 '理'를 'ㅣ'를 위한 略音借라고 했던 것을 상기한다면, 여기서도 당연히 '里' 또는 '呂'를 가지고 '뫼-'의 'ㅣ'를 위한 略音借라고 했을 것이 기대되는데도, 그렇게 읽지 않고 '里/呂'로써 未來形의 '-리-'로 한 것은 小倉進平이 '邀'를 '맞-'으로 읽으며 不得已 '里/呂'로 未來形의 '-리-'를 삼을 수 밖에 없던 것을 잘못 물려받은 것이다. '白'앞에 이러한 어미가 올 수 없음은 自明한 것으로 '邀里(呂)'에서의 '里/呂'는 '慕理尸', '慕呂白乎隱'에 있어서의 '理', '呂'와 한가지로 語幹에 대한 末音添記라 하지 않으면 안된다. 여기 우리는 中世語의 '뫼-'에 대한 古代語의 對應形으로서의 '모리-'를 확보하는 것이다.

末音添記에 의해서 의심할 여지없이 확인되면서, 中世語의 자료들만 가지고서는 상상도 할 수 없었던 것이 'ᄃᆞ라리'(月羅理, 月下伊)의 존재다. 中世語의 'ᄃᆞᆯ', 'ᄃᆞ리'(主格形)으로부터는 이렇다 할 단서도 찾을 길이 없는 것이지만, 놀랍게도 'ᄃᆞ리'에 해당하는 語形은 'ᄃᆞ라리'로 실증되는 것이다.[6]

古代 國語에 대한 形態論的 내지 統辭論的 記述도 末音添記에 대한 省察을 통하여 가능해진다.

執音乎手母牛放敎遣(獻花歌)
花肹折叱可獻乎理音如(獻花歌)
國惡太平恨音叱如(安民歌)
窟理叱大肹生以支所音物生(安民歌)
火條執音馬(稱讚如來歌)
法界餘音玉只出隱伊音叱如支(懺悔業障歌)
衆生叱邊衣于音毛(總結無盡歌)

등에서 보는 '音'字는 持續態의 표시로서 語幹에의 直結과 함께 시제 표시의 접미사 'ᄂᆞ', '리', '은'에 연결되어 사용되었던 것을 보여 주는 것이며, 동시에 그 다음에는 종결어미 '다'와 함께 관형사형의 '온', 'ᄋᆞᆫ', 副動詞形의 '아', '오'가 올 수 있었음을 나타내고 있다.

祭亡妹歌의 '待是古如', 그리고 安民歌에 두번 쓰인 '知古如'에서 보는 '-古如'도 鄕歌에서 비로소 보게 되는 중요한 형태다. 現代語에서 意志未來 내지는 推量의 뜻을 가지는 '-겠다'를 상기시켜 주는 이 '古如'가 특히 安民歌에서 이 '古如'가 '-을디'(尸知)와 호응하여 쓰이고 있는 것은 매우 주목할만한 일이다. '尸知' 자체만으로 쓰이고 '-ㄹ딘댄', '-ㄹ디면'이 아니라는 점에서 중요시되는 것이다.[7]

'阿', '良' 등으로 표기된 處格 '아', '라'가 발견되는 것도 형태론적으로 중요한 의미를 가진다.

6) 물론 'ᄃᆞ라리'에 있어서의 '라'의 모음이 '아'냐 'ᄋᆞ'냐까지가 확인되는 것은 아니다.
7) '-면'에 해당되는 표기는 발견되지 않는다.

手(→香)良每如法叱供乙留(廣修供養歌)

緣起叱理良尋只見根(隨喜功德歌)

法性叱宅阿叱寶良(普皆廻向歌)

普賢叱心音阿于波(總結無盡歌)

一等隱枝良出古(祭亡妹歌)

彌陀刹良逢乎吾(祭亡妹歌)

行尸浪(尸)阿叱沙矣以支如支(怨歌)

'矣'나 '衣'字로 적히지 않고 '阿', '良'으로 적히고 있는 형태 '아'내지 '라'의 존재는 古代國語 형태론을 위하여 좋은 연구 자료가 된다.

第四節 脉絡一致의 基準

단어란 유리되어 쓰이는 것이 아니고 문장 안에서 존재하는 것이므로 타당한 해독이란 그 文脈에 일치되는 의미와 어형을 가져야 한다는 것은 너무나도 당연한 요청이다. 借字 表記가 訓讀과 音讀의 兩面性을 지니는 데에다가 같은 訓讀의 경우라 하더라도 漢字의 宿命으로서의 多義性이 존재하고 거기에 訓의 假借까지가 곁들여 한 語句만을 독립시켜 놓고 볼 때에는 여러가지로 읽힐 가능성을 지니는 것이 보통이어서 그 가능성의 어느 하나에 잘못 집착하므로써 文脈을 그르치고 解讀 전체를 잘못된 길로 인도할 위험성이 항상 내재되어 있는 것이다. 해독 작업에 있어서의 문맥에 대한 熟考는 語形에 대한 관심 이상으로 긴요한 것인데, 기왕의 해독 작업에서 가장 아쉽게 느껴지는 것이 文脈에 대한 思慮의 未洽이었다고 생각한다. 과연 이 단어가, 그리고 이러한 語形으로 올 수 있을까 하는 생각은 해독자의 머리에서 一時라도 떠나서는 안되는 것이다.

가령 原文의 批判에서 著者가 廣修供養歌에 나오는 두 '手'字를 '香'字로 고쳐 읽을 때, 이 訂誤 作業의 계기는 과연 '손'(手)이라는 단어가 이 문맥에 나올 수 있는 것일까 하는 疑念에서 나온 것이었다.

手焉法界毛叱色只爲旀

에서 '焉'(은)을 기준으로 판단하면, '손'이라는 語形이 올 수도 있게 되어 있지만, '佛前燈'을 고치는 '손'이 얼마나 중요하기에, 이 肉身의 一部를 永遠無窮하라고 비는 것일까. 그리고 이 노래 안에는 여러 人物이 想定되어 있는 것도 아니고 보면, 손은 둘밖에 없을 것인데, 어떻게 '手良每如法叱供乙留'라 하여 '마다'라는 말을 쓸 수 있을 것일까 하고 생각케 되는 것이다.

한편 崔行歸의 譯詩나 華嚴經의 해당 부분에 보면 '손'에 대한 言及은 하나도 없고 '香'이 主題가 되어 있는 것을 발견할 수 있는데, 譯詩에 나온 '香'字가 두 개로서 本文의 두 '手'字에 대응되고, 華嚴經에서는 '香'의 온갖 종류를 늘어 놓고 있어 이 정도의 '香'이면 '香에마다'라 할 수 있을 것임을 생각케 한다. '香'이 어떻게 해서 '手'字로 轉訛되었을까 하는 구체적인 과정을 생각하는 것은 그 다음의 문제이고, 문맥상 '手'(손)의 존재가 이상하다는 것을 발견하는 것이 先行하지 않았다면 '手→香'의 訂誤 作業은 행해질 수 없었던 것이다.

著者가 慕竹旨郞歌의 '皆理米'를 '몯 오리매'로 읽는 근거의 하나는 문맥에 대한 고려에서 온다. 봄을 부린다(積)든지 하는 것은 그 자체로도 기이한 표현이 되는 것이지만, '皆理米'를 'ᄀᆞ리(이)매'로 읽어 '가리워지므로'라 할 때에는 '去隱春'의 '去隱'이 의미상으로 걸리는 것이 된다. 주어가 그대로 '봄'이라면 몰라도 이미 지나간 봄이 다시 현재형으로 '가리워지므로'라고 할 수 있을 것 같지가 않다. 梁柱東의 '그리매'는 '去隱春'에 대하여는 무리가 없지만, 第二章에서 言及했던 '慕理尸'과의 不一致가, 小倉進平의 '다 다ᄉᆞ리매'는 여기 '봄'을 목적어로 가지기 어려울 뿐더러 다음 句와의 연결이 어떻게 이루어질 것인지가 의문이다. 가상적으로 '皆'의 訓 '다'를 이용하여 '다ᄋᆞ리매'라 읽을 수도 있는 일이지만, 이미 가 버린 봄이 다시 다해갈 수도 없기 때문에 역시 취할 것이 못된다.

반면에 著者의 '몯 오리매'에 있어서는 이미 지나간 봄은 다시 올 수 없는 것이기에 竹旨郞을 그리워하는 노래의 서두로서도 어울리는 것이라 판단한다. 도시 노래 이름을 慕竹旨郞歌라 하면서 그 竹旨郞의 모습을 現

生의 것으로 묘사하는 식의 해독은 '慕'字를 어떻게 이해하는 것인지 알기 어려운 일이다.

安民歌에서의 '此肹喰惡治良羅'에서의 '治良羅'를 '다ᄉᆞ라'니 하고 읽지 못하는 것은 비교적 간단한 논리에 의하는 것인데, '此肹'이라는 목적어가 분명히 존재하는 마당에 自動詞의 '다ᄉᆞᆯ-'을 가져 올 수 없을 것은 의심할 여지가 없다. 또 바로 위의 句의 끝에 온 '物生'을 어미 '-물씨'로 읽은 저자에게 있어서 '治良羅'가 '다ᄉᆞ려라'등의 命令形이 될 수 없다는 것도 自明한 일이다.

表記가 透明하고 譯歌까지 붙어 있는 兜率歌의 해독에서 매우 중요한 오류가 발견되는 것은 意味 脉絡에 대한 思慮의 不充分에서 왔다고밖에 할 수 없는 것으로 누구 하나 이 점에 대한 반성을 한 일이 없다는 것이 실로 기이한 것이다.

直等隱心音矣命叱使以惡只

에서의 '使以'의 '以'를 동사 'ᄇᆞ리-'의 末音 'ㅣ'의 添記라고 잘못 본 데서 誤解가 시작되었고, 이것은 마침내 'ᄇᆞ리-'에 존재하지도 않는 의미를 부여하는 것으로 糊塗되었던 것인데, 小倉進平에게서 시작된 이 과오는 놀랍게도 지금까지 半世紀 넘게 지속되어 오고 있는 것이다.

漢字로서의 '使'字의 의미에 '使臣으로 간다'는 의미가 있는 것만은 틀림없지만, 그것은 어디까지나 자동사적인 의미요, 더우기 國語의 'ᄇᆞ리-'의 의미일 수는 없는 것인데도, '곧은 마음의 命을 심부름하여'라는 奇怪한 이해로 一轉하였거니와, 최근에는 심지어 '받들어'로까지 나타나고 있다.

한 단어가 조금씩 다른 여러 뜻을 포함하여 가진다는 것은 부정할 수 없는 일이겠지만, '시킨다'의 뜻의 동일한 동사가 동시에 '받들다'를 뜻할 수 있다면, 이 동사의 의미는 대체 어떻게 규정지을 수 있을 것인지 궁금하다.

著者는 저들이 譯歌에 明文으로 나타난 '所使' 두 字에 좀더 관심을 가졌더라면, 이렇게 엄청난 과오는 충분히 회피될 수 있었던 것이라고 믿는다.

殷重直心之所使

'所使'의 '使'는 '심부름한다'의 의미일 수 없을 것이 분명하고, 시키고 부리는 主體는 '直心'이요 그 시킴을 입는 것이 꽃일 것은 너무나도 당연한 것이다. 그렇다면 누군가 하나쯤은 '使以'에 대하여 '브리이-'의 可能性을 생각했음직도 하지 않으냐는 것이 著者가 아쉬워하는 점인 것이다. 그리고는 오히려 그 앞에 있는 '命叱' 아래에서의 格形態의 생략에 관심을 기울였어야 하는 것이다.

물론 '使以'는 '브리이-'와 함께 '브리-'의 표기일 수도 있고, 다른 곳에서라면 '브리-'일 가능성이 더 높은 것이겠지만, 지금의 문맥에서는 '브리-'로 읽힐 可能性이 완전히 排除되는 것이다.

第五節 律調的 基準

鄕歌가 詩歌 作品이고 보면, 詩歌로서의 一定한 律調를 가지고 있을 것은 당연한 것이요, 이 律調가 해독의 평가 기준으로 공헌할 수 있을 것임도 당연한 것인데, 律調의 機制가 아직은 자세히 밝혀진 것이 아니므로, 解讀과 律調의 연구는 相互依存的인 관계에 서는 것이겠다. 著者의 해독결과를 바탕으로 향가 각편의 句別 音節數를 보이면 다음과 같다. 괄호 안에 든 數字는 行數의 표시이고 그 다음에 그 句의 音節數를 적는다. '阿也' 등 嗟辭는 第八句에 加算한다.

I. 慕竹旨郎歌

(1) 6 (2) 10 (3) 7 (4) 9 (5) 8 (6) 9 (7) 11 (8) 11 (9) × (10) ×

II. 獻花歌

(1) 6 (2) 10 (3) 9 (4) 8

III. 安民歌

(1) 5 (2) 8 (3) 8 (4) 10 (5) 11 (6) 9 (7) 12 (8) 12 (9) 7 (10) 10

IV. 讚耆婆郎歌

(1) 6 (2) 7 (3) 10 (4) 9 (5) 11 (6) 7 (7) 8 (8) 11 (9) 6 (10) 10

V. 處容歌

(1) 7 (2) 7 (3) 7 (4) 7 (5) 7 (6) 7 (7) 8 (8) 8

VI. 薯童謠

(1) 7 (2) 7 (3) 4 (4) 8

VII. 禱千手觀音歌

(1) 6 (2) 9 (3) 7 (4) 7 (5) 8 (6) 10 (7) 6 (8) 16 (9) 7 (10) 10

VIII. 風　謠

(1) 6 (2) 6 (3) 6 (4) 7

IX. 願往生歌

(1) 6 (2) 8 (3) 6 (4) 8 (5) 13 (6) 8 (7) 6 (8) 11 (9) 7 (10) 9

X. 兜率歌

(1) 8 (2) 8 (3) 10 (4) 9

XI. 祭亡妹歌

(1) 4 (2) 10 (3) 7 (4) 9 (5) 9 (6) 9 (7) 7 (8) 9 (9) 8 (10) 8

XII. 彗星歌

(1) 6 (2) 12 (3) 6 (4) 9 (5) 10 (6) 13 (7) 7 (8) 14 (9) 7 (10) 11

XIII. 怨　歌

(1) 5 (2) 9 (3) 9 (4) 13 (5) 10 (6) 8 (7) 6 (8) 10 (9) × (10) ×

XIV. 遇賊歌

(1) 5 (2) 7 (3) 10 (4) 8 (5) 9 (6) 11 (7) 8 (8) 12 (9) 8 (10) 8

XV. 禮敬諸佛歌

(1) 6 (2) 8 (3) 6 (4) 9 (5) 9 (6) 8 (7) 6 (8) 11 (9) 7 (10) 9

XVI. 稱讚如來歌

(1) 6 (2) 11 (3) 6 (4) 8 (5) 8 (6) 8 (7) 6 (8) 10 (9) 6 (10) 9

XVII. 廣修供養歌

(1) 5 (2) 8 (3) 6 (4) 9 (5) 9 (6) 8 (7) 6 (8) 10 (9) 5 (10) 9

XVIII. 懺悔業障歌

(1) 5 (2) 8 (3) 8 (4) 7 (5) 9 (6) 8 (7) 9 (8) 10 (9) 7 (10) 9

XIX. 隨喜功德歌

(1) 4 (2) 8 (3) 8 (4) 11 (5) 13 (6) 11 (7) 9 (8) 10 (9) 6 (10) 8

XX. 請轉法輪歌

(1) 4 (2) 8 (3) 6 (4) 8 (5) 7 (6) 8 (7) 6 (8) 10 (9) 7 (10) 10

XXI. 請佛住世歌

(1) 4 (2) 9 (3) 7 (4) 10 (5) 8 (6) 10 (7) 6 (8) 11 (9) 8 (10) 8

XXII. 常隨佛學歌

(1) 4 (2) 10 (3) 6 (4) 10 (5) 9 (6) 8 (7) 7 (8) 14 (9) 7 (10) 9

XXIII. 恒順衆生歌

(1) 5 (2) 10 (3) 6 (4) 9 (5) 8 (6) 9 (7) 7 (8) 12 (9) 7 (10) 10

XXIV. 普皆廻向歌

(1) 7 (2) 9 (3) 6 (4) 10 (5) 8 (6) 8 (7) 6 (8) 11 (9) 8 (10) 11

XXV. 總結无盡歌

(1) 5 (2) 13 (3) 6 (4) 8 (5) 8 (6) 9 (7) 6 (8) 9 (9) 7 (10) 9

XXVI. 悼二將歌

(1) 10 (2) 5 (3) 5 (4) 6 (5) 12 (6) 6 (7) 8 (8) 4

〔(1) 7 (2) 8 (3) 11 (4) 12 (5) 6 (6) 12〕

安民歌의 詩句 形成에 관한 문제로부터 律調에 관한 논의를 시작하되,

悼二將歌의 자료만은 여기서 論外로 한다.[8] 安民歌의 分節에 대한 調整은 小倉進平에게서부터 볼 수 있는 것인데, 그에게 있어서는 '爲內尸等焉' 5字를 아홉째 句로 올려 붙이는 것을 내용으로 하고 있다. 三國遺事에서의 分節이 '爲內尸等焉' 위에서 이루어져 있는데도 불구하고 굳이 이 같은 調整을 한 것은 統辭論的인 眼目에서 그렇게 해야만 段落이 들어맞는다고 생각한 데서 나온 일이겠는데, 梁柱東에게서는 한 걸음 더 나아가 第7句 끝에 '爲尸知'가 올려 붙여진 것을 볼 수가 있다. 梁柱東의 판단으로는 '爲內尸等焉'이 위에 붙을 것이면 '爲尸知'도 당연히 위에 붙어야 하며, 그래야만 均衡이 잡힌다는 생각이었겠지만, 이러한 調整은 결코 잘한 일이라고는 할 수 없는 것이다. 다음 章에서 三國遺事의 本文 分節 표시로서의 字間 空白이 함부로 손댈 것이 아님을 다시 論하겠지만, 律調의 관점에서도 이런 분절의 조정은 許容될 수 없는 것이다. 統辭論的 分節과 韻律的 分節이 반드시 一致되는 것이 아님은 말할 것도 없으려니와, 이러한 不一致가 後世의 詩歌에서보다도 더 자주 일어난다는 것이 鄕歌의 한 特色이라 한다면, 小倉進平이나 梁柱東이 한 것과 같이 句節을 함부로 조정한다는 것이 作品에 대한 얼마나 큰 毁損인가는 짐작하고도 남음이 있을 것이다.

統辭的 分節과 韻律的 分節의 不一致의 대표적인 예를 보이면 다음과 같은 것들이 있다.

目煙廻於尸七史伊衣
逢烏支惡知作乎下是 (慕竹旨郎歌 5•6句)

巴寶白乎隱花良汝隱
直等隱心音矣命叱使以惡只(兜率歌 2•3句)

法界居得丘物叱丘物叱
爲乙吾置同生同死(恒順衆生歌 5•6句)

8) 悼二將歌의 分節에 관한 우리의 인식이 잘못된 것인지, 아니면 悼二將歌의 律調 자체가 異質的인 것인지, 아직 확인할 수 없으나, 旣往의 25篇과 함께 논의하기가 어렵게 느껴진다.

첫번 예에서는 '뎌옷 맛보기'로서 '뎌옷'이 동사 '맛보기'의 목적어이므로 보통 문장에서라면 이런 곳에서 休止를 둘 수 없는 것이지만, 여기서는 '뎌옷'에서 끊어져야만 노래로서 살아나는 것이겠다. '兜率歌'의 '汝隱'은 3•4句 전체에 걸리는 主語인데 韻律的으로는 역시 '花良' 다음이 安住의 자리이겠고, 셋째 예에서는 '구믈구믈ᄒᆞ야ᄂᆞᆯ'이 半分되므로써 散文으로의 轉落을 저지하고 있는 것이다.

安民歌의 '爲尸知'와 '爲內尸等焉'은 바로 이 '爲乙'과 같은 使命을 지니고 각각 第八句와 第十句의 머리에 온 것인데, 이들을 去頭하면 이 노래의 생명이 끊기는 것이나 다름 없는 것이다.

또한 鄕歌 全體에 걸쳐 奇數句는 그 짝이 되는 偶數句보다 짧게 마련인데(第五句 除外) '爲尸知', '爲內尸等焉'을 위에 붙이면,

7. 이 ᄯᅡᄒᆞᆯ ᄇᆞ리곡 어드리 가ᄂᆞᆯ뎌 ᄒᆞᆯ디
8. 나락 디니기 알고다(아야)
9. 君다 臣다히 民다 ᄒᆞᄂᆞᆯᄃᆞᆫ
10. 나락 太平ᄒᆞᄂᆞᆷᄯᅡ

가 됨으로써 音節의 對比에 있어 14 : 10('아야' 포함), 10 : 7이 되는데, 이와 같은 극단적인 顚倒란 그 類例를 볼 수 없는 것이다.

우리가 安民歌의 3•4句 5•6句로 인식하는 것들은 三國遺事 本文에서 각각 區分 없이 連書되어 있는 것을 解讀者의 관점에서 分節한 것인데, 小倉進平이나 梁柱東에게 있어 '爲賜尸知'를 위로 붙이는 것은 예기했던 바대로이지만, 여기서도 같은 비난을 받지 않을 수 없다.

3. 民ᄋᆞᆫ 어릴ᄒᆞᆫ 아ᄒᆡ고 ᄒᆞ실디
4. 民이 ᄃᆞᄉᆞᆯ 알고다
5. 구릿 하ᄂᆞᆯ 살이기 바라ᄆᆞᆯᄊᆡ
6. 이를 치악 다ᄉᆞ릴러라

3•4句의 音節 對比는 11 : 7, 5•6句의 對比는 11 : 9가 되는 것이다. 따라서 著者가 '爲賜尸知'로써 第四句의 初頭를 삼는 것은 安民歌안에서의

均衡만이 아니라 鄕歌 全般의 韻律的 秩序를 생각해서의 일인 것이다.

著者가 '爲賜尸知', '爲尸知', '爲內尸等焉'을 모두 偶數句의 첫머리로 내려 놓으면서도 第五句의 '所音物生'만을 그대로 두고 있는 것도 바로 이 全體的 鳥瞰을 바탕으로 한 것이니, 第五句란 音節面에서의 奇少偶多의 秩序가 종종 번복되는 자리이기 때문에 '所音物生'은 그 자리에 남겨 둘 수 있는 것이다.

崔行歸가 譯序에서 말한 '三句六名'의 내용을 著者는 1·3·7 三句에서의 6音節 維持로 이해하였던 것인데,[9] 이제 이를 著者 자신의 해독 위에서 다시 점검해 보면 다음과 같아진다. 우선 普賢十願歌에서

XV. ○ 6 ○ 6 ○ 6
XVI. ○ 6 ○ 6 ○ 6
XVII. △ 5 ○ 6 ○ 6
XVIII. △ 5 × 8 × 9
XIX. △ 4 × 8 × 9
XX. △ 4 ○ 6 ○ 6
XXI. △ 4 × 7 ○ 6
XXII. △ 4 ○ 6 × 7
XXIII. △ 5 ○ 6 × 7
XXIV. × 7 ○ 6 ○ 6
XXV. △ 5 ○ 6 ○ 6

XVIII의 懺悔業障歌와 XIX의 隨喜功德歌를 제외하고서는 대체로 三句六名이 지켜졌다 할 수 있겠는데, 위의 두 例外가 순수한 例外인지, 著者의 해독의 반성을 촉구하는 것인지는 더 두고 보아야 할 일이다.

三國遺事 所載分에서 10句體의 것을 추려 보면

I. ○ 6 × 7 ×11
III. △ 5 × 8 ×12

9) 자세한 논의는 拙稿(1977a)에 이를 미룬다.

IV.	○ 6	×10	× 8
VII.	○ 6	× 7	○ 6
IX.	○ 6	○ 6	○ 6
XI.	△ 4	× 7	× 7
XII.	○ 6	○ 6	× 7
XIII.	△ 5	× 9	○ 6
XIV.	△ 5	×10	× 7

IX. 願往生歌를 으뜸으로 하고, VII.禱千手觀音歌와 XII.彗星歌까지는 이 틀에 드는 것임이 확실한 반면에, 初期의 세 작품, I.慕竹旨郎歌와 III.安民歌 및 IV.讚耆婆郎歌는 圈外에 설 것으로 생각되며 나머지 作品들은 字數의 過不足이 심하지 않아 앞으로의 解讀의 정밀화와 함께 더 考究될 여지를 지니는 것이라 본다.

그러나 그 첫 句만을 살펴 본다면 모두가 6音節 또는 그 이내로 되어 있어 크게는 같은 韻律的 秩序 안에 드는 것이겠음을 짐작케 한다.

한편 10句體가 아닌 노래들의 字數律은 意外로 다른 面을 보여 준다. 風謠가 6, 6, 6, 7로 三句六名의 原型 같은 것을 보여 주고 獻花歌가 첫 句를 6音節로 한 것을 제외하면, 處容歌와 薯童謠, 그리고 兜率歌가 상당히 異質的인 構造를 보여 주는 것이다.

V.	7	7	7	7
	7	7	8	8
VI.	7	7	4	8
X.	8	8	10	9

위의 두 노래에서는 7音節이 基調가 되며 兜率歌는 8音節로 바탕을 삼은 위에 風謠와 함께 句當 音節數의 均等 配分이라는 特色을 보이고 있다.[10)]

10) VI. 薯童謠에서의 '4'라는 音節數는 '薯童房乙'에 의하는 것인데, 鄕歌 全體를 통해서 이런 위치에서의 4音節이란 類例가 없는 것이다. 지금 무어라고 具體的인 代案을 제시할 수는 없지만, 解讀의 근본적인 전환이 기대되는 곳이라 하겠다.

이들 10句體가 아닌 노래들은 그 殘存 篇數가 더욱 제한되어 있어, 그들끼리의 비교 검토 같은 것이 불가능하게 되어 있지만, 확실히 이질적인 韻律 秩序를 示唆하고 있다.

第二章 原典 批判

第一節 指定文字說의 樹立

小倉進平이나 梁柱東에게 있어서 '攴'字와 '支'字는 같은 것으로 인식되었고, 그 결과의 반영이 崔南善의 三國遺事 校勘에 있어서의 '支'字로의 統一로 나타났던 것으로 보인다. 鄕歌 本文에서는 '攴'字와 '支'字를 區別하여 표기하고 있으면서도 그 用例를 종합적으로 제시함에 있어서는 小倉進平(1929 : 243, 第五章 鄕歌에 있어서의 漢字의 用法)이나 梁柱東(1942 : 一. 詞腦歌用字例, 12)이 다 같이 한 항목 아래에서 하고 있다. 小倉進平에게 있어서는

攴。 音자[24] 訓 ㉮ 고일[14] [15] [18], ㉯ 머물[24], ㉰ 어 · 여(連用形) [12] [14] [18] [20] [24], ㉱ 特別한 뜻이 없는 것 [4] [14] [15] [16] [18] [20] [24] [25]

로 되어 있고, 梁柱東에게 있어서는

支 (音借) 디(助) 三 8•3 四 3•4 十四 10•1
(通音借)기 三 6•2 七 6•4
(通音略借)ㄱ(末音) 三 8•2
(略音借)이 三 9•3
이(副詞形) 九 5•4 十三 2•3
ㅣ(末音) 一 4•3 三 6•2 十三 5•2
ㅣ(反切) 十三 1•1 十三 3•2
虛字(動詞基本形下) 一 3•2 一 4•3 一 6•1 三 5•3 四 7•2 四 9•4 七 2•3 七 4•1 七 9•3 九 4•3 十三 6•4 十八 6•3

과 같이 되어 있다. 虛字(=特別한 뜻이 없는 것)를 인정하고 있는 것은

마찬가지이지만, 小倉進平이 한 곳에서만 音讀을 하고 그 밖에는 여러가지로 訓讀한 데 비하여 梁柱東은 'ㄷ'를 기준으로 한 音讀만으로 一貫하였다는 점에서 一段의 진보를 보인 것이라 하겠으나, 같은 字가 'ㄷ', '기', 'ㄱ', '이', 'ㅣ'로 여러가지로 읽히는 데다가 상당한 경우에 아무 뜻도 없이 또는 休止符처럼 쓰였다고 하는 것은 (더구나 그것이 用言 語幹 아래에도 쓰였다는 것은) 납득하기 어려운 것이다. 비록 借字表記라는 것이 不便하고 결함이 많은 것이었다 하더라도 그것이 意思傳達을 위한 記號 體系였던 이상 아무 이유도 없이 들어가기도 하고 가다가는 읽히기도 한다는 文字란 存在할 수 없는 것이다.

그러한 관점에서 池憲英으로부터 시작되는 劃一的인 讀法의 시도는 解讀 態度의 體系化에의 의지의 발로로 높이 평가될만하다. 池憲英에게 있어 그것은 'ㅅ'이었고(金俊榮은 'ㅿ'), 金善琪에게서는 'ㄷ', 徐在克에게서는 '히'가 되었다. 그런데 이들 一字一音의 原理의 실천자들에게 있어 解讀의 결과가 오히려 더 硬塞되고, 종종 지금의 우리 지식으로는 상상하기도 어려운 어형을 보여 주게 된다는 점에 놀라지 않을 수 없었다.

假令 怨歌의 '以攴如攴'가 '잇듯'(池憲英), '잀듯'(金俊榮), '이히다히'(徐在克) 같이 되는 것이나 願往生歌의 '仰攴'에 대한 '울웟', '울월', '울월히' 같은 것이 그 심한 예들이지만, 어디엔가 근본적인 잘못이 잠재해 있는 것으로 생각하게 하기에 충분한 것이었다.

이러한 계기로 저자가 주목한 것이 '攴'字와 '支'字의 차이였다. 한 획, 보기에 따라서는 반획의 차이에 불과하고, 또 종종 漢文 文籍들에서 '支'字가 '攴'字처럼 쓰여 있는 것이 사실이기는 하지만, 鄕歌의 文面에 나와 있는 '攴'字와 '支'字의 차이에 어떤 意義를 발견할 수 있지 않을까 하는 데 着眼한 것이다.[11] 그리하여 鄕歌에 나오는 '攴'字와 '支'字를 구분하여 정리해 보았다. (앞의 아라비아 숫자는 일련 번호이고 괄호 안의 Ⅳ.3 등은 出典 鄕歌와 行數를 가리킨다.)

11) '攴字'의 辭典的 意味는 '가볍게 두드릴 복'이나 文籍에서의 實用例를 거의 찾을 수 없는 罕用의 文字이므로, '支'字를 '攴'으로 써도 混同의 염려가 없다.

'攴'字의 例

1. 此肹喰惡攴治良羅(Ⅲ. 6)
2. 爲尸知國惡攴持以 支知右如(Ⅲ .8)
3. 白雲音逐于浮去隱安攴下(Ⅳ. 3)
4. 郎也持以攴如賜烏隱(Ⅳ. 7)
5. 阿耶 栢史叱枝次高攴好(Ⅳ. 9)
6. 二尸掌音毛乎攴內良(Ⅶ. 2)
7. 祈以攴白屋尸置內乎多(Ⅶ. 4)
8. 一等下叱放一等肹除惡攴(Ⅶ. 6)
9. 阿邪也　吾良遺知攴賜尸等焉(Ⅶ. 9)
10. 惱叱古音鄕言云報言也多可攴白遣賜立(Ⅷ. 4)
11. 誓音深史隱尊衣希仰攴(Ⅷ. 6)
12. 秋察尸不多爾屋攴墮米(XIII. 2)
13. 汝於多攴行齊教因隱(XIII. 3)
14. 月羅理影攴古理因淵之叱(XIII. 5)
15-16. 行尸浪 阿叱沙矣以攴如攴(XIII. 6)
17. 安攴尙宅都乎隱以多(XIV. 10)

'支'字의 例

1. 阿冬音乃叱好支賜烏隱(Ⅰ. 3)
2. 皃史年數就音墮支行齊(Ⅰ. 4)
3. 逢烏支惡知作乎下是(Ⅰ. 6)
4. 窟理叱大肹生以支所音物生(Ⅲ. 5)
5. 爲尸知國惡支持以支知右如(Ⅲ. 8)
6. 後句　君如臣多支民隱如爲內尸等焉(Ⅲ. 9)
7. 二肹隱誰支下焉古(Ⅴ. 6)
8. 物叱好支栢史(XIII. 1)
9. 法界餘音玉只出隱伊音如支(XVIII. 4)
10. 淨戒叱主留卜以支乃遣只(XVIII. 6)

'支'字의 例들이 2,9,10의 세 예를 빼고는 모두 '히' 또는 '기'를 넣어 읽기에 알맞은 것들임에 반하여(著者의 해독에 따를 때, 1. 불기시온, 3. 맛보기, 4. 살이기, 5. 디니기, 6. 臣다히, 7. 누기 8. 됴히인데 반하여) '攴'字의 용례에는 그렇게 읽기에 알맞은 것이라고는 하나도 존재하지 않는 것으로 판단된다. 그리고 그 대부분이 바로 小倉進平이 特別한 뜻이 없는 것이라 하고 梁柱東이 虛字로 다룬 것에 해당한다는 것은 주목할만한 것이다.

그렇다면 '支'字를 '기·히'로 분리해 내고, '攴'字로써 虛字說로 回歸할 것인가. 그러나 이것은 역시 原理的으로 우리가 받아들 일수 없는 개념이다. 그렇다면 우리에게 어떠한 可能性이 남는가. 실제의 해독에서 音讀字로도 또한 訓讀字로도 읽히지 않으면서, 그러고도 表記 記號로써의 固有한 기능을 유지할 수 있는 것은 解讀의 세계에선 指定文字를 제외하고 다른 것이 있을 수 없다. 指定文字란 이집트 文字의 해독에 있어서 성공적인 해독에의 단서를 마련해 준 존재로 고유명사 표기 앞에 놓여 다음 단어가 고유명사임을 지시하면서 그 자체는 音讀도 訓讀도 되지 않는 존재였던 것이다.

지금의 우리의 '攴'字들은 물론 그런 고유명사 앞에 와 있는 것이 아니고 심지어 句節 끝에 와 있는 것들까지 존재하므로 그것이 指定文字라면 아래 것이 위에 온 文字에 대해서 그 指定機能을 행사하는 것이 되어야겠는데, 著者는 그것이 위의 말을 풀어 읽게 하는 것이라고 想定한다. 본래는 '敍'字의 省文에서 출발한 것이 '攴'字의 기원이 아닐까 추측하는 것인데, 대부분의 경우에 바로 위의 글자를 訓讀케 하는 위치에 있고, 몇몇 경우에는 末音添記로서의 音讀字 하나를 거느린 것 밑에 붙어 있다.

'攴'字를 指定文字로 보았을 때, 해독의 결과가 가장 자연스러워진다고 自負하는 예는 15-16의 '沙矣以攴如攴'의 경우니 '以'字와 '如'字를 각각 訓讀하여 '몰애로다'가 되는 것이다.

같은 安民歌에 쓰인 두 개의 '國惡' 가운데 첫번째 것에는 '攴'字가 붙고, 둘째 것에는 그것이 붙어 있지 않다는 것은 '攴'字가 지니는 중요한

一面을 보여주는 것으로 생각된다. 일단 '國惡'에 '攴'字를 붙여 '國'字를 풀어 읽게 한 이상, 같은 노래 안에서 곧 이어 나오는 '國惡'에 다시 '攴'字를 붙이는 것은 부질없는 일이라고 생각하여 생략한 것이라고 보는 것이니, '攴'字의 表記는 그 指定이 필요하다고 생각할 때에만 행해지는 恣意性을 지녔던 것으로 생각된다. 실제로 모든 訓讀字 밑에 '攴'字가 나타나는 것도 아니며, 노래에 따라서 즉 표기자에 따라서 많이 쓰기도 하고 전혀 쓰지 않기도 하였으니, 가령 怨歌의 경우는 그것을 많이 사용한 예에 속할 것이고, 月明師의 두 작품 兜率歌와 祭亡妹歌에는 단 하나의 '攴'字도 사용되어 있지 않은 것이다.[12)]

勿論 '攴'字 指定文字說은 論理的 必要에 의해서 著者가 제기한 순전한 假說로서 그 成立 與否는 앞으로의 評價를 기다릴 것이나, 著者의 해독 작업에서는 이 假說이 차지하는 비중이 상당히 크다는 것을 밝혀 둔다.

'支'字의 예로 들었던 것 가운데 셋을 보류했던 것은, 지금과 같은 '攴'字의 指定文字로의 想定을 근거로 하여 그것들이 '히'나 '기'를 나타내는 '支'字이기 어렵고, '攴'字로서의 기능에 맞는 자리에 있어 '攴'字의 '支'字로의 轉訛로 판단해서의 일이다.

거기에 다시 하나 '攴'字의 例를 추가할 수 있는 것으로 믿는데, 그것은 바로 安民歌의 여덟째 줄('攴'字 2번 '支'字 5번의 예로 들었던 구절) '爲尸知國惡攴持以 支知右如'에 보이는 빈칸의 자리이니, 본래는 '持以攴支'로 적혀 있었던 것인데, 三國遺事가 版을 거듭해 오는 어느 段階에선가, 아마도 校正의 名目 아래 의식적으로 削除된 것이 아닐까 하는 것이다. '持以' 아래 '攴'字가 오는 것은 4번의 '郎也持以攴如賜乎隱'으로 확인할 수 있는 것인데, '攴支'의 계속이 校正者의 忌諱에 걸려 削除되므로써 우리가 보는 바와 같은 빈칸을 가져왔다고 추정하는 것이다.[13)]

'攴'字처럼 많이 쓰인 것은 아니지만, 그 기능이 '攴'字에 준하는 것으

12) 月明師의 表記法(그의 作으로 알려진 두 노래가 그의 表記로 된 것이라 전제하여)은 透明하고 敎條的이다.

13) 著者는 까닭 없는 字間의 空白을 一切 인정하지 않는다. (本章의 第三節 參照).

로 생각되는 것에 '過'字와 '未'字가 있다. 둘다 遇賊歌에 나타나는 것인데, '過'字는 '過出知遣'에서 '出'(나-)이 과거임을 지시하고 '未'는 '未去遣省如'에서 '去遣省如'라는 행동이 아직 未完임을 지시하는 것으로 著者는 이해하고 있다. '未'와 '過'의 이러한 용법이 여기밖에 없기 때문에 例證이 부족하고, 또한 그것이 이 노래 記寫者에 限하는 것인지 또는 꽤 一般化된 표기였던가도 말하기 어렵다.

第二節 本文轉訛의 訂誤

비단 解讀만이 아니라, 무릇 古典의 解釋에 있어서 가장 要望되는 것은 정확한 原文의 확보이다. 原文에 誤字를 방치하고는 처음부터 바른 해독이나 해석은 기약될 수 없는 것이다.

그러나 실제로 해독 작업에 종사해 보면 原文의 오류를 모두 정정해 놓고 해독이나 해석에 들어간다는 식의 작업 순서라는 것은 존재치 않는다는 것을 실감케 된다.[14] 출발점에서부터 原典의 文面에 대한 검토를 하기는 하지만, 주요한 誤字 또는 轉訛를 발견하는 것은 오히려 해석의 마지막 단계일 때가 많은 것이다. 물론 이러한 발견이 文面 檢討에 돌아오게 하고 밟았던 길을 다시 밟게 하는 것이지만, 결과적으로는 原典批判에서 시작하여 原典批判으로 끝난다고도 말할 수 있는 것이 解讀 作業의 일면이라 할 수 있다.

그러나 原文의 오류를 바로잡는 訂誤의 작업은 본질적으로 解讀과 解釋의 일부라는 것이 著者의 信念이니, 解讀 論議에서 誤謬의 蓋然性을 입증하도록 노력은 할지언정 原文의 校正에까지 나설 것은 아니라고 생각한다. 古典의 文面은 萬人共有의 것으로 그 誤字까지도 不可侵의 존재로 함부로 어느 개인이 변개를 가해서는 안되는 것이기 때문이다. 아무리 경미하고 명백한 誤字라 하더라도, 그것은 그대로 유지 전승되어야 古典으로서의 가치를 훼손하지 않는 것이 된다.

---

14) 마치 *grammar discovery procedure*란 존재하지 않는다는 말과 같다.

더우기 같은 訂誤라 하더라도 개인의 心證과 객관적 입증 자료에 있어서 수없는 차등이 있는 법이니, 연구자의 책임과 한계를 지키기 위해서라도 이 원칙은 명백히 지켜져야 할 줄 안다.

著者는 寒山寺 再興時에 楓橋夜泊의 詩碑를 세우면서 俞曲園이 취한 태도에 대하여 무한한 感銘과 敬畏를 느끼는 것이다. 揮毫를 부탁받은 俞曲園이 선뜻 붓을 잡지 못한 것은 둘째 句의 '江楓漁火對愁眠'에서의 '江楓'이라는 말이 마음에 걸려서였는데, 王郇公의 古碑는 훼손되어 읽을 길 없고 苦悶하던 中에 宋 龔明之의 中吳紀聞이라는 책에서 '江楓漁火' 아닌 '江村漁火'로 적히어 있는 것을 발견하고 '江村'이라야 옳겠다는 心證을 굳혔음에도 불구하고, 詩碑 表面의 原詩를 訂正하는 것을 유보하고 後面에 這間의 사정을 기록하는 데 그쳤던 것이다.

唐張繼楓橋夜泊詩, 膾炙人口, 惟次句江楓漁火四字頗有可疑. 宋龔明之中吳紀聞作江村漁火, 宋人舊籍可寶也. 此詩宋王郇公曾寫刻石, 今不可見. 明文待詔所書亦漫漶, 江下一字不可辨. 筱石中丞屬余補書, 姑從今本, 然江村古本不可沒也. 因作一詩, 附刻以告觀者.

郇公舊墨久無存, 待詔殘碑不可捫, 幸有中吳紀聞在, 千金一字是江村.

俞樾

이처럼 人口에 膾炙되었던 張繼의 詩에도 실로 예상밖의 訛傳이 생긴 것이 분명하거니와, 사람이 쓰고 傳하는 것에는 흔히 잘못이 있게 마련이고, 우리의 경우 鄕歌의 解讀者들도 誤字나 轉訛의 가능성을 전혀 排除했던 것도 아니다. 실제로 '切德→功德', '色只→巴只'과 같은 것으로 대표되는 문면의 수정작업이 행해졌던 것이고 解讀者들에 따라서는 특이한 誤字說들이 행해지기도 했던 것이다.

그럼에도 불구하고 著者가 이 訂誤 作業을 특별히 강조하는 것은 著者가 想定하는 轉訛의 폭이 刻手의 誤刻이나 校正者의 錯誤와 같은 일반적으로 생각되는 요인 이상의 것들이기 때문이다. 만약 三國遺事나 均如傳이 一然이나 均如 자신이 校正을 보면서 出版을 했더라면 지금 우리가 보는 것보다는 훨씬 오류가 적은 文面을 확보할 수 있었을 것이라는 것이 著者의 첫

번째 前提다. 均如傳의 경우에는 애초에 普賢十願歌가 포함되어 있지 않았던 것을 뒤에 補充했다는 사연이 明文으로 밝혀져 있거니와[15] 三國遺事의 경우도 한동안 稿本으로 전하다가, 어쩌면 몇 차례의 模寫를 거친 후에, 版本化된 것이 아닌가 추측되니, 우선 出版에 임하는 사람들이 寫本을 判讀하면서 본의 아니게 저질렀을 誤讀의 가능성은 결코 적다고 할 수 없을 것이다. 漢文 文章이 아닌 鄕札의 표기였기에 略字와 草體를 많이 포함하고도 있어 그렇지 않아도 誤讀의 가능성이 큰 데다가 읽는 사람이 어느 정도로 鄕札 表記의 讀解力을 가졌었느냐, 읽을 수 있었다면 그의 時代의 借字 표기의 體系와 그가 읽게 된 文面의 체계와의 간격이 그의 讀解에 어떠한 영향을 미쳤겠느냐 등 오류가 생겨날 素地가 넓어지는 것이다.

더우기 三國遺事의 경우에는 旣存하는 文籍 그 밖의 자료에서 鄕歌를 옮겨 실은 것이겠는데, 一然은 상당히 정확하게 옮겼다 하더라도 一然이 참조했던 자료들 자체가 이미 傳承 過程에서 誤字를 내포하게 되었을 가능성이 많은 것이다.

요컨대, 解讀이란 文面을 통하여 당시의 사람들의 言語實現의 近似値를 추정하는 작업이지만, 그에 앞서 필요한 것이 당시의 사람들이 써놓은 대로의 文面의 회복이니, 말하자면 우리가 대하고 있는 것은 一次 史料가 아니기 때문에 二次 三次의 史料에 해당하는 現存 資料로부터 출발하여 略字와 草書로 點綴된 假想의 古文書에 접근하려는 것이다.[16]

1. 支→攴 (年數就音墮支行齊 Ⅰ. 4)

'支'字의 용법에 맞지 않고 오히려 '攴'字가 오기에 알맞은 자리이다.

2. 七→旡 (目煙廻於尸七史伊衣 Ⅰ. 5)

版木 또는 板本의 훼손에 의하여 複刻時에 '七'字로 변한 것이 아닐까 한다. 다음의 '史'와 함께 '업시'라 읽힐 것인데, 혹 原字가 '亡'이었다

15) 均如傳에서 普賢十願歌를 揭載한 뒤에 '右歌播在人口 往往書諸墻壁'이라 하는 가운데 '傳中不載歌詞 今錄付之'라는 俠註가 나온다.

16) 一般的으로는 共存하는 여러 異本들 사이의 異同의 對校에서부터 시작하는 것이 常例이나, 우리에게는 그럴만한 자료가 남아 있지 않으니, 이 異本들까지가 우리의 머리 속에서 再創造되지 않으면 안된다.

고 가정하면 '七'字에 더 가까운 字形을 가졌다는 이점은 있으나, 鄕歌의 用字에 '亡'이 발견되지 않기에 '无'字의 轉訛로 추정한다.

3. 右→古 (爲尸知國惡支持以 支知右如 Ⅲ. 8)

小倉進平부터 '古'로 訂正한 곳. 넷째 줄에 '民是愛尸知古如'가 있다. 梁柱東은 아예 本文에서 '古'字로 고쳐 놓았다.

4. 爾→尒 (咽鳴爾處米 Ⅳ. 1)

'尒'(금)字를 '爾'의 俗字로 보아 正字로 잘못 還元시켜 놓은 것으로 본다.

5. 乃→久 (雪是毛多乃乎尸花判也 Ⅳ. 10)

주어를 '누니'(雪是)로 할 때, 그 동사로 '모르다'(毛多乃乎尸)가 오기 어렵겠다는 文脈的 이유로 想定한 극히 假說的인 것이다.

6. 只→呂 (一等沙隱賜以古只內乎叱等耶 Ⅶ. 8)

'只'字가 '呂' 또는 '里'였던 것을 誤讀하여 '只'字가 되었다고 보면서 '古只'를 '누리'로 읽기 위한 역시 假說的인 추정이다.

7. 遣→遺 (阿邪也 吾良遣知支賜尸等焉 Ⅶ. 9)

같은 字形 相似를 전제로 한 推定이지만, 상당히 蓋然性이 큰 추정으로 생각한다.

8. 放→於 (放冬矣用屋尸慈悲也根古 Ⅶ. 10)

이미 金善琪가 지적했던 것이나, 그는 이 노래 안의 또하나의 '放'字(Ⅶ. 6)까지를 誤字로 하고 있지만, 著者는 그곳에서는 '放'字가 옳고 오히려 이곳에 있었을 '於'字가 그 '放'字에 끌려 '放'字로 모습을 바꾸게 된 것으로 본다. 어미가 '古'로 끝나 있어 疑問辭를 요구하는 글인데 '放冬矣'를 제외하고는 의문을 나타낼 수 있는 말이 없으니, 이 추정은 가장 확실한 것 중의 하나일 것이다.[17]

---

17) 이러한 作業은 脈絡一致의 基準을 출발점으로 하는 것으로, 彗星歌에서의 誤字 推定이나 願往生歌 첫줄의 '底亦'의 해독에 그 效力이 크게 발휘될 수 있었다. 다만 祭亡妹歌의 '去內尼叱古'의 경우에는 아무 疑問辭도 그 앞에 가지지 않으면서 '古'로 끝나 있는데, 이는 文章에 顯在되지 않고 暗默的으로 內包된 疑問辭에 의해서도 '고'가 올 수 있는 것을 의미한다 하겠다.

9. 比→甚 (此也友物比所音彗叱只有叱故 XII. 10)

著者가 想定하는 草體의 誤讀이라는 論理를 實證해 주는 대표적인 예이다. '고'(故)로 끝난 文章이므로 역시 疑問辭를 필요로 하는데, 다행히도 梁柱東 이후로는 해독에서 'ᄆᆞᄉᆞᆷ'이 상정되어 왔다. 다만 그에게 있어서는 '比'을 '叱'의 誤字로 하면서 '物叱所音'으로서 'ᄆᆞᄉᆞᆷ'을 삼았던 것이다.

小倉進平은 이를 '北'字로 보아 그 訓 '뒤'를 이용하여 '友物北'로써 '밧갓뒤'라 읽었었다.

그러나 著者는 이 글자가 '北'도 '比'도 혹은 '叱'도 아니라는 사실을 주목한다. '比'이란 도대체가 존재하지 않는 文字인데도 그것을 비슷한 다른 글자로 고치지 않고 전해 주는 三國遺事의 刊行者에게 무한한 고마움을 느끼는 것이다. '比'은 '甚'(=怎)字의 草書인 𢘜을 대하여 그것을 '甚'字로 읽지 못하고 비슷하게 옮겨 놓은 결과였다고 보는 것이다.

10. 爾→尒 (秋察不冬爾屋攴墮米 XII. 2)

讚耆婆郎歌의 '咽嗚爾'의 경우와 같은 논리에 의한 추정이다.

11. 只→見 (白史毛達只將來呑 XIV. 2)

문맥으로 보아 '只'字가 동사 어간의 자리에 와 있는데, '只'字로서는 동사로 읽을 수 없다는 논리에 입각한 誤字의 推定이다.

12. 弗→物 (次弗□史內於都還於尸朗也 XIV. 6)

동사 '次'(머믈-)의 末音添記로서는 '物'字가 와야 하는 것인데, 그 자리에 '弗'字가 보이는 것은 '物'字의 草體 𠃍를 '弗'로 誤讀한 데서 생긴 것으로 본다.

13. 過→遏 (此兵物叱沙過乎 XIV. 7)

𨕖(遏의 草體)이 '過'字로 誤認되었던 것으로 본 것이다.

14. 曰→法 (好尸曰沙也內乎呑尼 XIV. 8)

曰=𠃑, 𠄎

法=㳒, 𠮷

'法'字를 '曰'로 誤讀하여 생긴 轉訛로 본 것이다.

15. 也→聞 (好尸法沙也內乎吞尼 XIV. 8)

也：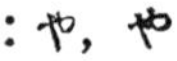

聞：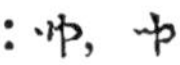

와 같은 草體의 類似로 '聞'字라야 할 것이 '也'字로 잘못 표기된 것으로 본다.

16. ⿰氵善→淸 (阿耶 唯只伊吾音之叱恨隱⿰氵善陵隱 XIV. 9)

淸：

膳： 繕：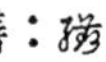

'ᄆᆞᄅᆞ'(善, 義)의 主題格形 'ᄆᆞᆯᄅᆞᆫ'이 '淸陵隱'으로 義訓借되었던 것을 '靑'과 '善'의 草體의 유사로 해서 '⿰氵善'이라는 存在하지 않는 漢字를 만들어 내게 된 것으로 보는 것인데, 'ᄆᆞᄅᆞ'에 대한 전통적인 표기인 '善陵'의 '善'字에 대한 意識이 관여했을 것으로 생각된다.

17. 乎→無 (安支尙宅都乎隱以多 XIV. 10)

'업스니(이)다'가 '無隱以多'로 적혔던 것인데 無가 乎로 착각된 것이라고 보는 것이다.

18. 切→功 (切德叱身乙對爲白惡只 XVI. 6)

너무나 분명한 誤字로 일찍부터 확인되어 온 것이다.

19. 間→醫 (間王冬留讚以白制 XVI. 8)

'間王'이란 말이 성립될 수 없는 말인데다가 譯詩에 '醫王'이라 나오는 것이므로 이것은 의심할 수 없는 轉訛의 예가 되는 것인데, '間'字와 '醫'字는 草書로 쓰였을 때 혼동하기 쉽게 되어 있다.

間： 醫：

20. 手→香 (手焉法界毛叱色只爲於 XVII. 5)

'間王'의 경우와 같이 분명히 들어나는 轉訛다. 譯詩나 華嚴經 해당 부분에 '손'에 관한 말은 없으며 그 대신 '香'에 관해서만 언급되어 있다. 노래의 내용으로서도 香이라야지 손이 나올 자리가 아니다. 역시 草書에서 '香'字와 '手'字가 비슷한 데서 나온 결과다. '手'字의 草書에 점이 둘 더 있는 것이 '香'字다.

香 : 　　手 : 

21. 色→巴 (手焉法界毛叱色只爲於 XVII. 5)

일찍부터 認定되어 온 轉訛 가운데 가장 중요한 것의 하나다.

22. 手→香 (手良每如法叱供乙留 XVII. 6)

앞줄의 '手'字와 같이 '香'字라야 한다.

23. 法→佛 (阿耶 法供沙叱多奈 XVII. 9)

문맥상 '佛供'이라야지 '法供'이어서는 안되는 자리이다. 㳒(法)을 가지고 仏(佛)을 대신한 곳이라 하겠는데, 6行의 '法叱供'에 이끌렸던 것으로 생각된다.

23. 支→攴 (法界餘音玉出隱伊音叱如支 XVIII. 4)

'支'字가 쓰일 자리가 아니다. 文末의 위치에서의 '如'가 '다'로 읽히는 것을 지시하는 '攴'의 자리에 와 있다.

24. 支→攴 (淨界叱主留卜以支乃遣只 XVIII. 6)

같은 '디니'를 나타내는 '持以攴'와 함께 '卜以'가 指定文字를 취한 것으로 이해될 자리다.

25. 只→以 (十方佛體閼遣只賜立 XVIII. 8)

동사 어간 '마기-' 또는 '마긔-'(證)의 末音添記로 쓰인 '以'字의 轉訛로 보는 것이다. '以'字가 따로 쓰이는 것을 '只'로 誤判한 것이라는 논리다.

26. 刀→刃 (嫉妬叱心音至刀來去 XIX. 10)

'刃'(늘)로서 '니를-'의 '를'을 나타낸 것이 '刀'로 바뀐 것으로 보는 것이다.

27. 反→乃 (彼仍反隱 XX. 1)

동사 '지즐-'의 현재형으로서 '지즈는'이라야 다음의 '佛會'를 수식할 수 있다.

28. 反→乃 (後言 菩提叱菓音烏乙反隱 XX. 9)

前條에서와 같이 '오ᄋᆞᆯ는' 또는 '오ᄋᆞ는'이래야지 종래의 해독에서처럼 '오ᄋᆞᆯ본'이라는 말은 성립되지 않는다.

29. 以→物 (世呂中止以友白乎等耶 XXI. 4)

物：ね　　以：ゆ

'物'字의 草書를 '以'字로 誤讀했던 것이라 본다.

30. 留→畓 (曉留朝于萬夜未 XXI. 5)

留　　畓(俗體)　　㕣(草體)

'曉畓'으로 '붉논'을 나타낸 것이라 본다.

31. 閻→醫 (向屋尸朋知良閻尸也 XXI. 6)

稱讚如來歌에서 보았던 '閻王'의 '閻'이 '醫'字였던 것처럼 여기서도 '閻'는 '醫'라야 한다. 머리의 草體 모양이 '門'의 그것과 비슷하므로써 誤讀되게 되어 있는 것인데, '閻王'의 경우에는 '酉'가 '日'처럼 쓰였던 것이겠고, '閻'의 경우에는 '西' 또는 '酉'로 쓰였던 것이라 추측된다.

32. 仁→在 (吾衣願盡尸日置仁伊而也 XXV. 2)

在：伃

草體의 '在'字가 '仁'字로 誤讀된 것이라 본다.

33. 留→畓 (際毛多留願海伊過 XXV. 4)

좀 위(30의 留)에서 본 바와 같이 '畓'(논)의 轉訛로 보는 것이다.[18)]

第三節　脫字의 補充

脫字 또는 缺字의 補充은 原典 複原 作業의 또하나의 중요한 면이다. 어떤 글자가 빠져 있다는 것은 어떤 글자가 잘못 쓰여 있다는 것보다도 더 致命的인 缺陷이요, 그것을 補完한다는 것은 매우 중요한 일이 됨은 두말할 나위도 없는 것이다.

鄕歌 文面의 缺字는 외형상으로 보아 두 종류로 구분하여 생각할 수 있게 되어 있다. 하나는 遇賊歌에 보이는 缺字들로 누가 보아도 缺字의 存在가 첫 눈에 들어날만큼 缺字 표시를 해 놓은 것이니, 예컨대

18) 이들 轉訛에 대한 구체적인 논의는 第三章 및 第四章에서의 解讀 條項을 참조.

但非乎隱焉破| |主

次弗| |史內於都還於尸朗也

에서와 같이 橫線(여기서는 縱線)으로 표시하고 있는 것인데, 이는 小倉進平 이래의 모든 해독자들이 認知하고 '□'표로 나타내어 오는 존재다.

그러나 著者는 缺字가 이에 그치는 것이라고는 생각하지 않는다. 遇賊歌에서의 缺字가 三國遺事 出版者에 의해 缺字로 인정된 것이었다면, 그들이 缺字로 認定하지 않은 또 다른 부류의 결자가 존재한다는 말이다. 이들은 대부분이 版木의 毁損 등으로 생긴 重版後의 일일 것으로 짐작하기에, 遇賊歌에서의 缺字와 같은 경로로 생겼으면서도 出版者가 認知하지 못하며 지나친 것이라 할 수 있다.

지금까지 다른 사람들이 缺字로 보지 않던 것을 著者가 새로 缺字로 보는 것들은 字間의 空白으로 나타나는 것들을 지목한 것인데, 이 빈칸들은 句의 경계 및 嗟辭 '阿耶' 아래에 나타나는 것을 원칙으로 한다. 이 빈칸들의 존재는 그 당시의 사람들의 句 認識을 반영하는 매우 중요한 증거인 동시에 後世 사람들의 해독의 편의에 기여하는 공로도 절대적인 것인데, 句의 경계나 嗟辭 아래 오는 것 이외의 빈칸들에 대하여는 마치 여분으로 띄어 쓴 것, 또는 잘못 字間을 비운 것으로 사람들이 해석해 왔다 할 수 있겠다. (明言으로 이런 말을 한 것을 기억하지는 못하지만, 해독의 결과가 그런 思考를 立證한다.)

著者는 體系的인 빈칸(빈칸의 용법에 맞는 빈칸) 이외의 어떠한 빈칸도 빈칸으로 인정하지 않는다. 적당한 곳에서 떼어 썼다든지 잘못 떼어 썼다는 생각 대신에 그 자리에 있던 글자가 없어져 빈칸처럼 보이게 된 것이라고 보는 것이다.

한편 당연히 句의 경계를 표시하기 위한 빈칸이 있어야 할 자리에 빈칸이 발견되지 않는 경우에도, 그것을 우연한 일로 보아 넘기지는 않는다. 어떤 곳에는 句의 경계를 표시하고 어떤 곳에서는 표시하지 않으므로써, 빈칸이 체계 없이 적당히 쓰였으리라고는 믿어지지 않는 것이다. 著者는 이것도 자료를 옮겨 쓰는 과정에서 생겼을 것으로 추정한다. 가령 어떤

句의 끝이 우연히도 版本이나 寫本의 어느 줄의 끝과 일치하여 다음 句가 새 줄에서 시작할 때, 머리에 빈칸을 두지 않고 쓰였던 것을 다른 사람이 옮겨 적을 때, 빈칸의 不在가 두 句의 連書를 결과시킬 수 있는 것으로 보는 것이다.

著者는 三國遺事의 撰者로서의 一然이 原資料를 충실히 옮겨 적을 뿐, 자기의 기준에 따라 句의 分斷을 加하거나 하지는 않은 것으로 안다. 가령 處容歌의 경우 다른 노래의 표기에서 보는 句의 分斷이 전혀 보이지 않는 것은 一然이 의거했던 자료에서의 표기가 그러했기 때문이라고 할 수 있다. 그러나 一然 자신이 옳다고 생각한, 혹은 좋다고 생각한 모델은 있었을 것으로 믿는다. 가령 怨歌의 표기에서 '物叱好支栢史'로 첫 句가 卷五 二七張의 셋째 줄을 끝마쳤을 때, 다음 句 '秋察尸不冬爾屋支墮米'의 '秋'字를 넷째 줄 第二字의 자리에 시작하며 그 위에 빈칸을 남겨 두고 있는데, 이러한 환경에서 빈칸을 두지 않고 '秋'字를 그 줄의 첫머리에 놓은 자료를 대했을 때, 一然이 이 자료를 옮겨 적으면서 과연 '秋'字 위에 빈칸을 두도록 하였을까, 또는 그대로 붙여 적었을까를 생각하는 것이다. 그것은 꼭 一然이 아닌 그 이전의 다른 사람에게서 있었던 일이고 一然은 그것을 다시 충실히 옮겨 놓은 것일 수도 있다.

句의 分界에 대한 관심이 이렇게 크기 때문에, 著者는 해독자들이 이 경계를 마음대로 옮기는 것, 다시 말하여 빈칸 아래에 있는 글자를 위의 句로 끌어 올리거나, 반대로 위의 句의 글자를 아래 句로 끌어 내리는 일에는 원칙적으로 찬성하지 않는다. 文面에서의 착오가 이런 정도에 이를 가능성은 매우 희박하다고 보는 것이다.

1. 慕竹旨郎歌에서의 缺字 '白'의 補入

三國遺事에서의 慕竹旨郎歌의 표기는 '去隱春皆理米 毛冬居叱沙哭屋尸以憂音 阿冬音乃叱好支賜乎隱 皃史年數就音墮支行齊 目煙廻於尸七史伊衣逢烏支惡知作乎下是 郎也慕理尸心未 行乎尸道尸 蓬次叱巷中宿尸夜音有叱下是'와 같이 아홉 段落으로 되어 있는데, '行乎尸道尸'이 따로 떨어져

있는 것이 첫눈에 거슬린다. '녀올 길' 세 음절로 한 句가 성립될 수도 없을 뿐만 아니라 특별히 띄어 쓸만한 다른 이유도 있을 것 같지 않다.

그럼에도 不拘하고 '心未'가 '行乎尸道尸'에 대하여 의미상의 주어가 될 수 있어(해석에 따라서는 부사어) 해독에 있어 위에 붙여 한 句로 다루면서도 중간에 있는 빈칸은 범상히 보아 넘겨온 것이다.

그러나 빈칸을 무단히 용납하지는 않는 현재의 著者로서는 이것을 脫字에 의한 빈칸으로 보며 거기에 '良'字를 보충하는 것이다. 'ᄆᆞᅀᆞ미즛'이 정확히 어떠한 개념인가는 앞으로 연구될 과제이겠지만, 遇賊歌에 '自矣心未 皃史…'라 한 것을 본딴 것이다.[19)]

2. 獻花歌 第一·二句 境界 補入

原文面이 '紫布岩乎过希執音乎手母牛放敎遣'라 連書되어 있지만, '希'字에서 끊어 '執音乎…'이 둘째 句가 된다는 데에는 해독자들이 合意하고 있는 바인데, 이는 '老人獻花歌曰' 바로 앞에 실린 海歌詞의 結句 '入網捕掠燔之喫' 앞에 意外의 빈칸이 있는 것과 관계가 있지 않나 생각한다. 漢詩를 적음에 있어 여기서만 이와 같은 빈칸을 둔다는 것은 이해가 가지 않기 때문이다.

3. 安民歌 第八句에서의 '攴'字의 補入

第一章 끝에서 言及했던 것과 같이 '國惡持以 攴知右如' 중간에 있는 빈칸은 무시될 것이 아니라 '攴'字가 있어야 할 자리다.

4. 安民歌의 句節 分斷에 대한 反省

三國遺事 卷二에서의 安民歌는 이렇게 표기되어 있다.

…安民歌曰 君隱父也 臣隱愛賜尸母史也 民隱狂尸恨阿孩古爲賜尸知民是愛尸知古如 窟理叱大肹生以支所音物生此肹喰惡支治良羅 此地肹捨遣只於冬

19) 다른 또하나의 代案은 '心未' 아래 빈칸을 本來의 빈칸으로 보며 '行乎尸道尸' 다음에 '阿' 또는 '良'을 想定하는 길이겠으나, 그렇게 할 경우, 다음의 '蓬次叱巷中'와 處格의 重複을 가져오게 되기에 이를 取하지 않는다.

是去於丁 爲尸知國惡支持以 支知右如後句 君如臣多支民隱如 爲內尸等焉國惡大平恨音叱如

原文에서의 句節 分界에 變改를 企圖한 것은 小倉進平부터의 일인데, 그에게 있어서는 마지막 段落의 '爲內尸等焉'을 위에 붙였을 뿐이었으나 梁柱東에 오면 한 걸음 더 나아가 '爲尸知'를 떼어 '去於丁' 쪽에 붙여 第八句와 第十句를 다 같이 '國惡'으로 시작하게 하고 있다. 그리고 그들의 이러한 態度는 原文에서의 셋째 段落과 넷째 段落을 다음과 같이 각각 둘로 끊어 3•4 5•6의 句를 이루게 하였던 것이다.

┌3. 民焉狂尸恨阿孩古爲賜尸知
└4. 民是愛尸知古如

┌5. 窟理叱大肹生以支所音物生
└6. 此肹喰惡支治良羅

論理的, 文法的 관점에서는 그들의 태도에 首肯이 가지만, 原來의 표기가 분명히 보여 준 韻律的 構造를 度外視한 견해로 비판받기에 알맞은 태도라 할 수 있다.[20]

著者는 第八句와 第十句가 原文대로 '爲尸知'와 '爲內尸等焉'으로 시작되어야 할 것으로 믿으며, 그 韻律에 맞춘다면 第四句는 '爲賜尸知'로 시작되어야 한다. 奇數句와 偶數句의 對比에 있어 前者가 後者보다 더 많은 음절을 가진다는 것은 鄕歌의 세계에서 正常的인 일이라 할 수 없는 것이다.

文法的 段落과 韻律的 段落의 不一致는 慕竹旨郎歌의 '目煙廻於尸七史伊衣 逢乎支惡知作乎下是'(누늬 도랄 업시 뎌옷/맛보기 엇디 일오아리)에서도 보는 바로서 그 자체가 의도적이며 詩的 技巧로서 鄕歌의 한 특징이 될지언정, 文法 構造를 앞세워 수정될 것은 아니라고 본다.

'後句'가 '知右如'에 密着되게 表記된 것은 嗟辭의 所屬句를 생각하는 데에 좋은 자료가 된다.

---

20) 第一章 第五節 參照.

5. 處容歌 表記의 特殊性

三國遺事에서 句의 分節을 하나도 표시하지 않은 唯一한 예인데, 鄕歌의 표기가 반드시 句의 경계를 표시하는 것은 아니었음을 보여 준다. 現行의 四句로의 分節에는 異論들이 없다.

6. 薯童謠의 分節

三國遺事에서의 薯童謠는 세 段落으로 이루어져 있는데, 그 셋째 段落인 '薯童房乙夜矣夘乙抱遣去如'가 通說대로 두 句로 分節될 것인지 原文대로 한 단위가 될 수 있을 것인지는 좀더 검토되어야 할 여지가 있다.

7. 禱千手觀音歌에서의 '良'字 補入

이 노래의 다섯째 句가 '千隱手 叱千隱目肹'로 적히며 중간에 빈칸이 와 있는 것을 해독자들이 흔히 무시해 오지만, 著者는 여기에 '良'字를 補入한다.

8. 願往生歌 第七句

第七句에 해당하는 '願往生願往生'만이 빈칸 없이 連書되어 있으나, 따로 분리되어야 할 것임은 분명하다.

9. 兜率歌의 첫 段落

兜率歌의 첫 두 句로 인식되어 오는 것이 '今日此矣散花唱良巴寶白乎隱花良汝隱'으로 連書되었으나 이것이 한 句가 될 可能性은 전혀 없다 하겠다.

10. 祭亡妹歌의 分節

6•7, 9•10의 句들이 分揀되지 않고 있으나 通說대로 分節될 자리이다.

11. 彗星歌의 3•4句

3•4句에 해당되는 '倭理叱軍置來叱多烽燒邪隱邊也藪耶'가 붙어 있으나

두 句를 형성할 것이 명백하다.

12. 怨歌 第六句에서의 '尸'字 補入

'行尸浪 阿叱沙矣以支如支'에서 보는 빈칸을 句의 경계로 보며 '行尸浪' 앞의 빈칸을 무시한 小倉進平의 태도나, '浪'字 다음의 빈칸을 무시한 梁柱東의 태도는 모두 적절치 못한 것으로 판단하며, 著者는 '浪'字 다음의 빈칸을 '尸'字로 메운다.

13. 怨歌 第八行에서의 '焉'字 補入

'世理都 之叱逸烏隱第也'에 보이는 빈칸을 없는 것이나 다름 없이 다루어 오지만, 著者는 여기에 '焉' 또는 '隱'이 있어야 할 것으로 보고 있다. 前條의 '尸'字와는 달리 이 '焉'字의 有無는 解讀에 큰 영향을 미친다.

14. 遇賊歌의 缺字 補入과 分節

文面의 分節이 매우 不均衡하게 되어 있는 것이 遇賊歌의 표기다. '自矣心米'나 '今吞藪未去遣省如'가 句 단위로 적혀 있는데다가 '阿耶'가 앞뒤에 공간을 지니고 있는 것으로 보면, 원래는 다른 어떤 鄕歌에 못지 않게 句 單位로 分節되어 整然히 적히었던 노래였을 것을 추측케 한다. 아마도 여러 차례에 걸쳐 옮겨적히면서 지금과 같은 모습이 되어 버린 것이 아닐까 생각케 한다. 5•6, 7•8, 9•10의 句들에 대한 分節은 梁柱東을 따르되, 2•3의 句의 경계는 '日'字 위에 두는 小倉進平의 態度를 따른다. (梁柱東에게서는 '日'字까지가 第二句로 되어 있다.)

第三句의 '鳥逸' 아래 두 缺字를 '月矣(衣)'로 메우는 것은 '日遠鳥逸'에 대한 著者의 理解에 따른 것이다.

第五句의 缺字는 '戒'字로 메우는 것이 梁柱東 이래의 通例이나 '破戒主'라는 말이 成立될 수 있을 것인가까지를 의심하면서 '家'字로 대신한다. '破家'는 '强豪'를 뜻하는 명사로 다음에 온 '主'字는 존경을 나타내는 '님'이 된다.

第六句의 '弗'字 아래 缺字는 梁柱東에게 있어 '貝'이던 것이나, 著者는 '乎' 또는 '烏'字가 있어야 할 것으로 想定한다.

第三章 鄕歌 解讀의 實際(其一)

I. 慕竹旨郎歌

1. 去隱春皆理米
2. 毛冬居叱沙哭屋尸以憂音
3. 阿冬音乃叱好支賜烏隱
4. 皃史年數就音墮支行齊
5. 目煙廻於尸七史伊衣
6. 逢烏支惡知作乎下是
7. 郎也慕理尸心未 行乎尸道尸
8. 蓬次叱巷中宿尸夜音有叱下是

轉 字[21)]

1. 가—은—봄—모도—리—ᄆᆡ
2. 몯—ᄃᆞᆯ—깃—ᄉ—사—울—옥—ᄅᆞ—이—시름—음
3. ᄆᆞ ᄃᆞᆷ—ᄃᆞᆯ—음—곳—ᄉ—불기—기—시—오—은
4. ᄌᆞᆺ—시—ᄒᆡ—혜—낫—음—헐—*攴—니—져
5. 눈—ᄂᆡ—돌—어—ᄅᆞ—*없—시—뎌—옷
6. 맛보—오—기—엇디—디—일—오—아래—이
7. 郎—여—그리—리—ᄅᆞ—ᄆᆞᅀᆞᆷ—미—*(ᄌᆞᆺ)—녀—오—ᄅᆞ—길—ᄅᆞ
8. 다보지—지—ᄉ—굴헝—ᄒᆡ—자—ᄅᆞ—밤—음—잇—ᄉ—아래—이

轉 寫

1. 간 봄 몯 오리매
2. 모ᄃᆞᆯ 기스샤 우롤 이 시름.

---

21) 轉字에서 별표(*)를 붙인 것은 轉訛의 推定으로 또는 脫字의 補充으로 본래의 文面과는 다르게 읽게 된 것을 표시한다. 가령 '*攴'은 文面에 '支'로 되어 있지만 '攴'으로 보아야겠다는 것을 '*ᄌᆞᆺ'은 해당되는 빈칸에 '皃'字가 있었겠다는 推定 아래 'ᄌᆞᆺ'이라 읽은 것을 나타낸다. 이하의 다른 노래들의 轉字에서도 이에 준한다.

3. ᄆᆞ돔곳 볼기시온

4. ᄌᆞᅀᅵ ᄒᆡ 헤나삼 헐니져.

5. 누늬 도랄 업시 뎌옷

6. 맛보기 엇디 일오아리.

7. 郞이여 그릴 ᄆᆞᅀᆞᄆᆡ 즛 녀올 길

8. 다보짓 굴헝ᄒᆡ 잘 밤 이샤리.

1. 去隱春皆理米

'去隱春'에 대하여는 小倉進平이 '가ᄂᆞᆫ 봄'이라 한 것을 제외하고는 모두 '간 봄'이라고 하고 있다. 그의 '가ᄂᆞᆫ 봄'은 '皆理米'에 대한 그의 이해로 보아 부득이한 것이었겠지만, 현재형의 표기일 수는 없는 것이다. '皆理米'에 대한 '다 다ᄉᆞ리메'라는 해독도 '가ᄂᆞᆫ'을 전제로 한 것이기 때문에 梁柱東 이래로 따르는 사람이 없다.

'皆理米'에 대하여는 이제 梁柱東의 '그리매'와 鄭然粲·徐在克의 'ᄀᆞ리매~ᄆᆞ리매'(의미상으로는 두 사람의 견해가 같지 않다.)가 남는 셈인데, 梁柱東의 '그리매'에 대한 鄭然粲(1972 : 66-68)의 비판은 매우 정당한 것으로, 이미 같은 노래 안의 '慕理尸心未 行乎尸道尸'에서 '그리-'라는 동사를 나타내는 데에 '慕理'가 쓰이고 있는 이상, 그리고 그것이 표기의 正道인 이상, 그것을 버리고 '皆理'로 썼다는 것은 납득하기 어려운 논리인 것이다. 그렇지만, 그 代案으로서의 'ᄀᆞ리매<ᄆᆞ리매'가 만족스러운 代案이라고는 하기 어렵다. '봄을 가린다'(積)는 표현이나, '봄이 가리워진다'는 표현이 부자연스럽다거나, 詩的 표현으로 적합하지 않다는 기준에서 평하는 것이 아니라, 梁柱東의 '그리매'를 포함하여 '皆理米' 석자를 내리 音讀하는 것에 대한 비판이다. 한 단어가 내리 音讀字로만 적히는 예가 전혀 없는 것은 아니지만, 그런 일은 매우 드문 예외적 존재들이고, 鄕歌에서의 표기의 典型은 첫자를 訓讀字로 놓고 다음을 音讀字로 받치는 이른바 訓主音從型으로 되어 있다. 지금까지의 解讀例에서 내리 音讀된 부분을 찾아 보면 擧皆가 허점을 지니고 있는 것을 발견할 수 있으며, 종

종 詩的 直觀을 바탕으로 한 표현으로 糊塗되어 있고는 하는 것이다.

著者는 '皆理米'에 대해서도 訓主音從式으로 읽도록 노력했다. 가능한 讀法이 두가지 있다. 그 하나가 '皆=다'의 訓을 빌어 '다ᄋᆞ리매'(盡)로 읽는 것이요, 둘째가 '皆=모도'의 訓을 假借하여 나타낸 '몯 오리매'(不能來)다.

이른바 媒介母音의 'ᄋᆞ/으'가 표기에 반영되지 않는 것이 借字表記에서의 전통이므로, '다ᄋᆞ리매'의 'ᄋᆞ'가 그런 종류의 'ᄋᆞ'로 의식되어 그에 해당하는 字가 나타나지 않는 것으로 볼 수가 있다. 그러나 앞에 온 '간 봄'과의 의미상의 脈絡이 일치되지 않는다는 데에 '다ᄋᆞ리매'가 지니는 결정적 결함이 있다. 이미 봄은 가버렸는데 그것을 다시 '다할 것이므로'라고 미래형으로 서술할 수는 없는 노릇이다. 小倉進平처럼 '가ᄂᆞᆫ 봄'이라고 읽을 수 있으면 '다ᄋᆞ리매'가 제 격에 맞는 것이겠으나, '가ᄂᆞᆫ 봄'이 불가능한 이상 '다ᄋᆞ리매'도 성립되지 않는다.

'모도리매' 즉 '몯 오리매'는 저자가 논리적으로 想定한 代案의 마지막 것이다. 訓讀의 경우 '去隱'의 '去'처럼 그 글자의 訓과 나타내려는 형태소가 일치되는 正借와 그 사이의 관계가 同音異義的인 假借가 있는데, '心未筆留慕呂白乎隱'처럼 '그리-'(畫)를 나타내는 데에 '그리-'(慕)를 이용한 것이 그 전형적인 예이다. 용언 어간을 표기함에 용언 어간 이외의 것을 이용한 예로는 '集刀花乎白良'(고조-[拱]=곶[花]+오[乎])와 같은 것이 있는데, '모도(皆)=몯+오-'도 이 範疇에 드는 것이다. 다만 一對一의 假借가 아니라, 一對二의 假借라는 것이 특수한 것이다.

2. 毛冬居叱沙哭屋尸以憂音

첫머리의 '毛冬'을 '모ᄃᆞᆫ'으로 보느냐 不能의 副詞로 보느냐에 따라서 '居叱沙'를 명사로 해석하느냐 동사로 해석하느냐가 결정되는데, 小倉進平과 梁柱東 및 金善琪가 전자에 속하고 池憲英, 鄭然粲, 徐在克, 金俊榮이 후자에 속한다.

著者는 이것을 해독이 옳은 궤도에 올아 선 한 예로 본다. '毛冬'은 항가 가운데 여러번 類例를 보이는데, 유독 여기서만 다음 말을 명사로 고정시켜 '毛冬'을 '모돈'으로 수정함이 옳지 못함은 이미 鄭然粲(1972 : 70~71)이 지적하고 있는 바다. 池憲英의 해독이 여기 한 轉換點을 마련한 것을 우리는 기려야 하겠으나, 그의 '몯'(=毛冬)은 後人의 '모돌'에 비하여 아직 손색이 있다.

'毛'를 많이 音借라고 생각하고 있으나, 이는 聲兼意者라고는 할 수 있을망정 순수한 音借라고는 하기 어려운 것이다. '毛'는 '털'이라는 뜻 외에 '無'의 뜻을 가짐을 우리는 안다. '몯'의 의미와 '毛'의 의미가 완전히 일치되는 것은 아니라 하더라도 '毛冬'에 등장하는 '毛'는 訓借에 속하는 예라 해야겠다. 동사 어간으로 쓰인 '毛多'(후세의 '모롤-'에 해당한다.)을 고려에 넣으면 '毛多'의 발음은 '몯돌' 아닌 '모돌'이어야겠으나, 기원적으로는 '몯+돌'(不冬='안돌'을 참조)이겠으므로 '毛冬=몯돌'이라고 본 梁柱東의 견해를 배척할 것만은 아니다. '몯돌>모돌'의 변화는 '몯+자르다>모자르다'(不足)에 준하는 변화였겠다.

이제 '居叱沙'가 용언일 것은 틀림 없으나, 구체적으로 과연 어떤 語詞의 표기인가는 解讀者들을 苦心케 하고 있는 과제이다. 용언으로의 해독을 최초로 인도한 池憲英의 제안인 '잇사'는 형태면에서의 무리가 있어 金俊榮 이외에는 따르는 사람이 없다. '在'의 뜻이라면 '이셔' 이상의 語形은 무리인 것이다. 혹 '사'가 强勢의 添辭라면 어간과의 直結이라는 難題를 품는다.

鄭然粲의 '거스사'는 어간으로 '거슬-' 또는 '그스-'를 전제한 것인데, 후자는 문맥에 맞는다고 하기 어려우며, 前者의 경우 語幹末의 'ㄹ'이 'ㅅ' 앞에서 탈락된 것으로 하고 있으나, 그렇다면 '사'가 强勢添辭로서 어간과 직결된다는 딜렘마에 빠지고, 혹 '사'가 '샤'에 준하는 것이라면 '거슬-'의 'ㄹ'이 그 앞에서 탈락되지를 않고 '거스르샤'가 될 것이기 때문에 어려움이 있다.

徐在克의 '잣사'는 明言으로 어간과 '사'의 결합을 선언한 해석인데 池憲英의 '잇사' 이래의 숙제인 이 命題가 國語에 가능한 것인가에 대한

解答이 아직은 없다. '毛冬居叱沙'에 대한 大意 把握에 있어서도 徐在克의 '(그냥) 앉아 있들 못하여'는 池憲英의 '그저 있을 수 없어'에 가장 가까운 것인데, 이러한 理解의 成敗도 '沙'에 대한 논리의 成立 여부에 좌우된다.

'沙'의 정체가 무엇이든간에, 그것이 音讀될 글자라는 것만은 틀림 없지만, 사람들은 音 '사'만을 생각하고 '샤'를 고려에 넣지 않고 있었다. 鄕歌中에 적어도 한 곳은 '沙'를 '샤'로 읽게 되어 있는 것이다.

衆生叱田乙潤只沙音也

에서의 '沙'는 著者의 해독 '적셔미여'에서의 '셔'에 해당하는 것인데, 이것이 '有叱阿米=이샤매' 등에서 보는 바와 같이 자음 다음 자리의 半母音을 잘 반영하지 못하는데 말미암는 것인지, 또는 '沙'가 지녔던 또하나의 음 '샤'에 연유하는 것인지는 확언하기 어렵다. '沙'가 보통은 音 '사'로 읽히는 것이지만, 釋門의 이른바 音譯語의 표기에서의 '沙'字는 '샤'를 위해 쓰였던 것이다.

著者는 音 '샤'를 '居叱沙'의 '沙'에 代入한다. 그러면 아직 '居叱'이라는 어간이 무엇인지 결정되어 있지는 않다 하더라도 어간과 '沙'의 결합을 싸고 일었던 難題는 霧散될 것이다. 또한 어미가 '샤'라는 경어형이 된다면, '居叱沙'의 주어는 울고 시름하는 노래 속의 辭說者가 아니요, 어떤 존귀한 인물일 수밖에 없게 되며, 따라서 그저 있지를 못한다든지, 안절부절 못한다든지 하는 해석도 근거를 잃게 된다. '居叱沙'의 주어로서의 존귀한 인물이란 여기서 竹旨郞일 수밖에 없는데, 그는 이미 이 세상의 몸이 아니어서, 돌아올 수 없는 것이 간 봄과 같은 것이다.

마지막 관문은 '居叱沙'의 '居叱'에 구체적으로 어떤 동사 어간을 代入할 수 있는가 하는 데 있다. '居'字의 의미로 보아서는 '살다'가 가장 가깝겠지만, 語幹末音이 'ㄹ'이어서 권외로 벗어나며, '잇다'도 존경형은 '겨샤'밖에 될 수 없어 중간의 '叱'을 반영하지 못한다.

만약 '居叱'으로 표기되었던 동사가 일찍 死語化하여 증빙할 길이 없어졌다 하면, 그야말로 우리에겐 絶對絶命의 격이겠으나, 아직 우리의 생각이 미치지 못하여 합당한 어형을 찾아내지 못한 것으로 희망하고 싶다. 다행히, 꼭 부합된다고는 할 수 없어도 의미면으로도 近似한 語形을 '깃-'(棲)에 발견하여 잠정적으로 代入시켜 두는데, 다만 이 동사가 동물에 쓰일 뿐, 인간을 주어로 사용되는 것이 아니라는 데에 難點이 있다.

'哭屋尸'에 대하여는 '울'과 '울울'의 解讀差가 보인다. 전자의 경우에는 '屋'이 長音표기의 방편으로 첨가된 것이라 하나, 이러한 설명이 붙은 字들은 예외없이 해독이 적절치 않아 달리 읽힐 곳들이기 때문에 長音表記라는 發想 자체를 받아 들이지 않는다.(梁柱東, 1942 : 93에 다섯개의 예가 제시되어 있다.) 著者는 '屋, 玉' 등의 字들에 대하여 한때 그 'ㄱ'까지를 정직하게 읽는 가설을 생각했었지만, 여기서는 이를 유보한다.

'愛音'(시름)을 적어도 일단은 명사로 보는 데에는 小倉進平(설움)까지도 일치되어 별 문제가 없으므로, '以'字의 처리 문제가 이 句의 마지막 과제가 된다. 小倉進平의 '어'를 제외하면 梁柱東의 語尾說과 池憲英의 指示代名詞說, 그리고 徐在克의 共同格說로 압축된다.

著者는 '以'를 指示代名詞로 보는 쪽을 택하는데, 그 이유는 의미의 脈絡 내지 文體에 대한 著者 나름의 판단에 말미암는다. 울음과 시름이 羅列될 때, 시름하여 운다든지, 시름으로 운다는 말은 되어도 울어 시름한다거나 울음과 시름이라는 羅列은 자연스럽지 못하다고 판단한다. 반면 '哭屋尸'이 '이 시름'을 수식할 경우에는 시름이 울음의 원인이 되어 논리적으로 시름이 울음에 앞서는 것이 된다.

그러나, '以'를 指示代名詞로 보는 데엔 하나의 난점이 있다. 비록 漢字的 意味로 '以'에 지시대명사적인 '이'가 兼有되어 있는 것이 사실이기는 하지만, 鄕歌에서의 용법으로 보면 그 자리에 쓰이는 것이 압도적으로 '此, 是'요 '以'가 아니라는 점이다. 혹 우리가 보는 文面의 '以'가 本來는 '此'字였던 것이 三國遺事에 수록되기 이전의 단계, 즉 寫本으로서의 傳承 過程에서 草體의 '此'字의 轉訛로 생긴 결과나 아닐까 臆測하며 後考를 기다린다.

3. 阿冬音乃叱好支賜烏隱

難解語인 '阿冬音'에 관심이 집중되어 '乃叱好賜烏隱'쪽이 너무 소홀히 넘겨져 온 것으로 생각된다. 梁柱東 이래로 些末的인 語形 推定上의 차이는 있지만, 한결같이 '낟호샤온'의 굴레에서 벗어나지 못하고 있는 것에 오히려 의아심이 들 정도다. '乃叱'으로 표현됐다는 '낫'과 '호'(好)의 결합이 과연 '나토'를 결과시킬 수 있는가에 대하여 한 사람쯤은 疑懼를 표시했음직한 자리인 것이다. 'ㅅ' 'ㅎ'의 결합이 음절말에서의 'ㅅ : ㄷ'의 中和가 성취된 近世語에서라면 몰라도, 中世 이전의 시기에 'ㅌ'으로 발음된다는 것은 있을 수 없는 일이겠기 때문이다. 가령, 5合을 나타내는 '닷홉'이 지금 식으로는 '다톱'으로 발음될 수 있지만, 좀더 보수적인 발음으로는 '닷꼽'이요, 문헌에는 '다솝', '다숩'으로 나타남을 상기시키겠거니와, 鄕歌中의 예를 들어 말한다면, 獻花歌의 '不喩慚肹伊賜等隱'에서의 '慚肹伊'가 후세의 '붓그리-'에 대응될 것이 분명하여, 中世語의 母音間 'ㅅㄱ'의 결합이 'ㅅㅎ'의 결합으로 표기되고 있음을 지적할 수 있겠는데, 이 '慚肹伊'를 '부트리' 내지 '붇흐리'라고 읽을 사람은 아무도 없을 것이다. 따라서 語形을 어떻게 수정하건 그와는 상관 없이 '乃叱好支賜乎隱'이 '나타내신'의 뜻을 가진 표현일 수는 절대로 없는 것이다.

한 단어 전체를 음독자로 내리 읽고 있을 때, 그 해독의 신빙성이 매우 낮아진다는 취지의 말을 앞에서 한 일이 있거니와, '乃叱好支賜乎隱=낟호샤온'도 바로 이 범주에 속하는 것이다. 이 점에 있어, 비록 正鵠을 멀리 벗어난 해독이기는 하였지만, 小倉進平의 '어듸매나를 됴화ᄒᆞ샨=阿冬音乃叱 好支賜乎隱'의 해독이 훨씬 타당한 태도를 보였던 것이라고 評價한다.

물론 著者는 '阿冬音乃叱'을 그가 한 것처럼 '어듸매나롤'이라고 읽지도 않거니와, '乃'를 音讀하지도 않는다. 中世의 자료들은 '乃'가 添辭 '-사, -ᅀᅡ'에 해당되는 것임을 증언하고 있는데, 이와 같은 添辭로서 'ㅅ'(=叱) 末音을 가질 수 있는 것은 오직 '-곳'이 있을 뿐이요, 이

'-곳'은 명사에 直結되기에 적격한 존재다. 따라서 '阿冬音乃叱'은 '阿冬音'이 무엇이든간에 '阿冬音곳'이라고 읽어야 하는 것이다.[22]

小倉進平이 '好支賜乎隱'의 分節을 정당히 하였지만, 그처럼 '됴화ᄒᆞ산'이라고 읽는 것은 文面의 표기가 허락하지 않는다. '支'의 頭音이 어떤 음소였는지는 앞으로 더욱 연구되어야 할 과제지만, 中世語와의 대응관계로는 'ㅎ'이나 'ㄱ'에 對當되는 존재이고, 모음은 '이'일 것이 분명하므로, '好支'가 나타낼 수 있는 것은 '됴히-', '즐기-', '볼기-'정도가 될 것이다[23]. 이 가운데 어느 것이 慕竹旨郞歌의 '好支'로 의도된 것인가를 抽出하는 것은 文脈에 의존하는 수밖에 없다. 'ᄌᆞᄉᆡ'(皃史)라는 주어를 전제로 한다면, 그 지배를 받을 수 있는 동사로는 '됴히-' 밖에 없어 보인다. 그러나 訓의 假借 즉 義訓借까지를 考慮에 넣는다면 '好'의 의미의 '볼기-'(現代語 '발키-')를 빌린 '볼기-'(現代語 '밝히-')를 포함시킬 수 있고, 이 '볼기-'가 현재의 문맥에는 가장 잘 어울린다는 것이 著者의 생각이다.

'阿冬音'에 대하여도 著者는 訓主音從의 基準을 固守한다. 鄕歌에서의 다른 '阿'字들의 用例가 모두 語頭 이외의 자리에 있어 음독될 성질의 것이기에, 여기서 '阿'를 訓讀하는 것이 訓讀의 唯一例가 되는 것이어서 아직은 假說的인 제안이 되는 것이지만, 著者는 '阿冬音'에서의 '阿'의 의미를 '阿, 邸也'에 求하고 中世語에 文證된 'ᄆᆞᄅᆞᆷ'과 연결시킨다[24]. '阿冬音'의 '音'이 本態的인 純正添記라면 'ᄆᆞᄃᆞᄅᆞᆷ', 代替添記라면 'ᄆᆞᄃᆞᆷ'이겠으나, 어느 쪽이 되어야 할지 확정짓기 어렵다. 'ᄆᆞᄅᆞᆷ'으로의 발달을 설명하는데 간편한 쪽을 택하여 'ᄆᆞᄃᆞᆷ'을 취해 둔다.

4. 皃史年數就音墮支行齊

첫 두 句에서 竹旨郞은 이미 이 세상을 떠나 지나간 봄처럼 돌아올 수

22) 石峰千字文(4)에 '乃'를 '사 내'라 한 것이라든지, 月印釋譜 序(13)에 '乃는 아ᄒᆞ논 겨치라' 한 것에 '乃'에 대한 理解를 볼 수 있다.

23) 兪昌均(1971)에서는 '支'字의 音을 *gi*로 推定하고 있다.

24) 吏讀에서의 '舍音=ᄆᆞᄅᆞᆷ'과 月印釋譜(XXI:92)에서 '莊'을 'ᄆᆞᄅᆞᆷ'이라 한 것을 아울러 參照.

없는 몸이므로, 여기 邸宅을 밝힌 모습이란 影幀의 모습이겠고, 邸宅은 그 影幀을 뫼신 殿閣이겠다. 그런데 殿閣을 환하게 밝히던 그림의 모습도 해가 가고 달이 가면서 점점 헐어만 가는 것이다. '皃史年數就音墮支齊'는 바로 이 허망한 상황을 반영하고 있는 것이다.

梁柱東의 '살쯤=年數就音'은 奇拔한 着想이기는 하지만, 결코 해독의 正道를 걸었다 할 수 없는 동시에, '皃史'가 살아 있는 竹旨郞의 모습을 전제로 하고 주름살이 져간다고 하는 것이었다. 徐在克도 '皃史'를 現實의 竹旨郞으로 보고 있기는 하지만, 就音'을 '나삼'으로 읽고 '墮'를 '헐-'에 연결지은 것은 刮目할만한 진보였다. 그에게 있어 '年數就音'은 '年數가 흐름'이었고 그렇게 읽음으로써 解讀의 正道에 올라섰던 것이다. 著者는 '就音'을 文字 그대로의 '나아감'이요, 명사형이 아닌 持續의 副動詞形이라고 보거니와, 여기 더하여 '年數'에 대한 再考를 제의한다. '年數'나 '힛數'는 詩語되기에 알맞지 못하다고 생각하여 '힉 혜나삼'이라고 읽는다. '힉'는 동사 '혜-'의 목적어요, 전체로는 '해를 혜어 나감에 따라'를 의미한다. 따라서 '墮支行齊'는 주어 '皃史'에 대한 동사가 되는 것이며, '헐니져'라 읽는다. '墮支'의 '支'를 '攴'字의 轉訛로 추정하기 때문에 徐在克의 '헐히-'를 따르지 않는 것인데, '攴'字는 指定文字로서 '墮'가 '헐-'이 될 것을 지정할 뿐 그 자체는 해독에 반영되지 않는다.

이 구절에 있어서의 주어는 '皃史'가 되어 있기 때문에 語尾 '齊'는 徐在克에게 있어서처럼 共同法의 어미가 될 수는 없다.

5. 目煙廻於尸七史伊衣

매우 重要한 문제들을 隱在시킨 채 의외로 해독의 進陟이 遲遲했던 구절이다. 그 가운데도 가장 중요한 虛點은 '史伊衣'의 해독에 있었다. 小倉進平이 이를 'ᄉᆞᅀᅵ예'라 읽은 이후 혹 'ᄉᆞ이예'라 읽기도 하면서 徐在克의 '초시의'에까지 이르렀던 것이다. '史伊衣'는 一見 'ᄉᆞᅀᅵ예'에 가까운 듯하면서도 결코 'ᄉᆞᅀᅵ예'의 표기일 수는 없다. 後代의 漢字音에서 '史'는 'ᄉᆞ'이지만, 鄕歌의 표기에 쓰인 '史'는 다른 紙寘三等韻의 字들과 함께 母音 '이'를 나타내지 'ᄋ'를 반영하지 않는데다가, 中世語의 'ᅀ'에 해당하는 子音의 표기는 항상 'ㅅ' 頭音의 字들로 이루어지는 것이지 '伊'와 같은 순수한 母音字를 써서 무시해 버리는 일은 없는 것이다. 그렇다고 'ᅀ'을 빼어 버린 'ᄉᆞ이예'가 成立될 수도 없는 것이니, '史伊衣'에 'ᅀ'의 반영이 없다고 해서 'ᄉᆞ이예'로 해독한 것은 音韻變化에 대한 정당한 이해가 없었던 데 말미암는 것이요, 'ᅀ'을 탈락시킨 語形이 古代에 想定될 수는 없는 것이다.

이러한 모순을 의식하고, 동시에 바로 앞의 '七'字까지를 처리하려 한 것이 徐在克의 'ㅊ시의'이나 이 경우 '시'에는 '史'로 충분하기 때문에 '伊'가 '衣'와의 사이에서 여분의 글자가 된다.

이 부분의 해독은 좀더 근본적인 次元에서 再考되어야 한다. 문제가 있을 때에는 原點으로 돌아가 一切의 先入見을 배제하고 자료에 접해야 한다는 것이 著者의 信條이다. 여기서도 著者는 解讀者들이 小倉進平의 前轍에서 헤어나지 못함을 歎하는 것이다.

著者에 의하면 第五行은 다음과 같이 네 단어로 分節된다.

目煙 廻於尸 七史 伊衣

끝에 오는 '伊衣'는 '며옷'이다. '며+옷'으로 구성된 이 단어는 다음 行에 나오는 '逢烏支'의 목적어다. '옷'은 제 3 행에서 본 '乃叱=곳'의 異形態로 모음 아래에 연접되는 존재다. '伊'는 音讀字로는 '이'를 나타내지만 訓讀字로는 '며'가 되는 것인데, 여기서는 '며'로써 竹旨郞을 가리킨다.

'七史'의 '七'字를 '无'(또는 '亡')字의 轉訛로 보는 것이 著者의 견해의 核을 이루는 것인데 앞의 動名詞形 '廻於尸'을 받아 '…함이 없이'의 뜻이 된다.

'目煙'은 '누늬'로서 '廻於尸'의 의미상의 주어가 된다. 종래에 大部分의 해독자가 '煙'을 '눈'의 'ㄴ'을 위한 末音添記로 해석하였으나 子音 'ㄴ' 하나를 위하여 '煙'의 添記를 하게 되었다고는 믿어지지 않는다. '隱'이 조사로 오해될 것을 염려해서라면 '恩'字도 있고, 또 '雲'字도 있을 것이다. 國語의 '눈'과 잘 비교되는 몽고어의 *nidün*(目)까지를 등장시켜 '눈'의 先行形을 생각해 보아도 '煙'의 필요성은 발견되지 않는다. '目煙'의 '煙'을 '눈'의 'ㄴ'으로 보기를 거부한 해석 가운데 金俊榮의 '눈 ㅅ돌열릴 ᄉᆞ이의'가 흥미를 불러 일으키지만, 달팽이도 아니고 보면 눈을 내두른다는 것은 지나친 것이 아닐까 한다.

'目煙'의 '煙=ᄂᆡ'가 '눈'의 末音 'ㄴ'과 屬格의 '-ᄋᆡ/-의'의 결합을 보이는 것은 '心未'의 '未'가 'ᄆᆞᅀᆞᆷ'의 末音 'ㅁ'과 屬格의 결합으로 되어 있는 것과 같다. 이 屬格形 '누ᄂᆡ'는 包有文 안의 주어가 됨을 보이는 형태다[25].

'廻於尸'은 '도랄'을 위한 표기로 본다. '於尸'은 動名詞形 語尾 '-알/-얼'에 해당하는 것이다. '누ᄂᆡ 도랄 업시'는 '눈이 도는 일 없이'라는 뜻인데, 이 때의 '돌다'는 눈앞에 있는 현실을 피하는 것을 의미하겠지만 廻向하는 방향이 어느 쪽인가는 좀더 생각할 문제라 하겠다. 마음에 간직한 回想의 세계일까, 아니면 님이 가 있을 彼岸의 하늘일까.

6. 逢烏支惡知作乎下是

池憲英의 '惡知=엇디'의 발견은 特記할만한 존재다. 어미로 잘못 다루어지던 것을 '엇디'로 昇華시키므로써 疑問文으로의 올바른 전환을 가져올 수 있었던 것이다.

小倉進平의 '맛나오어'는 이제 論外의 것이 되지만, 梁柱東의 '맛보ᅀᆞᆸ디'도 두 단어로 읽을 것을 한데 묶어 읽었다는 점에서는 同類의 과오를 범하고 있다. '惡'을 'ᅀᆞᆸ'으로 읽은 것도 문제이지만, 'ᅀᆞᆸ'은 中世의 'ᅀᆞᆸ'에서 'ㅿ'이 소멸되고 난 뒤의 형태로 '솝/ᅀᆞᆸ' 이전의 형태인 'ᄉᆞᆲ'(白)이 恒用되는 鄕歌의 解讀에 'ᅀᆞᆸ'을 導入하는 것은 倒錯도 이만저만한 것이 아니다. 'ᄉᆞᅀᅵ'의 後世形인 'ᄉᆞ이'를 등장시킨 것과 同軌의 일로 時代的 制約에 의한 것이라고 접어 둘 수야 있겠지만, 너무나 自明한 기초

25) 耳目口鼻를 擬人化시켜 그 屬格으로 '-ᄋᆡ/-의'를 取하게 한 例로는 '고ᄒᆡ 내마톰과…'(釋譜詳節 XIII:38)와 같은 것들이 있다.

적 사실의 度外視를 目睹할 때마다 아쉬움이 앞서는 것이다. '逢烏支'는 '맛보기'에 해당된다. 徐在克의 '마조히'에서 '히'는 비난할 수 없는 존재이지만, '오'(烏)가 意圖形의 '오'라면, 動名詞形의 語尾 '支'를 연결시킬 수 없다는 데에 難點이 있다. 특히 著者의 경우에는 앞줄의 끝에서 '伊衣'라는 목적어를 설정해 놓고 있기 때문에 '逢烏支'는 動名詞形일 수밖에 없는 것이다.

'作乎下是'에 있어서의 '下是'의 讀法은 混沌을 極하였던 대표적인 예이지만, 徐在克에 와서야 겨우 해독다운 해독을 보게 되었다. 小倉進平의 '이리'나 梁柱東의 '리'가 해독의 外形에는 차이가 있으나, '下'를 虛字로 보고 (梁柱東만이 이를 明言하였지만) '이'와 '리'의 通音이라는 論理下에 '是'로써 '리'를 나타낸 것으로 본 것 등, 그 근본은 같은 것이었는데, '이, 리'의 通音으로 '是'를 '리'의 표기로 생각하는 것이나, '下'를 虛字로 처리하는 것의 非論理性이 곧 다음의 해독자들의 비판의 대상이 된 것은 너무나 당연한 일이었다. 池憲英의 '짓호리'나 金俊榮의 '짓ᄒᆞ리'에 '下'에 대한 배려가 반영되었음을 보게 되거니와, '是=리'에 대한 완전한 清算을 金善琪의 '까이'와 鄭然粲의 '하이'에서 보게 된다. 그러나 '下'字에의 집착이 過한 나머지 또다른 極端으로 달린 것이 저들의 '까이', '하이'였다. 表記의 기본적 모델이 訓主音從이기는 하지만 添記에 사용되는 것이 반드시 音讀字만은 아닌 것이다. 쉬운 例로 '下是'의 '是'가 바로 그런 例이거니와, '下'도 여기서는 訓讀될 위치에 있는 것이다. 徐在克에게 있어서 '下是'는 '下'의 略音借 '알'과 '이'의 결합으로 설명된다. 著者의 說明 機制로는 '下'의 訓 '아래'에 '이'(=是)가 代替添記되어 '아리'가 된다.

'作乎'에 대하여는 한결같이 動詞 '짓-'을 배정해 오고 있으나, 이 동사의 목적어가 되는 '逢乎支'와의 관련으로 보아서도 '일오-'(=일우-)를 代入시킬 곳이 아닌가 한다. 따라서 '作乎下是'는 '일오아리'가 된다.

7. 郎也慕理尸心未 行乎尸道尸

梁柱東의 '郎여 그릴 ᄆᆞᅀᆞ미 녀올 길'을 기준으로 하여 약간의 出入이 있으나, '行乎尸'을 '녀롤', '니롤'로 달리 읽는 것 등은 趣向의 문제에 속한다 할 것이다.

지금까지의 해독자들이 가볍게 보아 넘긴 것 같지만, 著者로서 매우 중요한 것으로 주목하는 것은 '郞也慕理尸心米'와 '行乎尸道尸' 사이의 空白이다. 이런 字間의 空白은 句節의 分界를 표시하는 데에 그 목적이 있고 그 밖에는 嗟辭 '阿邪'등 밑에 발견될 뿐이기 때문이다. '行乎尸道尸'에서 새로운 行의 시작을 생각한다는 것도 어렵겠지만, 刊行에 있어서의 단순한 착각이라고 보아서도 안될 줄 안다. 著者는 이를 一種의 缺字로 생각하며 '良'字를 보충한다. 遇賊歌에서 우리는 '自矣心米良史'를 보거니와, '心未良'은 新羅 사람들에게 愛用되던 表現일까 한다.

'郞也'는 모두 呼格으로 이해해 오고 있지만, 호격이라면 '郞下'가 기대되는 곳이고, 讚耆婆郞歌에서의 '郞也持以如支賜乎隱'의 '也'는 主格의 자리에 있기 때문에 一種의 特殊助詞로 인식하는 것이 합리적이겠다.

8. 蓬次叱巷中宿尸夜音有叱下是

'蓬次'에 대하여 의외로 여러가지 語形들을 想定하고 있음을 보지만, 末音添記된 '次'字를 무시한 '쑥', '띠'등을 배제한다. 梁柱東이 '다봊'이라 읽었지만, 方言形의 '다부지'를 고려에 넣으며 '다보지'라고 읽할 것으로 생각하는데, 이는 '벼리'(星利), '자시'(栢史)에 병행되는 어형이다.

'巷'은 모두가 '굴헝(굴허)'로 읽어 오는 터에 梁柱東이 'ᄆᆞᅀᆞᆯ'로 의견을 바꾸었으나, 앞에 온 '蓬次叱'로 보아 역시 '굴헝'이 적합하다고 본다. 이것은 이 문맥에서의 '巷'의 의미에 대한 판단에서 著者가 梁柱東과는 다른 관점에 서 있는 데 말미암은 것이겠다.

前條의 '心未 行乎尸道尸'에서 '心未'를 같이 'ᄆᆞᅀᆞᆷ'로 읽으면서도, 그것을 屬格으로 이해하는 사람과 處格으로 이해하는 사람이 갈리는데, 그 差異에 따라 '行乎尸'의 주어, 나아가서는 '宿尸'의 주어가 달라져, 한 쪽은 '마음'이 되고, 다른 한 쪽은 이 노래의 辭說者 자신이 된다[26]. ('ᄆᆞᅀᆞ미'를 속격으로 보면서도 실제로 내용을 파악함에 있어서는 辭說者를 주어로 상정하는 사람이 있어 사정은 더욱 복잡하다.) 그리고 이 차이에 따라 '밤에 잘' 처소로서의 '巷'의 의미에 대한 파악에도 영향이 미쳐, 마음 아닌 사람이 잘 수 있는 곳으로는 '마을'이래야겠다는 것이 梁柱東의 생각이었겠다.

'宿尸夜音'을 '잘 밤'으로 읽는 데에는 異論이 있을 수 없고, '有叱下是'는 '作乎下是'의 예에 따라 '이샤리'라 읽힐 곳이다. 그러나, 이 부분에서의 중요한 문제는 해독된 어형에 있는 것이 아니라, 어떻게 읽었던간에 그것을 平敍形으로 보느냐 의문형으로 보느냐 하는데 있다. 즉, '있으리라'로 해석하느냐 '있을까'로 해석하느냐가 문제인 것이다.

'有叱下是'에 대한 해석에서 小倉進平, 梁柱東, 徐在克이 의문형을 택하고 있는 반면에 다른 해독자들은 평서형으로 잡고 있다. 兩者間의 차이를 著者는 '잘 밤'의 '잘'에 대한 認識의 差에 구한다. 똑같은 '자다'라는 말이지만, 거기에는 두가지 상이한 의미가 識別된다. 하나는 '잠자다, 잠들다'(眠,睡)의 뜻이고, 또 하나는 '잠자리를 얻다'(宿,寢)의 뜻이다. 그 가운데 앞의 것을 취한 사람들이 '有叱下是'에 대하여 의문형을 택하고, 뒤의 것을 취한 사람들은 그것을 평서형으로 보고 있는데, 이것은 意味脈絡上으로 보아 필연적인 결과라 할 수 있을 것이다.

小倉進平 : [直譯] 잘 (眠) 밤이 있을 것인가.
[意譯] 잠 오는 밤도 없으려니.

梁柱東 : 잘 밤이 있으리이까.
잠 오는 밤이 있겠읍니까.

徐在克이 가장 철저하여 '行乎尸道尸'의 의미까지도 단순한 '가는 길' 아닌 '살아가는 길'이 되도록 하였는데, '途中에 잔다'하면 宿所 얻는 뜻이 될 것을 意識·無意識間에 경계한 결과가 아닐까 하며, 그에 따라 그에게 있어서는 '心未'의 處格으로의 指定은 必然이 된다.

著者는 '잘'(宿尸)의 의미를 '잠자리를 얻다' 쪽으로 잡고 '有叱下是'

---

26) 鄭然粲만은 'ᄆᆞᅀᆞ미' 即 主格形으로 보고 있으나, 의미면에서는 屬格으로 보는 사람과 태도를 같이 한다.

를 평서형으로 인식하는 쪽에 편든다. '잘'의 표기에 있어 표기자가 '眠尸'을 택하지 않고 '宿尸'로 표기한 表記意識을 제일의 근거로 하는 것이거니와 '行乎尸道尸'도 내 몸을 떠나 멀리 九泉 길을 헤매이는 (擬人化된) 마음의 行路로 이해하기에, 그리고 그 途中 荒野에서의 露宿을 생각하기 때문인 것이다. 또한 著者가 '心未' 다음의 빈칸을 '皃'字로 메우는 것도 바로 이러한 의미 파악을 바탕으로 한 일이었다. 따라서 굴헝은 文字 그대로의 '굴헝'으로 본다. 竹旨郞의 넋이 머무는 머나먼 곳을 찾아가려면 몇날몇일이 걸릴지 모를 일, 거친 들판을 가로질러 가노라면, 人家도 없는 곳에서 다복 우거진 구렁텅이 같은 곳에서 자야 할 때도 있으리라.

池憲英(1977 : 14)은 '墳墓邊, 共同墓地(北邙山)'을 생각하고 있으나 竹旨郞의 魂魄이 그의 屍身과 함께 무덤에 묻혀 있는 것으로 思惟되었을까에는 의심가는 바 없지 않다. 또 그 有形의 무덤이라면 내 肉身이 찾아갈 곳이겠고, 무엇보다도 굴헝은 마음의 行路의 途中에 있는 것이다.

現代語譯 :

지나간 봄 돌아오지 못하니
살아 계시지 못하여 우올 이 시름.
殿閣을 밝히오신
모습이 해가 갈수록 헐어 가도다.
눈의 돌음 없이 저를
만나보기 어찌 이루리.
郞 그리는 마음의 모습이 가는 길
다복 굴헝에서 잘 밤 있으리.

II. 獻花歌

1. 紫布岩乎过希
2. 執音乎手母牛放教遣
3. 吾肹不喩慚肹伊賜等
4. 花肹折叱可獻乎理音如

轉 字 :

1. 지뵈—보—바회—오—ᄀᆞᆺ—희
2. 잡—음—오—손—암—쇼—놓—이시—고
3. 나—ᄒᆞᆯ—안—디—븟그리—ᄒᆞᆯ—이—시—둥
4. 곶—ᄒᆞᆯ—것—가—반—오—리—음—다

轉 寫 :

1. 지뵈 바회 ᄀᆞᄉᆡ
2. 자ᄇᆞ몬손 암쇼 노히시고,
3. 나ᄅᆞᆯ 안디 븟그리샤ᄃᆞᆫ
4. 고ᄌᆞᆯ 것거 바도림다.

1. 紫布岩乎过希

'紫布'ᄅᆞᆯ 小倉進平이 'ᄇᆞᆰ은'이라고 읽은 것은 窮餘之策이었고, 梁柱東이 雞林類事의 '質背'를 援用하면서 옳은 길을 찾게 되었다. 그러나 그의 '딜배'는 첫째로 그 頭音 추정이 잘못된 것을 지적할 수 있으니, 徐在克의 '질뵈'는 이 결합을 수정한 것이었다. 그러나 '질'의 'ㄹ'은 보장되는 것이 아니며 '布'도 그 音이 이용된 것인지 訓이 利用된 것인지 확실치 않다. '質背'의 '背'가 二重母音을 가진 것이므로 '뵈'가 더 적합해 보이지만, 같은 添記의 자리에 있는 '岩乎'의 '乎'가 '바회'의 '회'에 대응되는 것으로 보아서는 '布'도 '보'로써 '뵈'를 불완전하게 나타낸 것인지도 모른다.

'岩乎'에 대하여는 '바회'외에 慶尙道 方言形을 기초로 한 徐在克의 '바오'가 흥미를 끌거니와, 金俊榮의 '바호'도 그에 영향된 것이 아닌가 한다. 그러나 '岩乎'가 '바회'의 불완전한 표기인가, 方言形의 반영인가는 좀더 연구되어야 할 문제일 것이다. '过希'의 '希'에 대해서 'ㆆ'을 해독에 반영할 것인가는 '肸'의 경우와 같은 것인데, 著者는 이를 보류하는 태도를 취한다.

2. 執音乎手母牛放敎遣

'執音乎手'에 대하여는 '잡은 손(애)' (小倉進平), '자ᄫᆞ온손'(梁柱東) 등으로 읽혀 오던 것이나, 徐在克의 '거몬 손'에서는 音字에 대한 인식을 볼 수 있어 반갑다.

그러나 著者는 이를 '자ᄫᆞ몬손'으로 읽으니 '音'字로서 표시되는 것은 持續態의 '-옴-/-음-'인 것이다.

'母牛'를 '암쇼'로 읽는 것에는 異見이 없어 좋으나, '放敎遣'가 '노ᄒᆞ이시고' (小倉進平) '노ᄒᆞ이시고'(梁柱東)로 읽혀 내려 오다가 徐在克에 와서 겨우 '노히시견'이 될 수 있었던 것은 어이없는 일이었다(놓+이).

3. 吾肸不喩慚肸伊賜等

梁柱東 이래로 '붓ᄒᆞ리-', '붓흐리-'등으로 적고 있는 것을 著者는 '붓그리-'로 읽는다. 모음간에서의 'ㅅ' 'ㅎ'의 결합이 'ㅺ'으로 발음되게 되는 것을 이용한 표기인지 'ㅺ'과는 달리 'ㅆ'이 따로 있었는지 확실치 않기 때문이다.

'吾肸'을 '나흘'등으로 읽고 있으나, 그것이 '나흘' 또는 '나올'일 수 있는가에는 문제가 없지 않다. 著者는 訓讀되는 경우의 '於'를 '늘'로써 對格重加形의 '를'로 보기 때문에 古代語에 이를 인정하는 것인데, '肸'이나 '乙'은 形態音素論的인 표기로 看做하고 종종 '를/를'로 읽는다.

'賜'는 그 音을 '시'로 보지만, 지금과 같은 환경에서까지 그것을 고지식하게 '시'라 읽어 '-시든'(徐在克의 경우)이라고 할 것은 아니라고 반성하고 있다. 中世의 語法이 '-아(어)둔'이지 어간에 '둔'이 직결되는 것이 아니기 때문이다. 그러나 '아'를 補入하여 '-샤둔'이라 읽는다 해서 '賜=샤'를 인정하는 것은 아니다.

어미 '아둔'의 표기에는 '等隱'이 正格이나 지금처럼 '隱'이 생략되는 일이 가끔 있는 것은 '-온'이 '乎(隱)'으로 나타나는 것과 같다.

4. 花肹折叱可獻乎理音如

'獻乎理音如'에 대하여 徐在克이 '받즈보림다'로서 '音'을 반영한 것은 높이 평가된다. 그러나 기왕이면 梁柱東에 비롯되는 '받좁-'까지를 청산할 수 있었으면 錦上添花였을 것이다. 中世의 '-숩-'에 해당하는 것을 鄕歌에서는 '白'字로 표기하여 '숣'이라 읽고 있으니, 여기서 '좁'을 등장시켜서는 스스로 모순을 自取하는 것이 된다. 차라리 小倉進平의 '드리-' 金善琪의 '받티-'가 이점으로는 나은 것이 되는데, 著者는 '바도림다'라고 읽어 그들을 따른다. 만약 '獻'字로서 '받좁'이 포괄된다 한다면 '받좁보림다'라고 읽어야 一貫性이 있는 것이 된다.

現代語譯 :

자주빛 바위 가에
잡고 있는 암소 놓게 하시고,
나를 아니 부끄러워하시면
꽃을 꺾어 바치오리다.

III. 安民歌

1. 君隱父也
2. 臣隱愛賜尸母史也
3. 民焉狂尸恨阿孩古
4. 爲賜尸知民是愛尸知古如

5. 窟理叱大肸生以支所音物生

6. 此肸喰惡攴治良羅

7. 此地肸捨遣只於冬是去於丁

8. 爲尸知國惡攴持以 支知右如

9. 後句 君如臣多支民隱如

10. 爲內尸等焉國惡太平恨音叱如

轉 字：

1. 君—은—아비—여
2. 臣—은—ᄃᆞᆺ—시—ㄹ—어ᅀᅵ—여
3. 民—ᄋᆞᆫ—어리—ㄹ—ᄒᆞᆫ—아—ᄒᆡ—고
4. ᄒᆞ—시—ㄹ—디—民—이—ᄃᆞᆺ—ㄹ—알—고—다
5. 굴—리—ㅅ—한—ᄒᆞᆯ—살—이—기—바라—음—믈—싱—
6. 이—ᄒᆞᆯ—치—악—攴—다ᄉᆞ릴—랑—라
7. 이—ᄯᅡ—ᄒᆞᆯ—ᄇᆞ리—고—ㄱ—어—돌—이—가—늘—뎡
8. ᄒᆞ—ㄹ—디—나라—악—攴—디니—이—*(攴)—기—알—*고—다
9. 後句 君—다—臣—다—기—民—은—다
10. ᄒᆞ—ᄂᆡ—ㄹ—등—ᄋᆞᆫ—나라—악—太—平—ᄒᆞᆫ—음—ㅅ—다

轉 寫：

1. 君은 아비여
2. 臣은 ᄃᆞᄉᆞ실 어ᅀᅵ여
3. 民ᄋᆞᆫ 어릴ᄒᆞᆫ 아ᄒᆡ고
4. ᄒᆞ실디 民이 ᄃᆞᄉᆞᆯ 알고다.
5. 구릿 하늘 살이기 바라믈ᄊᆡ
6. 이를 치악 다ᄉᆞ릴러라.
7. 이 ᄯᅡᄒᆞᆯ ᄇᆞ리곡 어드리 가늘뎌
8. ᄒᆞᆯ디 나락 디니기 알고다.
9. 아야 君다 臣다히 民다

10. ᄒᆞᄂᆞᆯ둔 나락 太平ᄒᆞᄂᆞᆷ짜

1. 君隱父也

이 句節만 가지고 보면 '君'字는 訓讀도 가능해 보이지만, 그리고 小倉進平이 '님금'이라고 읽었지만, '臣'의 訓을 적절히 세울 수 없는 형편이기에 '君, 臣, 民'을 音讀해 둔다.

2. 臣隱愛賜尸母史也

'母史'에 대한 해독이 梁柱東에 의해 '어ᅀᅵ'로 수정된 이후로는 別般의 문제가 없는 句節이다

3. 民焉狂尸恨阿孩古

'民焉'의 '焉'을 '온'의 표기로 보아 '隱'과의 차이를 인식한 梁柱東의 공로는 特記할만한 것이라고 생각한다.

그러나 '狂尸恨=얼ᄒᆞᆫ'은 小倉進平의 '밋칠은'을 止揚한 것으로 그 뒤의 해독자들이 그대로 받아 들여 온 해독이기는 하지만, 中世語와의 對應面에서 보아 再考되어야 할 語形이라고 생각한다. 中世語의 '어리다'가 '얼ᄒᆞ다'의 後裔라고는 믿어지지 않기 때문이다.

著者의 해독은 '어릴ᄒᆞᆫ'이다.[27] '어릴'로서 일단 動名詞形을 형성하고 거기에 'ᄒᆞ-'를 붙여 形容詞가 된 것으로 이해하는 것이다. 'ᄒᆞ-'가 붙어 형용사를 이룰 때에는 그 앞의 要素가 名詞라야 하는 것은 中世로부터 現代에 이르기까지 변함 없는 基本 秩序이다.

4. 爲賜尸知民是愛尸知古如

'阿孩古 爲賜尸知'에 있어서 '古'를 引用文을 지배하는 형태소로 보고, '知'를 '…ㄹ디면'의 뜻으로 본 것은 小倉進平이 처음이고, 이 점에 있어서는 이렇다 할 變改가 加해지지 않고 있다. 특히 後者는 中世語 자료에

27) '狂'의 訓은 小倉進平이 보인 것처럼 '미친'이 正常이겠으나, 文脈으로 보아 '愚'를 의미하는 '어릴'로 잡는 데 左袒한다.

서 확인되어 있지 않은 것으로 '知古如'의 '古'와 함께 앞으로도 계속하여 考察될 과제이기는 하지만, 이러한 統辭 構造에 대한 인식은 小倉進平의 중요한 공적으로 기억될 것이다.

'知古如'의 해독이 '알고다'와 '-디고다'의 둘로 나뉘는 것은 '愛尸'의 의미 및 그 內容上의 主語에 대한 想定이 다른 데 말미암는다. 'ᄃᆞᅀᆞᆯ디고다'를 取하는 徐在克·金俊榮에게 있어서는 사랑하는 主體가 '民'이 되어 있는데 反하여 '알고다'를 取하는 側에서는 'ᄃᆞᅀᆞᆯ'(小倉의 'ᄃᆞᅀᆞᆷ'을 포함하여)을 동명사로 보고 있고 그 主語는 '民'이외의 것이 된다. 백성들이 임금이나 신하들을 사랑함을 의미한다면, '愛白(乎)尸知古如'라야 할 것이고, 임금이나 신하가 사랑하는 것을 안다는 의미라면 '愛賜尸知古如'라야겠는데, 文面에는 '白'도 '賜'도 들어 있지 않으므로, 그 어느 편으로도 볼 수 없고, 特定 主語를 가지지 않는 '사랑한다는 것' 또는 '사랑' 그 자체를 의미하는 것으로 본다.(後者의 경우는 형태는 동일하되, 동명사 아닌 轉成名詞라 할 것이다.)

'爲賜尸知'의 '知'가 條件 또는 假定을 의미한다면, '知古如'가 단순한 敍述形일 수 없고, '古'에 推量의 의미가 실린 것으로 보지 않으면 안될 것이다. 著者는 이 '古'가 오늘날 濟州島 방언에서 보는 '-쿠다(-크다)'와 관계되는 것이 아닐까 추측한다.

5. 窟理叱大肹生以支所音物生

해독자들이 難解의 句라고 公言하였든 안하였든간에 苦心의 흔적이 역역한 句節이다.

小倉進平 : 굴ㅅ댈 生으로 괼 바인 物生
梁 柱 東 : 구믈ㅅ다히 살손 物生
池 憲 英 : 구술ᄂᆞ 잇실ᄃᆞᆯᄂᆞ
金 善 琪 : 구릳 깔 깔 나리디ᅀᆞᆷ 믈생
徐 在 克 : 구릿대ᄒᆞᆯ 내히ᅀᆞᆷ 믈生
金 俊 榮 : 구무릿ᄃᆡᄒᆞᆯ 사ᄂᆡᇫ손 物生

句末의 '物生' 만이 어느 정도의 近似値를 보일 뿐, 그 밖에는 어느 두 사람이 같은 의견을 가졌다고 할 부분이 하나도 없다. 거기에다가 해독의 내용들도 사정 모르는 외부 사람이 보면 실로 奇怪하다고 할만한 것들이 포함되어 있다.

'窟理叱大肹'이 小倉進平에게 있어서는 '樞機를'이요, 梁柱東에게 있어서는 '구물거리며'이고, 池憲英은 다음의 '生'까지를 포함한 '구숟누'로써 '神國', 金善琪는 '똥자루 큰 것을', 徐在克은 '嘆息(또는 詛呪)을', 金俊榮은 語形을 좀 다듬었을 뿐 의미는 无厓와 같은 '구물거리며'로 나와 있다.

따라서 의미를 기준으로 해서는 서로 견주어 볼 수가 없고, 해독의 論理的 배경을 점검해 보는 수 밖에 없다. '理'를 'ㄹ'로 읽을 수 밖에 없는 小倉進平이나 梁柱東, 그리고 池憲英의 해독은 다른 것은 다 잘 되었다손치더라도 이 한가지 점만으로도 致命的이다. '구물다히' 대신에 '구무릿더홀'이라고 읽은 金俊英은 표기에는 충실하되, 그 語形으로부터 梁柱東과 같은 의미가 유도된다고는 보기 어렵다. 徐在克의 '구릿대홀'도 金俊榮의 해독만큼 표기에는 충실하되 형태론적인 설명이 可能性의 추구에 그치고 있는 인상이다. 金善琪의 해독은 '大'를 訓讀한 唯一의 例로 주목되지만, 다음의 '나리디숌'이 성립되지 않기 때문에 ('지'를 古代語에서 '디'로 소급시키는 그의 論理는 그의 향가 해독을 종종 딴 길로 이끌고 있다.) 그가 前提한 의미를 인정하기 힘들거니와, 君王 앞에 지어 바친 노래에 '糞尿'語가 이렇게 서슴없이 나올 수 있는가도 문제이다. '生以支所音'에 대한 小倉進平의 '生으로 괴일 바인'에서는 '音'을 '인'으로 읽은 것이 決定的인 결함인데, 이것을 '인'으로 읽지 않으면 이 해독 전체가 성립되지 못한다. 梁柱東의 '살손'은 '音'字의 문제 이외에도 '支'字를 完全히 무시하고 '以'字도 제대로 반영하지 못했다는 결함을 가지며, 池憲英과 金俊榮에게서는 '支=ㅅ'의 理解가 원인이 된 '字外解讀'이 混入된 것을 본다. 한편 徐在克의 '내히솜'은 使役의 접미사가 二重으로 참가된 형태다.

著者는 외형적으로는 金善琪의 것과 類似한 '구릿 하늘'을 '窟理叱大肹'에 대하여 取한다. 但 著者는 '구리'를 내리 音讀한 결과라고는 보지 않으며, '굴'이 이미 그 시대에 존재하며 漢字音과의 一致는 우연의 결과가 아니었던가 한다. '굴'이 長音임을 주목하거니와, '구리'의 의미는 '痴者, 愚人'으로 보는 것인데, 단독으로 쓰이는 경우를 찾지는 못하였지만, '멍텅구리'의 '구리'가 이에 해당하는 것이라고 假定하는 것이다. '한'은 名詞的으로 對格의 '肹'을 취한 것이므로, '구릿하늘'의 뜻을 大衆으로 파악하는 것이다.

'生以支'를 '살이기'로 읽는 것은 正統的인 것이며, '所音物生'를 '바라믈시'로 읽는 것도 '바라=所'의 批定만이 特異할 것이다. 文證으로는 '處'의 訓으로 '바라'를 볼 수 있는 것인데, 그 '바라'를 '所'에 援用한 것으로 動詞 '바라-'에 해당한다. '바라-'의 의미는 '길들다, 버릇되다'이며 '音'은 持續態의 접미사이고, '-올시'는 理由를 나타내는 語尾이다.

6. 此肹喰惡攴治良羅

'此肹 喰惡攴 治良羅'로 구분되는 것만은 不動의 사실이어서 그만큼 해독의 動搖幅도 제한되기는 하지만, 의외로 기초적인 사실이 망각되고 있는 곳이기도 하다.

먼저 '治良羅'부터 보기로 하자. '治字'의 訓이 분명 '다스리-'임에도 불구하고 이 語形을 충실히 유지하고 있는 것은 小倉進平 뿐이고, 梁柱東 이후의 해독자들은 末音의 '이'를 紛失하고 있다. 이것이 한 사람에 그치지 않고 계속되었다는 것은 정말 意外의 일인 것이다. '良'의 頭音 'ㄹ'에 이끌렸다든지 또는 그것을 '아(ᄋᆞ)'로 봄으로써 다음의 '羅'에 '이'를 假託할 자리가 없었다든지, 이유야 여러가지 있겠지만, 해독의 편의를 위하여 無斷히 어형을 變改할 수는 없는 노릇이다.

'良羅'는 '-러라', '-라라', '-어라', '-아라' 이상의 것일 수 없기 때문에 小倉進平의 '다ᄉᆞ리러라'만이 표기에 걸맞는 해독이라 하겠으나, 이

것이 그가 생각한 것과 같은 명령형이 된다고는 생각하기 어렵다. 더욱 '物生'를 '-몰시'로서 이유를 나타내는 어미로 본 우리에게 있어서는 여기에 명령형을 기대하게 되지도 않는다. 'ᄃᆞᄉᆞ리러라'가 '다스리더라'의 뜻이 될 수 있으면 좋겠지만, 中世語의 질서를 기준으로 생각하는 한에 있어서는 '-더-'가 이러한 자리에서 '러'로 바뀐다는 것은 생각하기 어려운 것이다. '良'을 '러'로 살리기 위해서는 '治'를 'ᄃᆞᄉᆞ릴'로 읽는 길밖에 없으며 이것이 現在의 著者가 취하는 태도이기도 하지만, 아마도 이 해독을 위하여는 漢字를 일컬을 때의 訓音倂記의 傳統的 方式(例컨대 'ᄃᆞᄉᆞ릴 티')이 이 시대에 이미 존재했던 것을 前提해야 할 것으로 보인다.

'窟理叱大肹'을 大衆으로 본 著者에게 있어서는 '此肹'이 가리키는 것은 바로 이 大衆이며, 따라서 '飡惡攴'은 '먹어'일 수 없다. '物生'을 '衆生'의 뜻으로 본 사람들이 애써 '머기-', '좌히-'라는 使役形을 만들었었는데, 그 과정은 且置하고 의미면에서는 합당한 것이라고 본다. 但, '攴'을 '支'와 同一視하여 얻은 '머기'나 '좌히'를 인정하는 것이 아니고, 指定文字 '攴'으로 '飡'의 訓讀이 지시되고, '飡'의 訓 '치-'('쳐먹다'의 '치-')를 빌어 '치-'(養, 牧)가 표기된 것으로 본다. 따라서 '치악'은 엄격하게 말하면 한 音節을 이루었을 것이 예상되나, '치-'를 돋보이기 위하여 두 음절로 표시한다.

7. 此地肹捨遣只於冬是去於丁

'이 ᄯᅡ홀 ᄇᆞ리곡'까지는 梁柱東에서 完成된 곳, '於冬是'는 '어듸' 아닌 '어드리'(金善琪·徐在克·金俊榮)임이 밝혀졌고, '去於丁'의 '於'만이 문제로 남아 있다. 池憲英의 '가뎌'와 金俊榮의 '녀뎌'는 語幹에 '뎌'를 직결시킨 면에서 同軌의 解讀이면서 後者가 '於'를 더 의식한 것이나 '뎌'가 '려'나 '져'와 다른 것이 공통된 어려움이다. 梁柱東의 '갈뎌'가 의미상으로 무난해 보이겠지만, '於'를 'ㄹ'로 읽는 일은 어려운 일이다. 小倉進平의 '가ᄂᆞᆫ뎡'(徐在克 : 가ᄂᆞᆫ뎡)은 '於'의 訓 'ᄂᆞᆯ'에 의지하는 것이지만 'ᄂᆞᆯ'로 'ᄂᆞᆫ'을 표시한다는 모순이 있는데다가 이렇게 現在形이 되면

가는 사람이 自己 아닌 딴 사람이 되어 이 文脈에도 맞지 않게 된다.

著者는 '於'의 訓 '늘'의 기원을 對格 重加形 '를'에 求하며 해독에서도 '를/ᄅᆞᆯ'로 읽고 있지만, 여기서는 그것이 오히려 '늘'의 價値로 쓰였다는 假定을 한다. 이 노래 끝의 '爲內尸等隱'의 例에서 'ᄂᆞ'와 'ᄋᆞᆯ'의 結合例는 이미 알고 있지만, '가ᄂᆞᆯ뎌' 自體는 아직 假說的 試圖라 해두는 것이 온당할 것이다.

8. 爲尸知國惡攴持以支知右如

'…尸知～…古如'의 呼應은 이미 前半部에서 보았던 것이며, '國'과 '持以'의 의미도 선명히 들어나기 때문에 논의의 대상은 '國惡攴'과 '持以(攴)支'에 있어서의 圈點 부분으로 축소된다. 著者는 '以'字와 '支'字 사이의 空間을 먼저 주목한다. 아무도 이것을 句節 分斷의 표시로는 받아들이지 않겠지만, 그렇다고 단순한 잘못으로 '持以支'라 하여 버리는 것을 著者는 타당하다고 보지 않는다. 怨歌에 보이는 비슷한 종류의 空白과 함께 이를 缺字로 보거니와, 怨歌의 것이 偶成的인 缺字임에 反하여 지금의 例는 意圖的인 刪除였을 가능성이 큰 것으로 구별한다. '以'字 아래의 缺字는 '攴'으로서 '持以'의 '持'에 걸리는 指定文字로 해석하는 것인데, 같은 忠談師의 作品인 讚耆婆郎歌에 '郎也持以攴如賜烏隱'이라 있음은 우리의 논리를 뒷받침하는 유력한 증거라 할 것이다. 따라서 原來의 文面은 '持以攴支知古如'였을 것으로 추정되는데, 後世의 版本 校正者들의 눈에 '攴支'의 연접이 기이하게 느껴지고, 校正의 名目 아래 '攴'字의 削除가 恣行된 것이 아닌가 하는 것이다. 校勘에 임한다는 史學者들은 물론이고 해독자들까지도 '攴·支'의 區別을 무시하는 現今의 사정을 감안한다면 鄕歌를 읽을 能力이 없는 시기의 三國遺事 重刊者들의 눈에 '攴支'의 계속이 어떻게 비쳤을까는 상상하기 어렵지 않은 일이다. '持以攴支知古如'는 이리하여 '디니기 알고다'로 읽히는 것으로 梁柱東의 해독과는 형태면에서 보아 어미 '디'를 '기'로 전환시킨 차이를 가진다.

'國惡攴'에 있어서도 梁柱東의 '나라악'을 '나락'으로 줄이는 것으로

足하다. 그는 '나라+악'을 생각하였지만, 指定文字 '支'의 存在는 '惡'을 末音添記로 보게 한다. 中世語 '나랗'의 'ㅎ'은 助詞를 만나지 않는 限 실현되지 못하는 것이었지만, 古代語에서는 獨立形의 경우에도 末子音을 실현시켰을 것이 충분히 想定되는 것이며, 그것은 'ㄱ'으로 표기될 정도로 强한(?) 것이었거나, 또는 'ㄱ' 그 自體였을 可能性까지를 보이는 것이다.

9. 後句 君如臣多支民隱如

'君如 臣如支 民隱如'의 '如'와 '多支'가 관심의 초점이 되어 왔다. 小倉進平과 梁柱東에 있어서는 그 차이를 무시하고 '이다' 또는 '다이'로 같이 읽었던 것이나, 池憲英 이후로는 차이를 浮刻시키려 노력하고 있다. 池憲英과 金俊榮에게 있어서는 '支'가 'ㅅ' 또는 'ㅿ'이기 때문에 '多支'가 '닷' 또는 '다ᇫ'이고 '如'쪽이 오히려 두 음절도 '다이' 또는 '답이'가 되어 있지만, 徐在克에게 있어서는 반대로 '如'가 'ᄀᆞᆮ', '多支'가 '다히'로 나타난다 (金善琪는 '답이' '까디'). 著者는 徐在克의 태도를 취하지만, '如'를 'ᄀᆞᆮ'으로 읽는 것만은 찬성하지 않는다. '如'字가 '답'과 함께 'ᄀᆞᆮ'으로 읽힐 可能性을 지니고 있지만, 그 可能性은 文脈에 의해서 제약되는 것이다. '如' 앞의 명사가 의미상의 주어와 一致할 때에는 '답'이요, 서로 相異할 때에는 '같'이 되는 것이 현대어에서의 논리인데,

a) 사람답다. 학생답다. 남자답다….

b) 개같다. 여자같다. 남자같다….

'남자답다'의 주어는 '남자'요 '남자같다'의 주어는 '남자'일 수 없는 것이다. 中世에 올라가도 이 관계에는 본질적인 변화가 없으니, '君君, 臣臣, 父父, 子子'의 思念 속에서의 '如'는 'ᄀᆞᆮ'일 수 없는 것이다.

'如'는 일반적으로 '다'로 읽히는 字이기에 우선 '다'로 놓아 두었지만 子音 'ㅎ' 또는 'ㄱ'을 더 가지고 있을 가능성이 있다. 이는 '多支'의 '支'의 頭音과도 관계되는 古代語 音韻論의 한 중요한 과제이다.

10. 爲內尸等焉國惡太平恨音叱如

'爲內尸等焉=ᄒᆞ놀ᄃᆞᆫ'은 이미 梁柱東에게서 定立된 것으로 아무 문제될 것이 없다.

'國惡'은 8의 例에 따라 '나락'인데, 여기 '攴'字가 생략된 것은 示唆的인 데가 있는 사실이다. 一旦 '國'의 訓讀을 '攴'字로 指示한 이상, 같은 '國惡'에 대해서 다시 '攴'을 첨가시킨다는 것은 부질없는 일이겠기 때문이다. '攴'이 訓讀되거나 音讀될 文字라면 이러한 省略은 不可能할 것이다. '攴'을 '支'로 간주한 徐在克에게 있어서는 '國惡支'가 '나라히'가 되고 '國惡'이 '나라'가 되는 수 밖에 없었고, '나라히'를 主語로 한 文에서의 타동사 '디니-'가 불가능하여 '支'의 補充下에 被動이 되고, '知古如'가 語尾가 될 수 밖에 없는 것인데, 4에서는 '尸知古如'로서 '-ㄹ디고다'라는 語尾를 설정하면서 여기서는 동사 어간에 直結되는 '知古如'를 세우는 不一致를 가져온다.

'太平恨音叱如'에 대한 '太平(이)ᄒᆞ와이다'(小倉進平), '太平ᄒᆞ니잇다'(梁柱東)등은 이제 舊時代의 유물이 되었고, 池憲英의 '太平ᄒᆞ릿다'는 '爲內尸等隱'을 의식한 의미상의 반성이 담긴 해독이지만, '恨音'으로서 'ᄒᆞ리'의 표기로 보려 한 것은 분명한 무리였다. 近者에는 '太平ᄒᆞᆷ' 의 해독에까지 이르고 있으나, 著者는 한 걸음 더 나아가 '恨'의 末音 'ㄴ'까지를 살려 '太平ᄒᆞ놈ᄯᅡ'를 제의한다. 持續態의 '음'은 어차피 형용사에는 붙을 수 없는 것이요, 이곳에서의 '太平ᄒᆞ-'는 동사로 轉用된 것으로 보아야 하거니와, '-ᄂᆞ-'와 '-을'의 결합이 가능한 곳에서 '-음-'과의 結合만을 기피할 이유는 없을 것이다.

現代語譯 :

君은 아비요
臣은 사랑하시는 어미요,
民은 어리석은 아이라고
하실진댄 民이 사랑을 알리라.

大衆을 살리기에 익숙해져 있기에
이를 먹여 다스릴러라.
이 땅을 버리고 어디로 가겠는가
할진댄 나라 保全할 것을 알리라.
아아, 君답게 臣답게 民답게
한다면 나라가 太平을 持續하느니라.

IV. 讚耆婆郎歌

1. 咽嗚爾處米
2. 露曉邪隱月羅理
3. 白雲音逐于浮去隱安攴下
4. 沙是八陵隱汀理也中
5. 耆郞矣皃史是史藪邪
6. 逸烏川理叱磧惡希
7. 郞也持以攴如賜烏隱
8. 心未際叱肹逐內良齊
9. 阿耶 栢史叱枝次高攴好
10. 雪是毛冬乃乎尸花判也

轉 字:

1. 늣겨—*곰—바라—ᄆᆡ
2. 이슬—ᄇᆞᆰ—야—은—ᄃᆞ랄—라—리
3. ᄒᆡᆫ—구룸—좇—우—뼈—가—ᄋᆞᆫ—없—攴—아래
4. ᄆᆞᆯ이—이—가ᄅᆞ—은—믈서리—리—여—ᄒᆡ
5. 耆郞—의—즈ᇫ—시—옰—시—수플—야
6. 逸烏—나리—리—ㅅ—지벽—악—회
7. 郞—여—디니—이—攴—다—시—오—은
8. ᄆᆞᅀᆞᆷ—믜—ᄀᆞᆺ—ㅅ—ᄒᆞᆯ—좇—너—랑—제

9. 아—야 자시—시—ㅅ—가지—지—높—攴—호

10. 눈—이—몯—돌—*돞—오—ㄹ—곶—갈—여

轉 寫:

1. 늣겨곰 ᄇᆞ라매
2. 이슬 볼갼 ᄃᆞ라리
3. ᄒᆡᆫ 구룸 조초 ᄠᅥ간 언저레
4. 몰이 가론 믈서리여히
5. 耆郞의 즈ᅀᅵ올시 수프리야.
6. 逸烏나릿 ᄌᆡ벼긔
7. 郞이여 디니더시온
8. ᄆᆞᅀᆞᄆᆡ ᄀᆞᅀᆞᆯ 좃ᄂᆞ라져.
9. 아야 자싯가지 노포
10. 누니 모ᄃᆞᆯ 두폴 곳가리여.

1. 咽嗚爾處米

'열치매'라는 해독은 梁柱東이 小倉進平의 해독을 드물게 墨守한 例中의 하나인데, '爾'字를 'ㄹ'로 읽는 근거로 '戍城縣, 本高句麗首爾忽', '峯城縣, 本高句麗述爾忽', '內乙買, 一云內尒買'等의 地名例를 제시하고 있는 데에서도 軌를 같이하고 있다. 다만 열치는 대상, 곧 隱在된 목적어에 대한 想定에 있어서는 차이가 있어 보인다.

그러나 이 해독은 가장 따르기 어려운 것 가운데 하나에 속한다. 우선 '열치매'로 읽을 경우 '咽嗚爾處米' 다섯자를 내리 音讀한 것이 되어 訓主音從의 일반적 유형에서 벗어나 주목을 끌거니와, 設使 다섯자 모두가 音讀되어야 한다 하더라도, '嗚爾'는 불필요한 追加로 밖에 보이지 않는다. 정직하게 음독한다면 '열올…', '열오이…'가 될 형편이다. 정말 이 노래의 表記者가 '열치매'를 의도하였다면, 平凡한 '開'字로 시작하였을 것이 기대되는 것으로 그것을 '咽嗚爾處米'로 표기했다면 이것은 읽는 사람으로 하여금 읽을 수 있게 유도하는 표기의 正道가 아니라 後世의 해독자들의 知能을 시험하기 위한 심술궂은 수수께끼 出題라고나 해야 할 것이다.

'열치매'로 읽을 경우, 前述한 바와 같이 목적어의 생략을 前提하게 되는데, 그것이 '구름'이든 '미닫이'이든간에 이러한 文脈에서 생략될 수 있는가도 문제다. 더우기 每句의 音節數가 엄격히 통제되어 있다고는 보지 않지만, 한 句가 3음절만으로 형성될 형편에 굳이 목적어를 文面에서 생략한다는 것은 생각하기 힘든 일이 아닐까 한다.

이런 관점에서 徐在克의 해독은 一段의 進步를 보인 것으로 讚辭를 보낸다. '목메치매'라는 그의 해독은 著者가 본 解讀例 가운데 最善의 것이다. 그러나 '處米'를 '치매'로 읽는 것은 字音上으로도 약간의 거리가 있을 뿐만 아니라, 다음 句 '露曉邪隱月羅理'와의 意味 脈絡에 있어서도 좀 疎遠한 感이 없지 않다. 또한 '목메'가 成立되려면 '咽嗚' 아닌 '咽鳴'이 되어야 할 텐데, 文面은 '鳴'字 아닌 '嗚'字로 되어 있다.

'咽嗚'를 '咽嗚'로 살리면서 읽는 길을 著者는 '늣겨' 또는 'ᄒᆞ늣겨'에 찾는다. 漢字語로는 '嗚咽'이 正常的이지만, 漢字語로 읽힐 것을 염려해서의 倒置일까. 그 다음의 '爾'字를 著者는 '尒'의 轉訛라고 본다. 이것은 아직 순전한 假說的 推定에 속하는 것이지만, 吏讀에 恒用되는 尒字가 '爾'의 俗體로서의 '尒, 尒'와 相似하여 三國遺事의 版本化 過程에서 잘못 '爾'字로 複元된 것이 아닐까 하는 것이다. 吏讀에서 '곰'으로 읽히는 '尒'은 '錦'字의 偏旁 '帛'의 草體에 緣由하는 것이 아닐까 싶은데, 本來 'ᄒᆞ야곰', '시러곰' 등에서 보는 형태소 '-곰'의 記寫를 위한 것이었을 것 같다.

'處'字의 古訓 '바라'에 의지하여 '處米'를 'ᄇᆞ라매'로 읽는다. 中世語에서의 'ᄇᆞ라-'(望)의 첫 音節은 그 母音이 '아' 아닌 'ᄋᆞ'임은 주의를 要한다. 古代語에서의 先行 形態가 본래 '바라-'이던 것이 音韻變化에 의해서 'ᄇᆞ라-'로 변한 것인지, 또는 古代語에 있어서도 'ᄇᆞ라-'라는 형태에는 변함이 없지만, 표기에 있어서의 不可避한 융통성에 따라 'ᄇᆞ라-'를 표기함에 그에 近似한 '處'의 訓 '바라'를 借用하였는지는 아직 可否를 말할 수 없는 研究 課題다. 著者의 해독에 따르는 것이지만 '于萬(隱)'이라는 語形이 鄕歌에 도합 세번 나타나는데, 그것이 中世語의 '가ᄅᆞᆷ'과 함께 'ᄀᆞᄅᆞᆷ'(閉)에 대응되는 것과 같은 문제인 것이다.

'ᄇᆞ라매'를 '望阿米' 또는 '望良米'로 正借하지 않고 왜 '遽米'로 표기하였는가 하는 것은 또다른 문제인데, '心未筆留 慕呂白乎隱佛體前衣(禮敬諸佛歌)의 '慕呂'의 경우처럼 正借를 버리고 假借 또는 義訓借를 택하고 있는 예들이 얼마간 존재한다. 用言 語幹의 자리에 명사를 假借한 것으로는 '集刀花乎白良'(모도고조ᅀᆞᆲ바) [願往生歌]의 例를 들 수 있다.

이런 종류의 假借는 문맥으로 의미의 想定이 분명한 자리에서, 可能한 類義語中의 다른 형태들을 배제시키는 작용을 의식해서 생겨난 표기 방법이 아니었을까 한다.

2. 露曉邪隱月羅理

小倉進平의 '들어나 ᄇᆞᆰ온'이 '邪'字를 무시한 것임에 비하면, 梁柱東의 '난호얀 ᄃᆞ리'는 확실히 奇拔한 着想으로 그 모순을 止揚하는데 성공하고 있으나, 앞의 句를 '열치매'로 전제하고 있어 의미 파악에 있어서는 별로 다를 것이 없다.

'난호얀'은 자동사 어간 '날-'에 使役形의 보조어간 '-오-'가 붙어 타동사가 된 것에 다시 피동의 '-이-'가 添加된 것을 想定한 것으로 논리적으로는 可能하나 결코 자연스럽다고는 할 수 없다. 그러한 의미라면 아마도 '나단'이라는 自動詞形이 어울릴 곳이겠다. 더우기 '호'의 音을 가진 漢字가 달리 없는 것도 아닌데, 굳이 '난호-'의 '호'를 표기하는데, '曉'字가 쓰였다고는 생각하기 어렵다.

徐在克의 '나 ᄇᆞᆰ온'은 梁柱東의 '난호얀'이 지니는 造語法에 대한 반발로 여겨지는 것이지만, 모처럼 梁柱東이 살려냈던 '邪'를 다시 무시하게 된 것이 아깝다. 'ᄇᆞᆰ온'만을 위한 것이라면 '曉隱'만으로 훌륭한 표기가 되는 것이요, 굳이 '邪'字를 그 사이에 끼어 넣었을 리가 없는 것이다.

著者는 이 句를 '露 曉邪隱 月羅理'로 끊어 읽는다. '露'는 文字 그대로의 명사 '이슬'이요, '曉邪隱'은 동사 'ᄇᆞᆯ기-'('ᄇᆞᆰ-+-이-'로 成立)의

관형사형인 '볼갼'이다. 관형사형 어미는 일반적으로 '-온/-은', '-올/-을'이나 그에 병행되는 '-안/-언', '-알/-얼'도 잘 알려진 존재이다. 달빛에 반짝이는 이슬이 풀잎 끝의 이슬일지, 눈썹에 맺힌 이슬일지는 문학적 해석의 문제로 남는다.

'月羅理'를 'ᄃᆞ리'로 읽는 것은 中世語形의 批定이 되기는 할지언정, 古代語 資料의 해독이라고는 하기 어렵다. 古代語에 있어서도 'ᄃᆞ리'라는 形態가 유지되어 있었다면 '月理' 이상의 표기를 기대하기 힘들 것이다. 文面의 '羅'는 매우 귀중한 존재다. 古代語의 語形이 中世에서처럼 單音節로 되어 있지 않았던 것을 보여주는 것으로 著者는 '月羅理'를 'ᄃᆞ라리'로 읽는다. 따라서 '달'을 뜻하는 명사가 여기서는 'ᄃᆞ랄'로 두 음절이었다는 말이 되는데, 그렇다고 이 명사가 항상 'ᄃᆞ랄'로 고정되어 있었다고는 보지 않는다. 독립형의 경우는 한 음절이 더 늘어나 'ᄃᆞ라라'(彗星歌의 '達阿羅'를 그렇게 본다.)였다고 보는 것인데, 'ᄃᆞ라라∼ᄃᆞ랄'의 관계는 '身'을 뜻하는 '모마∼몸'의 관계에 平行된 것으로 생각한다. 普賢十願歌의 文證 '身萬隱'과 '身靡'를 통하여 우리는 '모마'와 '몸'의 특수한 교체 양상을 보게 되는데, 著者는 '모마'의 末母音 '아'를 弛緩母音으로 지목하면서 一定한 조건 아래 탈락되는 것으로 생각하고 있다. 'ᄃᆞ라라'와 'ᄃᆞ랄'도 한 음절이 더 많을 뿐, 이와 같아서 'ᄃᆞ라라'의 끝의 '아'가 弛緩母音으로 지목된다.

다만, 이 상태로부터 中世의 'ᄃᆞᆯ∼ᄃᆞ리'에의 발달을 직접 설명할 수는 없고, 同音省略에 의하여 형성된 'ᄃᆞ라∼ᄃᆞ리'를 거쳐, '모마∼모미', '고마∼고미'(熊)와 함께 類推에 의한 統一 作用으로 'ᄃᆞᆯ'로의 固定('몸' '곰'에 병행되는 변화)을 성취하였을 것으로 생각된다.

3. 白雲音逐于浮去隱安攴下

末尾의 '安攴下' 3字를 제외하고는 해독에 큰 문제점이 없다. 다만 '浮去隱'을 梁柱東처럼 現在形으로 읽어 '떠가ᄂᆞᆫ'으로 하는 것은 적절치 못하다. '隱'은 체언 아래에 붙어 주제격을 나타내기도 하고 용언의 관형사형 '-은'을 위해서 쓰이기도 하는 것이지만, 전자를 위해서는 後世의 口訣 자료에서도 보는 바와 같이 '은/ᄋᆞᆫ', '는/ᄂᆞᆫ'에 두루 쓰일 수 있지만, 용언에서는 '은/ᄋᆞᆫ'과 'ᄂᆞᆫ'은 의미를 달리하기 때문에 그와 같은 通用이 허락된다고 할 수 없다. 池憲英이 小倉·梁의 '뼈가ᄂᆞᆫ'을 거부하고 '뼈간'이라 읽은 것은 타당한 일이었다.

'安攴下'에 대하여는 전혀 방향을 달리하는 해독들이 여러 갈래로 갈리어 왔다. 小倉進平의 '어듸이(오)'는 첫머리의 '安'을 訓讀하려 한 것이나, '엇디'라면 모르되 '安'을 '어듸'라고는 읽을 수 없는 것이요, '下'를 '이'로 읽는 것도 문제지만 괄호 안의 '오' 같이 중요한 어미가 표기에 생략되었다고 보기도 어려운 일이다. 梁柱東의 '안디하'는 '攴'을 '디'로 읽고 있는데다가 否定의 '안디'를 위해서라면 통상적인 '不喩'를 기대하게 되기에 역시 적합하다고 할 수 없다. 池憲英의 '안ㅅ해'(金俊榮의 '안△해')도 梁柱東과 같이 音讀의 범주에 드는 것인데, 가운데 낀 'ㅅ'의 기능도 문제려니와 '뼈간 안'이 의미하는 것 및 다음 句들과의 의미 맥락도 순탄하다고 하기 어렵다. '浮去'로써 '뼈가'로 끊고 '隱安攴下'로써 '수만괴하'로 삼은 徐在克의 해독은 매우 독특한 생각을 담은 것이나, '괴하'의 설명이 어렵고 '攴'을 '支'로 보아 訓讀한 것이 不滿이다.

著者의 견해로는 指定文字 '攴'의 지시에 따라 '安'字는 訓讀되어야 하는 것인데, '엇디'로서는 문맥에 맞지 않고 '편안하다'는 뜻만이 남으나, 漢字語 아닌 古訓이 전하지 않는 것이 문제다. 著者는 '언찌않다'라는 표현을 바탕으로 '얹-'이라는 형용사 어간을 再構하여 '安'에 代入시키는 것인데, 다만 여기서는 명사 '언저리'를 위한 義訓借로 쓰인 것으로 본다 '下'字의 訓 '아래'를 받쳐 '언저레'(←언저리+에) 내지 '안자래'를 표기하기 위한 方便이었다고 보는 것이다. 이렇게 訓讀될 '安'字의 用例는 遇賊歌에 하나 더 있는데 거기서는 '安攴尙'으로서 '안직'이라 읽힌다.

이른바 末音添記는 音讀字를 이용하는 것이 일반적이지만, 訓讀의 添記도 없지 않으니, '下'字는 그런 用途에 비교적 많이 쓰이는 글자이다. 慕竹旨郎歌에서의 '作乎下是', '有叱下是'의 '下是'는 '-아리'를 나타내기 위한 것인데 '아래'의 末母音 '애'가 다시 '是(이)'로 代替添記되어 있다. 願往生歌의 '月下伊'의 '下伊'도 '下是'와 같이 '아리'를 나타내는 표기로서 '月下伊'는 '月羅理'와 한가지로 'ᄃᆞ라리'를 나타낸다.

4. 沙是八陵隱汀理也中

梁柱東의 '새파룬 나리여히'를 기준으로 하여 볼 때, 著者가 取할 수 있는 것은 句末의 '也中=여히'가 있을 뿐이다. '沙是八陵隱' 다섯 字를 내리 音讀하여 '새파룬'이라 읽은 것은 다음의 '汀理'에 이끌린 것이겠으나, 다음의 '汀理'가 '물' 그 자체가 아닌, 또는 그가 읽은 것처럼 '나리'가 될 수 없는 '물가'이고 보면 어울리는 형용사라고 하기도 어렵다. 오히려 '沙是八陵隱'을 '沙是'와 '八陵隱'의 두 語詞로 본 小倉進平의 태도가 온당해 보이나, '八陵隱'을 '파룬'이라 하여 動詞 '파다'(穿)의 관형사형으로 본 것은 절대적인 잘못이고(그 어간은 모음 '아'로 끝난 것이지 'ㄹ'을 가지고 있지 않다.) '沙是'의 '是'도 '몰애'의 末音으로서의 '이'를 보였다기보다는 方言形의 '몰이'의 '이'에 해당하는 것이 아닐까 한다.

'八陵隱'에 대하여는 '빠룬'(金善琪) '바룬'(徐在克) 등 音讀系의 견해들이 더 있으나, 이것은 역시 訓主音從式으로 읽어야 할 줄 안다. '八'字는 '여덟'이라는 數詞的 의미 이외에 동사적인 의미로 '分,割'을 뜻하는 것으로 '八陵隱'은 '가룬'의 표기로서 適格이다. '沙是八陵隱'으로 著者가 이해하는 것은 '沙州 깊숙히 갈라 들어간' 물과 白沙의 경계선이다.

'汀理'를 梁柱東이 '나리'라 읽은 것은 '理'를 만족시키기 위한 것이었으나, '汀'字의 뜻에도 맞지 않을 뿐더러 다음다음 줄에 '川理'가 있어, '川理', '汀理'를 모두 나리로 읽는 모순에 빠진다. 小倉進平의 '믈ㅅ' 이나 徐在克의 '믈시블'은 '汀'字의 뜻에 맞기는 하나 '汀理'의 '理'를 충족시키지 못하는 것으로 역시 따를 것이 못된다.

'汀理'에 대하여 著者는 '믈서리'라는 語形을 批定한다. 문헌에서의 용례를 아직 찾지 못한 순전한 再構的 造語로 출발한 것이었으나, 경상도 방언에서 실용되는 어형임을 뒤에 알게 되었다. '믈서리'라는 語形을 생각하게 한 것은 '機汀市'(忠南 唐津郡 所在)라는 地名이다. 著者의 고향에 가까운 곳으로 隣近에서 '틀무시'라 부른다. '市'는 一種의 末音添記로 '汀=무시 <*믈시'까지는 쉽게 얻을 수 있으며 이로부터 '汀理=믈서리'를 再構할 수 있었다.

5. 耆郎矣皃史是史藪邪

'耆郎矣皃史'까지를 '耆郎의 즛이'라고 읽는 데에는 거의 合議가 이루어진 것이고, 下半部의 '是史藪邪'가 문제인데, 梁柱東 이후로는 그의 '이슈라'에 영향되어 대체로 '있도다'의 뜻으로 풀이되고 있으나, 같은 '是史藪邪'를 놓고 '잇드라'(池憲英), '이시슈라'(金善琪), '시슈라'(徐在克), '이사슈라'(金俊榮)로 동요하고 있는 것은 이 系列의 讀法이 表記와 密着되어 있지 못하다는 것을 示唆하는 것으로 본다. '이슈라'를 나타내기 위해서라면 '有叱…'이 第一感으로 떠오르는 것이요, '叱' 아닌 '史'로서 'ㅅ'을 적었다 하면 이는 '史'의 일반적 용법에 反하는 것이 되고, 그것이 '시'를 나타냈다 하면 '이시슈라'라는 형태론적으로 모순된 어형을 결과시킨다. '이시-~잇-'의 교체에 있어서 '이시-'는 母音으로 시작되는 어미 앞에만 나타나는 것이기 때문이다.

그렇다고 梁柱東이 否定한 小倉進平의 '즈ᅀᅵ사 고쟈'로 돌아갈 수도 없다. 强調의 '사(ᅀᅡ)'는 '沙'로 적히는 것이지 '史'로 적히는 것이 아닐뿐더러 '즈ᅀᅵ사 고쟈'는 아무리 詩歌에 있어서라 하지만, 정상적인 의미 맥락을 보인다고 할 수 없을 것이다.

著者는 '是史藪邪'에 대하여 종래의 해독들에서와는 전혀 다른 秩序를 想定한다. '이슈라'系의 해독이 '耆郎의 모습이 있도다'로서 평면적이며 散文的이었다면, 著者의 '耆郎의 즈ᅀᅵ올시 수프리야'에 와서는 詩的 情調에 一段의 上昇이 기약된다고 自負하거니와, 해독상으로는 작은 부분이지만, 노래 전체의 품격에 상당한 영향을 주는 것으로 생각한다. 耆郎의 모습이로구나 하고 생각한 것이 실은 착각이고 그것은 으슴푸레한 저녁 강변의 수플 모양이로구나 하는 것이 著者의 理解 내용이다.

著者는 '耆郞矣 皃史是史 藪邪'로 끊어 읽는 것인데, '是'는 그 訓 '옳-'로서 '올'을 나타내고 두 '史'는 모두 '시'의 音價로 쓰인 것이 되며, '藪'는 訓讀하여 '숲' 또는 '수플'이 된다[28]. 단순히 '수'라는 音을 나타내기 위해서라면 '藪'와 같이 번잡한 글자를 가져올 것이 아니라고 본다. 著者는 遇賊歌에 나오는 또 하나의 '藪'字에 대해서도 고지식하게 訓讀해야 하는 것으로 알고 있다.

6. 逸烏川理叱磧惡希

'逸烏'를 固有名詞로 보는 의견에 동조할 뿐, 著者 특유의 改讀이 없는 부분이다. 다만 '希'字를 文字 그대로 '희, 히'로 읽는데 대해서는, '肹'을 '흘'로 읽는 것에 대해서와 함께 강한 疑念을 지니고 있다.

7. 郞也持以支如賜烏隱

'郞'이 '持以支如賜烏隱'에 대하여 의미상의 주어가 됨은 분명하지만, 그렇다고 '也'를 屬格의 'ㅢ'(가령 梁柱東)로 보기는 어려운 일이다. 물론 小倉進平의 '이'는 맞지 않는 것이며, 池憲英의 '예'를 거쳐 내려 오는 '여', '이야'쪽이 옳은 길을 연 것이라 하겠으나, 여기서의 '여' 또는 '야'가 어떠한 문법적 기능을 가진 것이냐에 대하여는 '也'의 또다른 용법인 '白反也人有叱如'(彗星歌)와 함께 앞으로 연구되어야 할 과제가 된다 할 것이다. 吏讀에서 主格形으로 쓰이는 '亦'을 연상케 하나 主格 이외의 자리에 쓰인 '也'가 있음을 잊어서는 안되겠다.

'持以支如賜烏隱'에서의 '支'字의 用例는 그 指定機能이 바로 위의 '以'에 걸린다고는 현재의 상황에서 말하기 어려운 存在다. 硏究의 진행에 따라 '以'가 풀어 읽을 '로'로써 동사 '持'의 末音添記를 나타내는 데 쓰인 것이라는 판단이 서게 될지 모르지만, 적어도 그때까지는 '持以支'와 같은 환경에서의 '支'字는 '持以' 전체에 걸리는 존재로 이해되어야 할 것이다.

---

28) '수플' 쪽을 택한 것은 恣意的인 선택이다.

'賜'는 여기서도 '시'라 읽을 것이지 '샤'로 읽을 것이 아님은 '慕竹旨郎歌'의 '好支賜乎隱'에 대한 설명에 이미 밝힌 바와 같다.

8. 心未際叱肸逐內良齊

'心未'는 'ᄆᆞᅀᆞᆷ', '際叱肸'은 'ᄀᆞᆺ'로 읽힌다. 물론 半齒音의 'ᅀ'이 古代語에 존재했음을 보여 주는 표기상의 적극적인 증거는 없지만, 이것은 'ᄫ'의 경우도 마찬가지여서 이들 음소를 지닌 古代語形의 실상이 밝혀질 때까지는 中世의 어형을 기준으로 區別 표기하는 것이 실용적일 것이다.

'逐內良齊'의 '內=ᄂᆞ'의 출현은 中世語의 형태론이나 통사론의 지식으로는 설명하기 어려운 존재이지만, 그만큼 古代語의 질서가 中世語와는 달랐다는 證左로 중요한 자료가 된다. '良'字는 기본적으로 '라'(또는 '랑')이라 읽힐 존재로, 著者는 子音에 연결될 때만 그 頭音 'ㄹ'이 탈락될 수 있는 것으로 이해하고 있기 때문에 '逐內良齊'에서처럼 母音 아래 연결되는 '良'은 '라'라는 音價를 유지시킨다.

9. 阿耶 栢史叱枝次高支好

'阿耶'는 '耶'의 음가를 존중하여 '아야'로 읽는다. '耶'를 '야'로 읽고 '也'를 '여'로 읽는 것은 아직 恣意的인 配定에 속하는 일이다. '栢史'는 '자시'이다. 中世語의 '잣'과는 달리 二音節語이었던 것으로 보인다. 이런 유형의 것으로는 '星利望良古'(彗星歌)로 表記된 '벼리'(>별) 같은 예가 있다.

'高支好'는 文字 그대로 '노포'이지 '노파'일 수는 없다. 第三行에서 우리는 이미 '逐于'(조초)의 예를 알고 있거니와 어미 '아/어'와 '오/우'의 차이는 앞으로 연구될 과제중의 하나일 것이다.

10. 雪是毛冬乃乎尸花判也

'雪是'를 梁柱東이 '서리'로 읽은 것은 신기한 着想이기는 하지만, 정당한 해독이라고는 하기 어렵다. '毛冬乃乎尸'을 '모롤'이라는 뜻으로 해독하면서 '서리'를 연상하였겠지만, 앞뒤의 문맥이 어떻게 되었든, '雪是'는 小倉進平이 이미 그렇게 읽은 것처럼 '누니' 이외의 것일 수 없다. '서리'를 의도하였다면 당연히 '霜'字를 썼을 것이요, '汀理', '川理'의 용례로 보아 '霜理'라 적었을 것이다.

'毛冬乃乎尸'의 '乃'字는 音讀字로 쓰였을 경우, '나, ᄂᆞ'를 나타내는 글자이지만, 여기서 'ᄂᆞ'의 표기에 쓰였다고 보기에는 문제가 없지 않다. 이 노래 안에서 'ᄂᆞ'를 표기하는 데에는 이미 '逐內良齊'에 보는 바와 같이 '內'字가 쓰이고 있기 때문이다. 더우기 '눈'(雪)을 주어로 하였을 때 그 동사로 '모르다'가 등장한다는 것도 석연치 않다.

著者는 '乃'를 '久'字의 轉訛로 생각한다. '久'字의 동사적 의미는 '덮다'이고 이런 行動動詞라면 '눈'의 지배를 받기에도 적합하다. 따라서 '乃乎尸'을 '두플'로 分離하면 '毛冬'은 다른 경우에서와 같은 不能의 副詞로 남게 된다.

'花判'을 花郞에 관련시킨 것은 小倉進平 이래의 일이지만, '花'字의 등장만을 가지고 花郞 또는 花干으로 해석할 것은 아니다. 花判이 耆郞 내지 耆郞에 관계된 것의 象徵일 수는 있지만, 이것이 곧 耆郞이나 花郞일 수는 없는 것이다. 著者가 理解한 '눈이 덮지 못할…'에서는 말한 것도 없고, '서리 모를…'의 線上에서도 花郞이라는 명사가 나설 곳은 아니다.

著者는 '花判' 두 字를 모두 訓讀하여 '곶+갈' 即 '곳갈'(帽)이라 읽는다. '判'의 새김은 '가ᄅᆞ-/갈-'인데 後者가 선택된 것으로 본다. 하늘 높이 솟은 잣나무의 윗가지 부분이 耆郞의 모습의 고깔처럼 보이는 것을 노래하였다고 보는 것이다.

現代語譯 :

흐느끼며 바라보매
이슬 밝힌 달이
흰 구름 따라 떠간 언저리에

모래 가른 물가에
蓍郎의 모습이올시 수풀이여.
逸烏내 자갈 벌에서
郎이 지니시던 마음의 갓을 좇고 있노라.
아아, 잣 나무 가지가 높아
눈이라도 덮지 못할 고깔이여.

V. 處容歌

1. 東京明期月良
2. 夜入伊遊行如可
3. 入良沙寢矣見昆
4. 脚烏伊四是良羅
5. 二肹隱吾下於叱古
6. 二肹隱誰支下焉古
7. 本矣吾下是如馬於隱
8. 奪叱良乙何如爲理古

轉　字：

1. 東京—ᄇᆞᆰ—긔—ᄃᆞ랄—랑
2. 밤—들—이—놀—니—다—가
3. 들—랑—사—자—의—보—곤
4. 가ᄅᆞᆯ—오—이—네ᄒ—이—랑—라
5. 두볼—흘—은—나—하—어—ㅅ—고
6. 두볼—흘—은—누기—기—하—언—고
7. 본—ᄃᆡ—나—하—이—다—마—늘—은
8. 앗—랑—을—엇디--ᄒᆞ—리—고

轉　寫：

1. 東京 ᄇᆞᆯ기 ᄃᆞ라라

2. 밤 드리 노니다가
3. 드러ᅀᅡ 자릐 보곤
4. 가로리 네히러라.
5. 두ᄫᅳ른 내해엇고
6. 두ᄫᅳ른 누기핸고.
7. 본ᄃᆡ 내해다마ᄅᆞᄂᆞᆫ
8. 아ᅀᅡᄂᆞᆯ 엇디ᄒᆞ릿고.

1. 東京明期月良

讚耆婆郞歌나 怨歌에서의 '月羅理' 및 願往生歌의 '月下伊'를 'ᄃᆞ라리'로 읽기 때문에 여기서도 '月良'을 'ᄃᆞ라라'로 읽는 것이 중요한 차이점이다.

'東京'을 '시ᄫᅳᆯ', '셔ᄫᅳᆯ' 또는 '서라벌' 등으로 읽는 견해에까지 따를 수는 없어 漢字語로서의 '東京'을 유지한다. 한편 '明期'는 金俊榮과 함께 '불기'라 읽어 怨歌의 '物叱好攴'에서의 '됴히'와 같은 語法으로 본다. '明期'의 '기'는 진정한 '기'로서 편의상 '히' 또는 '기'로 적는 '攴'와는 다른 존재일 것이다.

2. 夜入伊遊行如可

거의 문제가 없는 구절이다. 다만 '遊行'에서 해독이 보인 것 같은 'ㄴ' 앞에서의 'ㄹ'의 탈락이 이 시대에도 있었던 것인지는 확언하기 어렵다.

3. 入良沙寢矣見昆

'寢矣'에 대해서는 '矣'의 二重母音을 무시하고 '자리'라 읽어 '見昆'의 목적어를 삼은 梁柱東, 金善琪와 '矣'를 處格 표시로 보아 '에', 'ᄋᆡ'로 읽은 小倉進平의 區別이 있으나, '자릐'라 읽으면서도 명사 '자리'로 본 金俊榮과 태도를 같이하면서 '자릐'라 읽는다. '소리'에 대하여 '소리'가 있고, '그디'에 대하여 '그듸', '그딕'가 있는 것과 같이 '자리', '자릐'는 공존하였던 것으로 본다.

4. 脚烏伊四是良羅

'脚烏伊'에 대하여는 '허튀'의 가능성을 완전히 배제할 수 없지만, 通說을 따라 '가로리' 쪽을 택하면서 '烏'字 아래 '尸'이 생략된 것으로 본다. 이 노래는 표기가 粗略하다고 볼 곳이 이 밖에도 두어군데 있으니 '奪叱良乙'에서도 '良'字와 '乙'字 사이에 '隱'이 생략되었다고 해야겠거니와, 바로 위에서 본 '寢矣'에 있어서도 정통적인 표기라면 '尸'字를 개입시켰을 것이 기대된다.

'四是良羅'에서는 梁柱東 流의 '네히어라'보다는 小倉進平의 '네히러라'가 著者의 기준에 맞는다.

5. 二肹隱吾下於叱古

해독에서 '두볼'이라는 형태를 적었지만, '肹'의 頭音이 곧 'ㅸ'에 해당될 뿐, 그것이 곧 'ㅸ'이라는 보장은 없다. 오히려 '支'字의 頭音과도 같은 것이어서 '두볼'의 先行 形態일 可能性이 있다.

'吾'는 '나', '下'는 '하'에 해당되는 것이지만 각각 屬格의 형태와 繫詞를 補入한 것은 위에서 언급했던 것과 같이 이 노래의 표기가 꽤 粗略하다는 것을 감안해서의 일이다.

6. 二肹隱誰支下焉古

'誰支'를 '누기'라 한 것은 徐在克이 '누히'라 한 것과 같은 취지에서이며, '기', '히'의 子音差에 사로잡힐 필요는 없다. 현대어에서의 '누구' 또는 방언형으로서의 '뉘기'를 의식했을 뿐이다.

7. 本矣吾下是如馬於隱

'本矣'에 대하여는 여러 해석이 있지만, 梁柱東의 '본디'를 正格으로 치고 이를 따른다.

句末의 '馬於隱'에 대하여는 종래의 '마룬', '마는' 대신에 '마르는'을 제시한다. '於'의 訓 '늘' 卽 '를'에 의해서 그 중간 부분이 표기된 것으로 보는 것이다.

8. 奪叱良乙何如爲理古

'何如'를 '엇디'라 해 오던 것을 近來에 와서 '엇더'로 고쳐 읽고 있으나(金善琪, 徐在克, 金俊榮), 문맥으로 보아 靑山別曲의 '내 엇디ᄒᆞ리잇고'와 같이 '엇디'로 읽을 자리라 본다. '何如' 또는 '如何'는 익어진 漢字 結合으로 그 '如'字에 구애받을 것은 아니라고 보는 것이다.

現代語譯 :

東京 밝은 달에
밤들이 노니다가
들어 자리를 보니
다리가 넷이러라.
둘은 내해였고
둘은 누구핸고.
본디 내해다마는
빼앗은 것을 어찌하리오.

VI. 薯童謠

1. 善化公主主隱
2. 他密只嫁良置古
3. 薯童房乙
4. 夜矣夘乙抱遣去如

轉　字 :

1. 善化公主—니림—은
2. 눔—그슥—ㄱ—얼—랑—두—고

3. 薯童—房—을

4. 밤—의—알—을—안—고—가—다

轉 寫:

1. 善化公主니리믄

2. 놈 그슥 어러 두고

3. 薯童 방올

4. 바매 알홀 안고 가다.

1. 善化公主主隱

'善化公主' 다음의 '主'字를 '님'이라 읽어 오지만, 日本側 자료에 '主嶋'를 *nirim sema*라 注記한 것이 있어 '님'의 古代形은 두 음절로 된 '니림'일 것을 알려 준다. 中世語의 '님'이 성조상으로 上聲임을 우리는 알고 있으므로 '니림'은 平去로 되었을 것까지를 추측할 수 있다.

2. 他密只嫁良置古

梁柱東에서의 '그스지'보다는 近來에 와서의 '그슥'이 '密只'에 대하여 더 適合함을 지적할 수 있을 뿐이다.

3. 薯童房乙

'薯童'을 풀어 읽는 노력은 보류한다. '房'을 男子를 위한 접사로 본 것은 小倉進平에서 시작되어 모두가 이를 따라 왔지만, 著者는 이를 文字 그대로의 '방'으로 보고, 끝에 오는 '去如'의 行動 方向으로 잡는다.

三國遺事 原文에서는 3과 4 사이에 句節 分斷이 없어 세 단락으로 표기되어 있고, '薯童房乙'만으로 한 句를 삼기에는 너무 짧으므로 '夜矣'를 위로 떼어 붙이지 않는 限 四句 形成은 어려워 보인다.

4. 夜矣夘乙抱遣去如

'夘乙'로써 '卯乙'을 삼아 '몰'로써 '몰래'의 뜻을 삼는 小倉·梁의 태도를 따를 수는 없다. '몰'을 나타냄에 '卯乙'이 쓰일 수 있다고도 생각되지 않지만, 동사 '모르다'가 '毛多-'로 쓰이는 시기에 '몰'이 함께 쓰일 수도 없는 일이다.

'乙'字는 원칙적으로 對格의 표시로 쓰이는 字이기에 '夘乙'을 '알홀'로 읽으며 이 句 전체를 '바매 알홀 안고 가다'라 읽는데, 解讀이 順理에 맞고 文法에도 어긋남이 없으나, 구체적으로 그것이 무슨 내용을 뜻하는 가까지는 말하기 어렵다. '알을 안고 간다'는 것이 당시의 어떤 隱語 내지는 比喩的 表現인 것 같이도 느껴지나, 지금으로선 後考를 기다린다 할 수밖에 없다.

徐在克의 '알안겨거다'는 재미 있는 着想이기는 하나, 얼마나 그 의견에 동조할 사람이 생길까 하는 느낌을 준다.

現代語譯 :

善化公主님은
남 몰래 짝 맞추어 두고
薯童 방을
밤에 알을 안고 간다.

VII. 禱千手觀音歌

1. 膝肹古召旀
2. 二尸掌音毛乎支內良
3. 千手觀音叱前良中
4. 祈以支白屋尸置內乎多
5. 千隱手 叱千隱目肹
6. 一等下叱放一等肹除惡支
7. 二于萬隱吾羅
8. 一等沙隱賜以古只內乎叱等邪

9. 阿邪也 吾良遺知支賜尸等焉

10. 放多矣用屋尸慈悲也根古

轉 字：

1. 무릎—흘—ᄂᆞᆰ—초—며
2. 두볼—ㄹ—손ᄇᆞᄅᆞᆷ—음—몯—오—攴—ᄂᆞ—랑
3. 千手觀音—ㅅ—앒—랑—ᄒᆡ
4. 빌—이—ᄉᆞᆲ—옥—ㄹ—두—ᄂᆞ—오—다
5. 즈믄—은—손—*(랑)—ㅅ—즈믄—눈—흘
6. ᄒᆞᄃᆞᆫ—등—하—ㅅ—놓—ᄒᆞᄃᆞᆫ—흘—덜—악—攴
7. 두볼—가—만—은—나—라
8. ᄒᆞᄃᆞᆫ—사—숨기—주시—셔—ᄂᆞᆰ—*리—ᄂᆞ—오—ㅅ—등—야
9. 아—야—여 나—랑—*고—알—攴—시—ㄹ—등—은
10. *어—ᄃᆞᆯ—의—ᄡᅳ—옥—ㄹ—慈悲—여—큰—고

轉 寫：

1. 무루플 ᄂᆞ초며
2. 두볼 손ᄇᆞᄅᆞᆷ 모도ᄂᆞ라,
3. 千手觀音 알파ᄒᆡ
4. 비솔볼 두ᄂᆞ오다.
5. 즈믄소ᄂᆞᆺ 즈믄 누늘
6. ᄒᆞᄃᆞᆫ핫 노하 ᄒᆞᄃᆞᄂᆞᆯ 더럭,
7. 두볼 ᄀᆞ만 내라
8. ᄒᆞᄃᆞᆫ사 숨기주쇼셔 ᄂᆞ리ᄂᆞ옷ᄃᆞ야.
9. 아야여 나라고 아ᄅᆞ실ᄃᆞᆫ
10. 어드레 ᄡᅳ올 慈悲여 큰고.

1. 膝肹古召旀

표기에 약간의 차이들이 있기는 하지만, '膝肹'을 '무루플'로 읽는 데에는 小倉進平 이래로 견해의 일치를 보아 온 곳으로 異論의 여지가 없자

만, '古召旀'는 근본적인 재검토를 필요로 하는 곳이라고 생각한다.

小倉進平은 '古'를 音讀하고 '召'를 訓讀하여 '구부리며'라 읽었으나, 이것은 해독이라기보다는 문맥을 감안해서의 語詞의 代入이라고 하는 것이 솔직한 평일 것이다. '브르-'(召)와 '구부리-'의 '부리'는 비슷하기는 하지만 결코 동일한 것은 아니니, 梁柱東이 이를 거부한 것은 당연한 일이라 하겠다.

梁柱東의 代案인 '고조며'는 '古召旀' 석자를 내리 音讀한 것으로 '拱'의 의미를 가진 것이라 되어 있는데, 그 이후의 해독자들이 대개는 이를 默守하고 더러는 변경을 시도하되 그에 대한 약간의 어형상 변개를 보이는 데 그치고 있는 것으로, 다른 많은 경우에 있어서와 같이 그의 영향력이 지대함을 목격할 수 있다. 著者도 한때는 訓主音從의 표기 기준에 대한 예외로 '古召旀'가 대표적인 예가 되는 것이 아닐까 생각하였으나, 이 語詞를 '고조며'라 읽어 가지고는 앞뒤의 의미 맥락의 정상적인 확보가 어렵다고 판단하여 原點에 돌아가 재검토해야 할 것으로 매듭지었다.

'부텨 向ᄒᆞᅀᆞᄫᅡ 손 고초샤 밤낫 닐웨를 ᄌᆞᆷᄌᆞᆨ도 아니ᄒᆞ샤'(月釋, I : 52)와 같이 공경하는 자세를 나타냄에 있어서 '고초다'가 '손'과 관계하며 쓰인 예는 종종 볼 수 있는 일이지만, 무릎을 고초 세운다는 것이 기도에 합당한 자세일 수 있는가는 저윽이 의심스러운 존재다. 金俊榮이 그의 直譯에서 생각한 것처럼 '무릎을 꿇으며'가 될 수 있으면 좋겠지만, 이것은 그의 희망을 담은 '생각'이지 '고조며'로부터 논리적으로 유도될 수 있는 '意味'가 아니다.

金善琪의 '고됴며'(=고치오며)는 의미상으로 문맥에 적응시켜 보려 한 시도이지만 '됴=召'의 인식은 그 特有의 것으로 音韻史의 通念에서 멀리 벗어나 있다.

著者는 부처 앞에 祈求하는 여인의 모습은 역시 무릎을 꿇은 자세라야 하며, 무릎을 곧추 세우고 웅크린 자세가 아닐 것을 전제하며, '古召旀'라는 표기도 필경은 訓主音從의 범주를 벗어나는 것이 아니라는 생각 아래 새로운 해독을 찾았다. 著者에게 있어 '古召旀'는 'ᄂᆞ초며'라 읽힌다.

즉, 다소곳이 합장 배례하는 모습인 것이다.

'古'는 이른바 義訓借로 'ᄂᆞᄎᆞ며'의 'ᄂᆞ'를 위하여 'ᄂᆞᆰ'이 이용된 것이다. 전통적인 설명 방법으로는 'ᄂᆞᆰ-'에서 'ᄂᆞ'를 取하였다고 할 곳이나, 著者는 末音으로서의 'ㄺ'이 다음 '召'字의 頭音으로 代替된다는 표현을 쓴다.(가령 '下是'로써 '-아리'가 표기될 때 '아래'에서 '알'을 취하고 거기에 '이'(是)를 加한다고 하지 않고, '아래'의 末母音 '애'가 '이'로 대체된다고 말한다.) '召'는 그 音이 '소'이나 '招'와 通用될 때에는 'ᄎᆞ'가 되는 것인데, 吏讀에서의 '召史'(조이)의 '조'는 이 'ᄎᆞ'에 말미암은 것일 것이다.

'古'의 訓 'ᄂᆞᆰ-'을 義訓借한 예로는 怨歌에서의 '月羅理影支古理因=ᄃᆞ라리 그르매 ᄂᆞ린=달이 그림자 내린'(著者의 解讀)의 一例가 있고, 앞으로 우리가 다룰 이 노래의 여덟째 句 '一等沙隱賜以古只內乎叱等邪'도 이 테두리에 드는 것으로 생각한다.

2. 二尸掌音毛乎支內良

'二尸'에서 '尸'를 'ㅅ'으로 읽어 'ᄃᆞᆺ'으로 이해한 小倉進平의 해독을 논외로 치면, 梁柱東, 池憲英의 'ᄃᆞᆯ', 金善琪, 徐在克의 '두블', 그리고 '金俊榮'의 '두흘'이 남게 된다. 이 차이들은 이미 處容歌의 '二肹'에 대해서 나타났던 것의 반복이기는 하지만, 여기서는 그것들이 관형사형의 '두'와 관계가 없는 것임을 확인하는 것으로 족하다. 현대어에서라면 '둘 손바닥'이라는 표현이 성립되지 않지만, 古代語에서는 그러한 연결이 가능했던 것임을 알려 주는 것이다.

'掌音'이 '손바닥'을 나타낼 것임은 분명하지만 文證된 어형이나 方言形을 막론하고 'ㅁ'으로 끝나는 형태를 발견할 수 없는 것이 해독자들의 고민이었다.

小倉進平, 梁柱東, 池憲英에 이어지는 'ᄉᆞᆫ바당' 내지 '솏바당'은 좀더 일반적인 '손바닥'을 버리고 '掌音'의 音字에 근접해 보려는 고충이 이해되기는 하나, 그것으로써 '掌音'이 의도한 어형이었다고 하는 그들의 논리 자체를 받아 들일 수까지는 없다. 'ㅇ'으로 끝나는 語形의 표기였다면 'ㅇ'末音의 漢字들이 없지 않은 형편이니, 가령 '應'字 등으로 얼마든지 정확하게 적을 수 있었던 것이다.

반면에, 徐在克, 金俊榮의 '바담'은 이러한 무리를 의식하고 그것을 止揚하려는 노력의 발현으로 그 着想을 일단은 높이 평가할 수 있으나, 이 再構形은 그들의 일방적인 希望을 담은 것이지 '바당'과 함께 '바닥'을 만족시켜 줄 수 있는 音韻史的 實體라 하기는 어려울 것이다. 金善琪의 '솜'에 이르려는 核心을 더욱 멀리 벗어났다는 느낌을 받을 뿐이다.

著者는 '掌音'에 대하여 '숀ㅂ름'이라는 推定을 해 오고 있다.[29] '숀ㅂ름'의 'ㅂ름'은 '壁'을 의미하는 語詞인데, 'ㅂ름'이 '벽'으로 교체되면서 이 복합명사에서도 같은 교체가 일어나 현대어에서 보는 '손뼉'을 결과시켰다고 보는 것이 著者의 논리다. 오늘날의 '손뼉'은 '손뼉을 친다'는 경우에밖에 쓰이지 않지만, 그에 앞서 존재한 '숀ㅂ름'은 오늘날 '손바닥'이 차지하는 영역에서 널리 쓰였을 것을 '掌音'의 표기가 보여 주는 것이라 하겠다.

'毛乎支內良'에 대하여는 해독들이 꽤 많이 엇갈리지만, '毛乎'의 의미를 '모으다'로 보는데 있어만은 一致를 보인다. 앞에 온 목적어 '二尸掌音'의 존재로 보아 이런 해석이 나오는 것은 너무나 당연한 일이겠다. 그러나 著者는 그 다음의 '攴'字를 指定文字로 보기 때문에 이를 '支'와 동일시하여 訓讀하거나(小倉進平), 音讀하는 견해들(池憲英 'ㅅ', 金善琪 '디' [?訓讀], 徐在克 '히', 金俊榮 'ㅿ')에는 同調할 수 없고, 오히려 '虛字'로 보는 梁柱東과 결과적으로는 같은 태도를 보이게 된다. 다만 '攴'字를 指定文字로 봄으로 해서 그 앞에 오는 '毛乎'의 해독 태도와 語形의 推定에 있어서는 그를 포함한 다른 해독자들과 견해를 달리한다.

'攴'을 指定文字로 보는 著者에게 있어서는, '毛乎' 두 字를 내리 音讀하여 '모호' 또는 그에 유사한 결과에 도달하는 논리는 따를 수 없는 성질의 것이다. '毛'字는 音 '모'이지만, 한 단어의 머리에 올 때에는 그

29) 拙稿(1973)에서의 推定.

音으로 읽히는 것이 아니라 '無'의 字義에 의거한 '몯'이라는 訓에 의하여 사용된 것이라고 보는 것이 著者의 기본 태도이다. 따라서 '毛冬'을 같이 '모돌'로 읽는다 해도 著者는 그것을 '몯+돌'→'모돌'로 인식하는 것이다.

한편 '乎'字는 '오'의 표기에 쓰이는 글자로서 '毛乎'는 '몯+오' 즉 '모도-'로 읽히니 願往生歌에 보이는 '集刀花乎白良'의 '集刀'와 同曲異音인 것이다.

後世의 자료에 보면 '모도-'와 '모호-'가 다 발견되지만, 초기의 한글 문헌에서 '모도-'와 경쟁하고 있는 것은 '뫼호-'이고 '모호-'는 오히려 그보다 뒤진 시기에 많이 보이는 것을 보면 '모호-'란 '모도-'와 '뫼호-'의 混淆로 이루어지지 않았는가 생각될 존재인 것이다.

'內良'은 '누아', 'ᄂᆞ아'로 읽히고 있으나, '良'字를 母音末音字 밑에서는 '라'로 읽도록 하고, 子音末音字 아래에서만 '아'로의 讀法을 허용하므로써 일종의 음운규칙을 想定하고 있는 것이 著者의 해독 기준이기 때문에 著者는 '內良'을 'ᄂᆞ라'로 읽는다.

3. 千手觀音前良中

'千手觀音'은 漢字語이므로 문제가 없다. 그러나 그 다음의 '前良中'의 '前'에 대하여는 訓讀과 音讀이 엇갈리는데, 양쪽 다 논리적인 瑕疵가 없으면서도 다른 쪽을 배제할 絶對性을 지니지는 못한다. 다만 著者가 訓讀 쪽을 택하여 '알파히'로 읽는 것은 願往生歌의 '無量壽佛前乃'에 있어서처럼 音讀의 絶對性이 보장되어 있지 않고, 音讀과 訓讀의 가능성이 논리적으로 대등할 때에는 訓讀 쪽을 택한다는 著者의 기본 태도에 말미암는다.

4. 祈以支白屋尸置內乎多

'祈以支'에 대하여는 그 어간을 中世語의 '빌-'(祈)과 관련시켜 이해하고 있으면서도 '支'字에 대한 해석의 차이로 해서 여러가지 다른 語形들을 제시하고 있으나, 著者는 '支'을 指定文字로 판단하기에, 실질적인 어간은 '祈以'로 끝나는 것으로 본다. 그러나 '비술볼'과 같이 읽으면 '以'를 어간 '비-'의 末音添記로 보게 되어, '빌-'의 末子音 'ㄹ'이 'ㅅ'앞에 탈락되는 音韻規則을 이 時期에까지 인정한다는 데에 문제가 있다. 다른 확실한 증거가 나타나기까지는 中世語的 질서에 따라 '비술볼'을 유지하되, 위에 말한 음운규칙의 적용이 이 시기에 허용되지 않는 것이 확실해지면, '祈以'의 '以'는 '비-'의 末音 '이'일 수 없고, '빌-'의 先行形으로서의 '*비리-'의 末母音 '이'의 반영이라 해야 할 것이다.('以'가 訓讀된다면 '*비로-'까지를 생각할 수 있다.)

'-白屋尸'은 동명사형으로 '-술볼', '置內乎多'는 '두ᄂᆞ오다'로 읽어 별 문제가 없다.

5. 千隱手 叱千隱目肹

'千隱手'와 그 다음 '叱'字 사이의 공간에 대하여 혹은 그것을 무시하고 혹은 빈칸됨을 표시하고 혹은 缺字로 보아 '隱'字를 代入시키고 있으나(金俊榮), 해독의 결과를 놓고 보면 이 빈칸을 무시한 것이나 다름 없게 되어 있다. 著者는 이런 종류의 빈칸을 단순한 出版 과정에서의 착오로는 보지 않기 때문에 金俊榮이 취한 태도를 높이 평가한다. '叱'字 앞에 빈칸이 와 있고 보면 이것은 결코 句節의 경계 표시일 수 없는 缺字의 자리요, 모든 缺字는 보충되어야 한다는 것이 著者가 펴는 當爲論이다.

著者가 金俊榮의 缺字 補入의 태도를 환영하면서도 그의 '隱'字에 동의하지 않는 것은 鄕歌 표기에 쓰인 '手'字에 末音添記를 동반한 예가 없고 같은 줄 안에 쓰인 'ㄴ' 末音의 명사 '눈'이 역시 '隱' 같은 末音添記 없이 '目'으로만 쓰인데다가, 著者가 이해하는 이 노래의 내용이 '손'과 '눈'을 대등하게 나열하는 것을 허락하지 않기 때문이다.

著者는 이 缺字 자리를 '良'字로 메우며 'ᄌᆞ믄 소낫 ᄌᆞ믄 누늘'이라 읽는 것인데, 千手觀音은 千개의 손에 각각 눈을 하나씩 가지고 있음을 상기할 일이다.

6. 一等下叱放一等肹除惡攴

둘째 '一等'은 對格의 '肹'을 취하고 있어 별로 문제될 것이 없으나, 앞에 온 '一等'에 붙은 '下叱'은 格形態라고는 하기 어려운 존재다. 여기서 '叱'은 격형태가 생략된, 주로 대격의 자리에서 종종 발견케 되는 문제의 '叱'로 보여 그 앞의 '下'는 '一等'에 붙은 接辭이거나 아니면 명사일 것으로 짐작된다.

'一等下'는 語彙史的 관점에서 볼 때, 매우 중요한 情報를 제공해 주는 존재라고 믿는다. 中世語 자료에서 관찰되는 數詞 '1'은 명사형의 'ᄒᆞ나'와 관형사형의 'ᄒᆞᆫ'을 가지고 있는데, 앞에서 본 '一等肹'의 '一等'은 대격을 취하고 있음에도 불구하고 'ᄒᆞ나' 아닌 'ᄒᆞᆫ'에 이어지는 존재로 판단되는 것이다. 이 '一等'은 雞林類事에서 '一曰河屯'이라고 한 것과 동일하면서, 한편으로는 '一等枝良出古'(祭亡妹歌)에서 보는 관형사형과도 형태상으로 동일한 것이다. 즉, '一等'이라는 같은 형태가 명사적 용법과 관형사적 용법에 통용되었던 것을 알 수 있겠는데, 그렇다면 中世語의 'ᄒᆞ나'의 기원은 어디에 있겠는가 하는 문제가 제기된다. 二中曆에 ***katana***로 반영된 'ᄒᆞ나'의 先行形은 바로 本條의 '一等下' 또는 그 發達形에 해당되는 것으로, 數詞 '一等'에 依存名詞 '下'가 결합된 것이었다고 보는 것이거니와 간간히 'ᄒᆞ나' 아닌 'ᄒᆞᆫ나'로 보일 때의 여분의 'ㄴ'은 '等'의 'ㄷ'의 遺影이라 할 것이다. 'ᄒᆞᆫ'과 'ᄒᆞ나'의 관계는 'ᄆᆞᄉᆞᆷ'(>무슨)이 'ᄆᆞ섯'(>무엇)에 쫓겨 冠形詞로만 쓰이게 된 것과 흡사하였던 것으로 보인다.

'放'은 단 한 글자인데도 그에 대한 의견은 의외로 구구하다. 그러나 그 앞의 목적어 '一等下叱'이 '손'을 가리키는 것으로 판단되는 문맥이기 때문에 오히려 초기의 해독자들이 생각했던 '놓-'가 最善이라고 본다. '一等下叱'이 손을 가리킬 때 그것을 '버린다'(徐在克)든가 하는 일은 있을 수 없을 것이다.

다만, '放'字가 어미 부분을 보일 末音添記가 없다고 해서 '놓'라는 어간만을 적거나 '노ᄒᆞ'와 같은 불완전한 표기를 하는 데에는 찬동할 수가 없다. 末音添記의 생략은 '春', '目'과 같은 명사에서 흔히 보는 일이고 용언의 경우는 드문 일이지만 생략의 心理는 동일하였으리라 본다. 굳이 末音添記를 하지 않아도 讀者의 讀解에 지장이 없으리라고 표기자가 想定하였을 때에 添記의 생략이 나타났을 것인데, 용언에서는 副動詞 어미 '아/어' 또는 '고'에 해당하는 자리에서 주로 이 생략 현상이 보이는 듯하다. 願往生歌의 '誓音深史隱尊衣希仰攴'의 '仰'도 그 한 예일 것이다. 따라서 '放'에 관한 한 小倉進平의 '노하'만이 정상적인 해독이었다고 할 것이다.

'除惡攴'에 대하여는 文字 그대로 十人十色의 해독들이어서, '버리어'(小倉進平), '더옵디'(梁柱東), '덜옷'(池憲英), '달압디'(金善琪), '쌔히'(徐在克), '덜삽'(金俊榮)과 같은 상황이다. 一次的으로는 '攴'字에 대한 이해의 차이에서 오는 결과인데, 著者에게 있어 '攴'은 指定文字이기 때문에 '덜'(除)+'악'(惡)의 결합으로서의 '더럭'을 提示한다.

7. 二于萬隱吾羅

末尾의 '吾羅'는 '내라'를 기준으로 하여 약간의 出入이 있으나 큰 문제가 없는 곳임에 반하여, '二于萬隱'에 대하여는 小倉進平의 '두 만'을 論外로 하고서도 '둘 없는'으로 해석하는 계열(梁柱東, 池憲英, 金俊榮)과 '둘이 먼'으로 보는 계열(金善琪, 徐在克)이 나뉘어 있다. 前者의 경우에는 '于萬隱' 석자를 내리 音讀하여('萬'의 모음 '아'가 무시된 것은 차치하고) '없는'의 현대 방언형 '움는'에 근접하게 되는 것을 근거로 한 것이나, 中世語에서도 이미 그런 뜻으로는 '업슨'을 쓰지 '업ᄂᆞᆫ'을 쓰지 않았다는 사실의 지적만으로도 이러한 해석이 적절치 못함이 들어나는 것으로 안다. 中世語에서의 '업ᄂᆞᆫ'은 동사로서 '없어지는'의 뜻에만 쓰였던 것이다.

'둘 먼'의 경우에는 '于'를 '二'에 붙여 조사 또는 접미사로 보는 것인데, 그렇게 되면 '于'가 主格形이 되거나 (金善琪), 부사 형성의 접미사가 된다는 논리(徐在克)다. 그러나 이들 두 논리는 상당한 가상적 체계를 배경으로 한 것들로서 납득하기 쉽지 않은 내용으로 되어 있다.

李鐸의 해독(1958)은 너무나 특이한 논리와 내용으로 되어 있어 참조 또는 인용되는 일이 많지 않지만, 이 句節에 관한 한 그의 해독은 最上의 것이라고 해야 할 것이다. 著者는 그와 함께 '二于萬隱'을 '二 于萬隱'으로 끊어 읽으며 '두볼 ㄱ믄'을 삼는 것인데, '于'는 '之'와 함께 實辭로서는 '가다'를 의미하는 것으로 여기서는 義訓借된 존재다. '于萬隱', 또는 '于萬'의 예로는 각각 다음의 것이 있다.

曉留朝于萬夜未(請佛住世歌)

際于萬隱德海肹(稱讃如來歌)

確認添記 '隱'이 있고 없고의 차이가 있기는 하지만, 이 둘은 모두 '가만'(黑, 玄)이라 읽힐 예들이다. 그런데 이들과는 달리 '二 于萬隱'의 '于'는 '가' 아닌 'ᄀ'를 위하여 쓰인 것이 되는데, 이는 鄕歌 表記에서 '아', 'ᄋ'가 이른바 通音의 관계에 있었거나, 아니면 본래는 같이 '감-'이었던 것이 이 語詞가 가진 어떤 특수한 여건으로 'ᄀᆞᆷ-'에의 변화를 수행하였거나 하였을 건인데, 後者의 경우에 대해서 이렇다 할 단서가 잡히지 않는 상황에서는 '通音'으로 설명하는 것이 현실적일 것이다.

이 구절에 대한 반성에서도 목격된 바와 같이 내리 音讀한다는 것은 흔히 있을 수는 없는 것으로서 그러한 상황에 처했을 때에는 각별한 경계를 요한다 할 것이다.

8. 一等沙隱賜以古只內乎叱等邪

이 第八句는 가장 신중하게 검토되어야 할 구절이다. '古只內乎叱等邪'를 '고친다'라고 보거나 '내려 준다'라고 보거나 '꽂는다'라고 보거나, 더 나아가 金善琪처럼 '古'를 위로 붙여 '디나다'로 읽거나간에 한결같이 '부처'를 주어로 한 동사로 보고 있다는 데에 문제가 있다. 尊貴한 人物을 주어로 한 문장에서 동사나 형용사가 여러개 나열될 때 존경의 보조어간 '시'가 그 각각의 용언에 붙을 수도 있고 혹 생략될 수도 있는 일이지만, 文末의 定動詞에 대해서만은 그 생략이 不可能함을 우리는 안다. 그런데 지금의 '古只內乎叱等邪'에는 그 '시'가 발견되지 않는 것을 看過할 수 없으니, 이 사실은 손을 놓고 눈을 덜고 하는 千手觀音의 행동이 여기까지 미치는 것이 아니며, 따라서 '古只內…'라는 행동은 千手觀音 앞에 무릎 꿇어 祈願하는 이 노래의 辭說者 자신의 것이 되지 않으면 안된다는 것을 指示하고 있는 것이다.

그러면 千手觀音을 주어로 하는 定動詞는 어느 것인가. 著者는 '隱陽以'를 '숨기주쇼셔'라고 읽는다. '賜'가 여기서는 '-시-' 아닌 '주시-'를 나타내고 '以'는 그 訓으로 (또는 '立'字의 轉訛로) 語尾 '-셔'를 나타낸다고 보는 것이다. '두 눈을 감은 나라고 하여 하나야(=만) 은밀히 주십시오 하며, (나는)……한다'는 내용이 되는 것이다.

그러면 '古只'는 무엇인가. 著者는 '只'를 '呂'의 轉訛로 看做하며 'ᄂᆞ리-'라 읽는다. 이곳의 'ᄂᆞ리-'는 訓蒙字會(下：19)에 보이는 '絡'의 訓에 해당하는 것으로 휘감겨 매달리는 것을 뜻한다. 어미 부분은 내리 音讀하여 '-ᄂᆞ옷ᄃᆞ야'로 한다.

著者가 이해하는 이 노래의 내용은 끝까지 祈求로 一貫하고 있다. 한번 빌자마자 눈을 고쳐 주거나 꽂아 주는 奇蹟이 쉽게 일어나고 있는 것이 아니다.

9. 阿邪也 吾良遺知支賜尸等隱

감탄사 '阿邪也'는 표기를 존중하여 '아야여'라 읽어 둔다.

'吾良遺知攴賜尸等焉'에 대하여는 小倉進平의 '내에 끼티샬ᄃᆞᆫ'에 약간의 修正들을 하고 있는 정도인데, 金善琪가 '賜'를 '주시'로 본 것이 좀 異色的이다.

著者는 이 구절에 대하여도 근본적인 手術을 한다. '知攴賜尸等焉'의 '知'는 그 다음에 指定文字 '攴'이 와 있어 訓讀될 것을 요구한다. 즉, '아ᄅᆞ실ᄃᆞᆫ' 또는 '아ᄅᆞ샬ᄃᆞᆫ'의 표기인 것이다. 따라서 '知'字와 붙여 '끼티-', '기티-'의 표기로 보던 '遺'는 '遣'字의 誤字로 위의 단어에 붙는 어미가 되니, 이리하여 '吾良遣'는 '내라고'가 된다.

10. 放冬矣用屋尸慈悲也根古

'放多矣'의 '放'이 '於'의 轉訛임을 金善琪가 지적한 것은 正鵠을 얻은 것이었다. 安秉禧의 연구(1965)로 명확해진 것처럼 어미 '-고'로 끝나는 의문문 안에는 의문사가 들어 있게 마련인데, '放多矣'로 놓아 두고, '노ᄒᆞ디'니 하고 읽어 가지고는 이 문법적 요건을 충족시킬 수가 없다.

다만 '放字'의 '於'字 誤字說에 있어서 著者가 金善琪와 의견을 달리하는 것은, 그가 '一等下叱放'의 '放'字까지를 誤字로 보는 데 반하여 著者는 그것은 '放'字로서 옳은 것이고 오히려 '於多矣'의 '於'字가 그에 이끌려 誤記된 것이라고 보는 점이다.

'根古'는 著者가 訓主音從의 原則에서 벗어난 예외적 표기례로 인정하고 있는 많지 않은 예중의 하나이다.

'두 눈을 감은 나라는 것을 아실 것 같으면'이라는 前提를 앞에 두었을 때 '어디에 쓸 慈悲가 큰가', 즉 '큰 慈悲는 어디에 쓰기 위해 존재하는가'라는 의미가 전개될 수 있는 것이다.

現代語譯 :

무릎을 낮추며
두 손바닥 모아,
千手觀音 앞에
祈求의 말씀 두노라.
千개의 손엣 千개의 눈을
하나를 놓아 하나를 덜어,
두 눈 감은 나니
하나를 숨겨 주소서 하고 매달리누나.
아아, 나라고 알아 주실진댄
어디에 쓸 慈悲라고 큰고.

VIII. 風　　謠

1. 來如來如來如
2. 來如哀反多羅
3. 哀反多矣徒良
4. 功德修叱如良來如

轉　字：

1. 오—다—오—다—오—다
2. 오—다—셟—반—하—라
3. 셟—반—한—의—물—랑
4. 功德—닷—ᄀᆞᆯ—랑—오—다

轉　寫：

1. 오다 오다 오다.
2. 오다 셜번 해라.
3. 셜번 하ᄂᆡ 물아.
4. 功德 닷ᄀᆞ라 오다.

1. 來如來如來如

梁柱東이 '來如'를 '온다'라고 읽은 小倉進平의 태도를 거부하고 '오다'라고 한 것은 타당한 일이었다. 金善琪가 다시 '온다'를 들고 나왔지만, 이것은 小倉進平의 초보적 오류를 되풀이한 것, '오ᄂᆞ다'라면 몰라도 '온다'가 평서법으로 쓰일 수는 없다. '오ᄂᆞ다'라면 '來內如'라야 한다.

2. 來如哀反多羅

'哀反多羅'에 대하여는 전체를 하나의 형용사(小倉進平：서러외더라, 梁柱東, 池憲英：셔럽더라, 金俊榮：셜ᄫᅳ다라)로 보는 견해와 두 단어(金善琪：숣반 까라＝徐在克：설븐 하라)로 보는 견해의 차이가 있으나, 著

者는 후자 쪽을 택한다.

'서럽더라'라고 읽을 경우, 의미면에서 우선 '더라'의 '더'에 걸리게 된다. 비록 '來如'가 '오ᄂᆞ다' 아닌 '오다'라 하더라도 오는 행동은 지금 진행되고 있는 것인데, 이런 문맥에서 '서럽더라'라는 회상의 말이 나올 수는 없다고 본다.

著者는 '셜ᄫᅥᆫ 해라'라고 읽으며 '서러운 사람 많아라'의 뜻으로 해석한다. 金善琪의 '슬반'이나 徐在克의 '셜븐'은 '슬픔'그 자체이지만, 著者의 것은 '늘그ᄂᆡ 허튀'나 '모ᄃᆞᆫ 괴 이셔'에서의 동명사들과 같이 사람을 뜻한다. '多羅'는 감탄형이어야겠으므로 '하라' 아닌 '해라'라야 한다.

3. 哀反多矣徒良

여기서도 '哀反多 矣徒良'(梁柱東 : 셔럽다 의내여)와 '哀反 多矣 徒良' 徐在克 : 셜븐 해 무라)로 대표되는 대립이 계속 되는데, 著者는 후자의 分節을 따르되, '셜ᄫᅥᆫ 하ᄂᆡ 무라'라 읽는다. '哀反'은 2.에서와 같이 '셜ᄫᅥᆫ'이로되, 다음의 '多'(=한)을 수식하는 말이다. '多矣'를 '해'로 읽는 것은 'ㅣ' 또는 '이'를 위하여 '矣'를 선택하였다고 하기 어려운 데다가 ('是'나 '伊'가 第一感으로 떠오를 자리다.) 이를 종지형으로 하면, 주관적인 판단일지 모르지만, '셜븐 해, 무라'식의 倒裝法은 轉句로서의 語勢의 伸張을 저해하는 것으로 보인다.

著者는 '多矣'의 '矣'를 重視하며 '多'를 '한'으로 읽는 것인데, 이 '한'은 安民歌에서 '窟理叱大肸'의 '大'를 그렇게 본 것과 같이 '大衆'이요 '衆生'이다. '셜ᄫᅥᆫ 하ᄂᆡ 무라'(서러운 衆生의 무리여)라 읽을 때, 마치 '姑蘇城外寒山寺'와 같은 轉句로서의 氣勢가 살아난다 하겠다.

4. 功德修叱如良來如

著者는 '修叱如良'의 '如'를 '다'로 하여 '닷-'의 先行形으로서의 '닸-'을 想定한 일이 있었으나,[30] '如'를 'ᄃᆞᆯ'으로 한 通說을 좇으며 前說을

30) 拙稿(1977b:32-33)

保留한다.

現代語譯 :

온다 온다 온다.
온다 서러운 이 많아라.
서러운 衆生의 무리여.
功德 닦으러 온다.

IX. 願往生歌

1. 月下伊底亦
2. 西方念丁去賜里遣
3. 無量壽佛前乃
4. 惱叱古音鄉言云報言也多可支白遣賜立
5. 誓音深史隱尊衣希仰支
6. 兩手集刀花乎白良
7. 願往生願往生
8. 慕人有如白遣賜立
9. 阿邪 此身遺也置遣
10. 四十八大願成遣賜去

轉 字 :

1. ᄃᆞ랄—아래—이—엇뎨—역
2. 西方—ᄶ장—장(?)—가—시—리—고
3. 無量壽佛前—ᄂᆡ
4. ᄌᆞ—ㅅ—고—음—하—음—ᄌᆞᆨ—支—ᄉᆞᆲ—고—시—셔
5. 다디—음—깊—시—은—ᄆᆞᄅᆞ—옷—ᄇᆞ라—울월—支
6. 두—손—몯—도—곶—오—ᄉᆞᆲ—랑
7. 願往生願往生

8. 그릴—이—잇—다—ᄉᆞᆲ—고—시—셔
9. 아—야 이—모마—기티—여—두—고
10. 四十八大願—일—고—시—가

轉 寫 :

1. ᄃᆞ라리 엇뎨역
2. 西方ᄭᆞ장 가시리고.
3. 無量壽佛前의
4. ᄂᆞᆺ곰 함즉 ᄉᆞᆲ고쇼셔.
5. 다딤 기프신 ᄆᆞᄅᆞᆺ ᄇᆞ라 울워러,
6. 두 손 모도 고조ᄉᆞᆯᄫᅡ
7. 願往生願往生
8. 그리리 잇다 ᄉᆞᆲ고쇼셔.
9. 아야 이 모마 기텨 두고
10. 四十八大願 일고실가.

1. 月下伊底亦

小倉進平의 '돌애 민예'(金善琪가 이를 따른다)와 梁柱東에 비롯하는 '돌하 이제'의 두 유형을 볼 수 있으나, 양쪽 다 합당한 解讀이라고는 보기 어렵다. '月下伊'는 '月羅理'의 異樣表記로서 후자가 音讀字로만 末音添記하고 있는데 反하여 '月下伊' 쪽은 '下'의 訓 '아래'와 거기에 대한 代替添記로서의 '伊'의 附加로 이루어져 있는 것이 다를 뿐이다. 여기서 '下伊'로 '아리'를 적은 것은 慕竹旨郞歌에 두번 쓰인 '下是'가 '아리'를 나타낸 것과 同一하다. (作乎下是=일오아리, 有叱下是=이샤리)

'伊底亦'을 '이뎨=이제', '이적'으로 보는 것이 近似한 解讀같아 보이지만, 그것은 어디까지나 近似한 데 그치는 讀法이다. 著者는 두가지 難點을 지적한다. '伊'의 音이 '이'이고 뜻으로도 '이'(此)를 사전에서 찾을 수는 있지만, 語頭에서 '伊'를 音讀하여 '이'라 읽거나 訓讀하여 '이'라 읽을 例는 鄕歌 안에 존재하지 않는다고 보는 것이 著者의 見解다. 이런 자리에서의 '伊'는 전통적인 訓으로 '뎌'라 읽어 '이'(此,是)와 구별되게 되어 있는 것으로 이해된다. 한편 '底'는 音 '뎌'로 다음의 '亦'을 혹 '이'라 읽는다 해도 '제'를 나타내 주지는 않는 것이며 '제'의 先行形態로서의 '뎨'라는 것도 存在하기 힘들다. 시간을 뜻하는 '제'의 표가를 위해서라면 더 적합한 漢字들이 쓰였을 것이 기대된다.

小倉進平이 '底亦'을 떼어 읽은 것은 매우 타당한 處事이나 이것을 '맏예'라고 읽은 것은 우리를 크게 실망시키는 일이다. 특히 處格이 '예'로 나온다는 것은 있을 수 없는 노릇으로, '月下伊'의 '下伊'를 '햇'으로 읽은 것과 함께 牽强之策이라 아니할 수 없다. 더우기 '月下伊'를 'ᄃᆞ라리'로 하여 主格으로 본 지금에 있어서는 의미면으로도 取할 수 없는 讀法이다.

'底'는 副詞的 의미로는 '어찌하여'를 뜻한다. 따라서 '亦'을 末音添記로 하여 여기 實在하는 것은 中世語의 '엇뎨'에 해당하는 疑問副詞인 것이다. '엇뎨'를 '엇디ᄒᆞ야'의 축약으로 성립된 語形이라 볼 수 있다면 '亦'의 末音으로서의 'ㄱ'까지도 이른바 强調形을 반영한 것이라고 받아들일 수 있을 것이다.

'엇뎨'의 존재를 確固不動하게 해 주는 것은 둘째 行에 이어지는 이 文章의 末尾가 語尾 '-고'로 끝나 있다는 사실이다. '-고'로 끝나는 의문문에는 疑問辭가 들어 있어야 하는 법인데, 현재의 문맥에서 '底亦'을 제외하고는 달리 疑問辭를 찾을 자리는 없는 것이다.

'底亦=엇뎨역'의 확인은 第一 第二行으로 이루어진 첫 문장의 의미만이 아니라, 그 다음 부분과의 의미 연결에 대해서도 중요한 전환을 가져온다. '달님이 어찌하여 西方까지 가시겠읍니까.'라는 물음 속에는 달의 使命이 旣定 事實로 내포되어 있는 것이다. '달님이 이 세상에서 일어나고 있는 일들을 阿彌陀佛께 보고할 사명을 띄고 西方으로 가는 것입니다'라는 대답이 이 의문문에는 함축되어 있는 것으로 달의 西方行은 有意志的, 有目的的 행동인 것이다.

'ᄃᆞᆯ하 이제 西方ᄭᆞ장 가샤리고'라 하였을 때에는 달이 다른 목적으로

西方에 가는 것일 수도 있고, 가는 길이니 내 부탁 좀 들어 阿彌陀佛께 말씀 전해 주시오 하는 내용이 될 수도 있지만, 지금의 우리에게 있어서는 阿彌陀佛을 찾아 뵙고 이 세상에 대한 報告를 드리는 것이 달의 西方行의 目的이요, 보고할 때에 내 말씀 잊지 말고 해 주시오 하는 부탁이 되는 것이다.

2. 西方念丁去賜里遣

'西方念丁'의 '念丁'에 대하여는 吏讀의 讀法에 의거한 梁柱東의 'ᄯᆞ장'을 긍정적으로 따르나, 이는 또다른 吏讀 讀法 '너머'와 함께 후세의 변경된 讀法일 가능성이 크다[31].

3. 無量壽佛前乃

'前'字의 末音이 '乃'의 頭音으로 확인되어 있으므로 '前'字까지는 漢字語로 音讀해야 할 것이다.

4. 惱叱古音鄕言云報言也多可支白遣賜立

'惱叱古音如可支'에 대하여는 小倉進平의 '뉘웃기이다가', 梁柱東의 '닏곰다가', 金善琪의 '노오곰 까가디', 徐在克의 '뉘으즐 오람 합ᄌᆞ키', 金俊榮의 '늣곰다갓'등 다양한 해독들이 있으나, '惱'字를 나름대로 音讀했다는 점에서는 공통적이다. 한편 의미면에서는 梁柱東의 '닏곰다가'系(池憲英, 金善琪, 金俊榮)와 小倉進平의 '뉘웃'系(徐在克)의 차이가 있고 또한 '惱叱古音如可支'를 한 단어로 보느냐 두개 이상의 단어로 보느냐 하는 (金善琪, 徐在克) 구별이 있다.

梁柱東에 의해 대표되는 '닏곰다가'에 있어서는 첫째로 意味 脈絡의 모순을 지적할 수 있으니, '잠자코 있다가 말씀 드리소서'한다면 모르되, '말하다가 말씀 드리소서'라는 표현은 성립되지 않는다. 그의 釋詞에는 '일러다가 사뢰소서'라 하여 '가져다가 그분께 드리시오'式의 文理를 애

31) '所只', '己只'가 'ᄶᅡ지'(<ᄯᆞ지)라 읽히고 있는 것과 비슷한 경로를 거쳤을 것이 想定된다.

써 끌어 들이려 한 노력이 보이나, '일러'의 '러'는 그의 마음 속에만 있는 것이요 文面에 나타나 있는 것이 아니다. 더우기 동사 '니르다'가 '니르-~닐-'의 어간 교체를 보이기는 하지만 '닐-'이 되는 것은 모음 어미 앞에서만이요 자음 앞에서까지 '닐-'이 될 수도 없는 것이요, 설사 '닐-'의 古形이 그가 생각한 것처럼 '닏-'이었다 하더라도 '니'가 '惱'로 적히고 'ㄷ'이 '叱'로 적힌다는 것은 생각할 수 없는 일이다. 거기에다 '古'의 'ㄱ'은 있으나마나 한 존재가 되어 버리고 있다.

金俊榮의 '놋곰다갌'은 '니'와 '惱'의 괴리를 의식하고서의 改讀이지만 '닏-'이 '놋-'으로 소급될 길은 없는 것이요, 金善琪의 '노오곰'은 현대어의 '뇌까리다'를 염두에 두고 '惱'에 근접시키는 데는 성공하였으나, 의미면에서의 새로운 짐, 즉 '뇌까리다'가 고대에는 '卑語'가 아니었음을 증명해야 하는 짐이 생긴다.

'뉘웃' 쪽은 그것이 俠註에서 말하는 '報言'의 내용과 거리가 너무 멀다는 데에 가장 큰 難點이 있다. '뉘우치다가'든 '뉘우침'이든, 그러한 뜻이라면 의당 '鄕言云懺悔也'라고 했을 일이지 '報言'이라고 하지는 않았을 것이다.

著者는 '惱叱古音'이라는 말 아래에 붙은 俠註 '鄕言云報言也'의 존재를 重視한다. 다른 곳에서는 볼 수 없는 일로서 언제 누가 붙인 것인지 모르지만(一然이 붙였을 가능성과 함께 三國遺事에 採錄되기 이전에 이미 이런 注記를 가지고 있었을 가능성도 있다.) 그때 이미 罕用에 속했던 語詞임을 보여 주는 것이 아닐까 한다. '惱叱古音'을 표기대로 읽어도(音讀으로 또는 義訓讀으로) 읽는 사람이 그 뜻을 제대로 파악하기 힘들지 않을까 염려하였기에 이러한 注記를 붙인 것이지 凡常한 단어에 부질없이 의미를 부연한 것은 아니겠기 때문이다.

著者는 '報言'이라는 證言을 액면대로 받아 들여 '報告의 말씀'이라고 해석한다. 이 세상에서 달이 굽어 살핀 것을 阿彌陀佛에게 보고한다는 뜻이다. '惱叱古音'은 音讀한다면 '놋곰'이겠고, 첫머리를 訓讀한다면 動詞 'ᄌᆞᆫ-'(勞)의 轉成名詞 또는 動名詞形을 義訓借한 'ᄌᆞ곰'이겠으나, 어느 쪽도 후세에 그 對應形을 발견할 수가 없다. 著者는 표기의 일반 원칙에 따라 '곳곰' 쪽을 선택하며 이 語詞가 꽤 이른 시기에 廢語化된 것으로 가정해 둔다.

'多可支'을 '다가'로 音讀하며 '惱叱古音' 자체를 동사형으로 보는 태도는 그것이 小倉進平의 '뉘웃기이다가'이든 梁柱東의 '낟곰다가'이든 이를 일체 배격한다. 그것은 '多可' 아래에 指定文字 '支'이 있어 그 두 字를 '다가'로 音讀하는 것을 許用하고 있지 않기 때문이다.

'多可支'을 '惱叱古音'에서 떼어내어 별도의 단어로 본 金善琪, 徐在克의 태도는 타당한 것이었으며, 徐在克이 '支'字에 잡혀 添加한 '히'를 除去하면 그가 想定한 '함즈키'는 정확한 해독이었다고 본다. '多'의 訓 '하'와 '可'에 대한 '-암즉'의 결합으로 徐在克이 方言에서의 存在를 증언한 '함즉'이 된다.

'惱叱古音'에 대한 '뉘으즐 오람'도 徐在克의 또하나의 苦心作이지만, 그 내용이 '報言'에 직결되는 것이 아닌데다가 이 대문에서의 '報告'는 한 개인(이 노래의 辭說者)에 관한 것이 아니고 이 세상에 대한 전반적 보고로서 하나도 빼지 말고 모두 사뢰라는 곳이기에 의미상으로도 이 문맥에 맞지 않는다. 이 세상에 대한 보고를 細細히 죄다 사뢸 때에 다음 문장에서 언급될 精進하는 개인의 얘기가 들어갈 수 있는 餘地가 마련되는 것이다.

'白遣賜立'는 '-고라'形의 경어체로 '숣고쇼셔'라 옮겨지는데, 과거의 해석처럼 '시'와 '셔' 사이에 모음을 보충하여 '-샤셔'라고 읽을 수 있는가는 '賜'가 나타나는 많은 다른 例들과 함께 앞으로의 연구 과제라 할 것이다.

5. 誓音深史隱尊衣希仰支

'誓音深史隱'까지에서는, 이례적으로 '史'가 '賜' 대신에 쓰였음이 주목될 뿐, 해석에 있어서는 梁柱東의 테두리를 벗어날 수 없으나, 그 이하는 근본적으로 재검토되어야 할 부분이다.

먼저 '𢒟'은 訓讀하여 '므ᄅᆞ'라 할 곳이다. '므ᄅᆞ'(𢒟)는 '宗'이나 '嶺'을 뜻하는 'ᄆᆞᄅᆞ'와 같은 기원일 것으로 추측된다.

다음 '衣希'를 '에' 또는 '에게'의 뜻으로 '에', '어히', '으희', 'ᄋᆞ희'등으로 읽는 것은 타당치 않다. 梁柱東의 釋詞가 '𢒟을 우러러'라고 하고 있는 것처럼 동사 '우럴다'의 목적어로서의 '𢒟'은 對格 이외의 것이어서는 안된다. '𢒟'에 붙는 접미사는 '衣'뿐이고 '希'는 다음의 '仰'과 어울러 복합동사를 이룬다는 것이 著者의 견해다. '衣'는 訓讀하여 '옷'이다. 强勢의 添辭라 일컬어 子音 아래에서는 '곳', 母音 아래에서는 '옷'으로 나타나는 형태소로서 여기서 '옷'이 되어 있는 것은 '𢒟'이 모음으로 끝나는 '므ᄅᆞ'인 것을 뒷받침한다.[32] 慕竹旨郎歌에서의 '阿冬音乃叱好支賜乎隱貌史'와 '目煙廻於尸七史伊衣'에서 각각 '乃叱'과 '衣'로 '곳'과 '옷'이 확인되는 것이다.

'希仰攴'는 '攴'에 의하여 訓讀될 것이 指示되어 있을 뿐 어미의 표기가 없으나, 문맥으로 보아 'ᄇᆞ라우뤄러'라 읽힐 곳이다.

6. 兩手集刀花乎白良

'兩手'에 대하여는 '두 손'과 '두블 손'의 두 유형의 해독이 있으나 '二', '二尸'의 표기를 '두볼'로 할 때 '兩'을 '두'로 읽는 것은 자연스러운 일이라고 본다. '一'의 경우 名詞形과 冠形詞形이 다 같이 '一等'임을 확인할 수 있지만, 그렇다고 모든 數詞에 있어서도 명사형과 관형사형의 구별이 있어서는 안된다는 논리는 성립되지 않는다.

'集刀花乎白良'에 대하여는 小倉進平의 '모도와ᄉᆞᆲ바'에 비롯하여 梁柱東의 '모도호ᄉᆞᆲ바'에서 개량을 본 한 흐름이 있어 왔으나, 金善琪와 金俊榮에게서 '花乎'를 별개의 어간으로 보아 '곧고', '고조'까지의 발전을 본 것은 반가운 일이었다. 著者는 禱千手觀音歌에서의 '膝肹古召旀'의 '古召旀'가 '고조며'의 표기일 수 없다고 보는 것인데, 거기에서 부정한 같은 語詞를 여기 다른 모습의 義訓借 표기로 회복하는 것이다. 다만 '花

32) '𢒟'에 대한 '므ᄅᆞ'는 注解千字文의 '므ᄅᆞ 종 𢒟也'에 의거한다.

乎'가 '고조'냐 '고초'냐는 '乎'의 音讀 全般에 관한 문제로 좀더 연구되어야 할 성질의 것이다. 종래의 해독 '모도호술바'는 '花乎'를 합쳐서 '호'라 읽는 논리와 함께 형태론적으로도 받아 들이기 힘든 '모도호-'라는 어간을 전제로 하는 기이한 해독이었던 것이다. 中世語에서 우리가 보는 '集'의 뜻의 어간으로는 '몯-'과 그 使役形으로서의 '모도-', 그리고 거기에 경쟁되는 '뫼호-～모호-'가 존재하였을 뿐, 梁柱東이 생각했던 '모도호'라는 형태는 현대에 이르기까지 存在한 일이 없는 것이다.

7. 願往生願往生

句 전체가 해독의 대상에서는 벗어나는 것이지만, 鄕歌의 韻律을 논할 때에는 가장 신뢰할 수 있는 기준이 되는 것이 지금과 같이 全句가 漢字語로 되어 있는 경우이다. 著者에게 있어 '三句六名'이란 1, 3, 7의 세 句가 6音節로 되어 있음을 말함인데, 願往生歌의 第七句도 바로 이런 질서를 반영하는 예가 된다.

8. 慕人有如白遣賜立

'慕人'은 前行의 '願往生願往生'을 이어받아야 하므로 漢字語(池憲英의 견해)로 보기는 어렵겠고 末音添記가 극단적으로 생략된 예라 하겠는데, 지금까지의 견해로는 小倉進平에서 梁柱東을 거쳐 내려오는 '그릴'과 그에 대립되는 金善琪의 '그리논'이 있다. 현대적 감각에서 말한다면 후자가 더 어울리는 것 같이 느껴지지만 '牧童'을 '쇼칠 아히'라 할 수 있었던 中世 이전의 언어 질서에서는 '-을'이 미래만이 아니라 관습화된 행동을 나타낼 수 있는 것이므로, '그릴'로도 無妨한 것이다. 오히려 '그리논'은 '慕(理)內乎隱'으로서 '慕(理)尸'의 경우보다 생략의 가능성이 희박하다 할 것이다. 著者는 한 걸음 더 나아가 그 밑에 있는 '人'字를 '사룸'으로 해독할 것이 아니라 '사람'을 뜻하는 의존명사 '이'로 보아 '그릴이' 즉 '그리리'의 표기가 아니었을까 추측한다. '有如'에는 '잇다' 이외의 의견이 있을 수 없고, '白遣賜立'는 이미 앞에서 보았던 표현이다.

9. 阿邪 此身遺也置遣

'阿邪'는 '아야', 그러나 '此身'은 '이 몸'이 아닌 '이 모마'라야 한다. 古代語形이 '모마'라야 함은 '身萬隱'의 표기에서 확인되는 것이다. 이 명사는 모든 위치에서 고정적으로 '모마'로 나타나는 것이 아니어서 '身靡只'과 같은 경우에는 '몸'이라는 異形態를 보였었다.

여기서의 '이 몸'은 자기자신을 가리키는 대명사적 용례다. '기뎌 두고=遣也 置古'는 '남겨 두고', '除外해 두고'의 뜻이니, 阿彌陀佛의 發願에서 正法을 毁損한 者와 五惡을 저지른 者를 제외하고는 모든 사람을 往生케 할 것이 誓願되어 있기 때문에 '이 몸'도 거기에서 제외되지 않기를 祈求하고 있는 것이다. 따라서 梁柱東에 비롯되는 '기뎌 두고' 이하 다음의 第十句까지의 해독은 正鵠을 얻고 있는 것이요, 金善琪가 假定한 것과 같은 '遺也→遣也', '成遣賜去→成遣賜立'와 같은 文面 修正은 불필요한 것이다.

10. 四十八大願成遣賜去

7,8句에서 본 바와 같이 달이 '阿彌陀佛께 '이 몸'에 관한 보고를 하여 주면, 阿彌陀佛이 四十八大願을 成就하시는 날 나를 빼놓으실 일이 있겠는가 하는 뜻이다. '成遣賜去'의 '遣'은 中世語에서의 '일오-'의 '오'에 해당하는 것인데, 여기 '고'로 표기되어 있는 것이 주목된다. '賜' 아래에서는 '尸'의 생략이 보이니, 이 노래의 표기는 상당히 粗略한 性向의 것임을 알 수 있게 하는 또 하나의 예가 된다.

現代語譯 :

달이 어째서
西方까지 가시겠읍니까.
無量壽佛前에
報告의 말씀 빠짐없이 사뢰소서.

誓願 깊으신 부처님을 우러러 바라보며,
願往生願往生
두 손 곧추 모아
그리는 이 있다 사뢰소서.
아아, 이 몸 남겨 두고
四十八大願 이루실까.

X. 兜率歌

1. 今日此矣散花唱良
2. 巴寶白乎隱花良汝隱
3. 直等隱心音矣命叱使以惡只
4. 彌勒座主陪立羅良

解 詩:

1. 龍樓此日散花歌
2. 挑送青雲一片花
3. 殷重直心之所使
4. 遠邀兜率大僊家

轉 字:

1. 오—ᄂᆞᆯ—이—의—散花—ᄇᆞᆯ—랑
2. 보—보—ᄉᆞᆲ—오—ᄋᆞᆫ—곶—랑—너—온
3. 곧—ᄃᆞᆼ—ᄋᆞᆫ—ᄆᆞᅀᆞᆷ—ᄋᆞᆷ—의—命—ㅅ—브리—이—악—ㄱ
4. 彌勒座主—모리—셔—벌—랑

轉 寫:

1. 오ᄂᆞᆯ 이에 散花 ᄇᆞᆯ러
2. 보보ᄉᆞᆯ본 고자 너는,
3. 고ᄃᆞᆫ ᄆᆞᅀᆞ미 命ㅅ 브리이악

4. 彌勒座主 모리셔 벌라.

1. 今日此矣散花唱良

小倉進平에게 있어 이미 '오늘 이예 散花 블러'에의 도달을 볼 수 있었고, 梁柱東이 文獻例에 따라 '이예→이에'의 변경을 본 곳이다. 정통적인 표기 덕분에 揷疑의 여지가 없다.

2. 巴寶白乎隱花良汝隱

'巴寶'에 대하여는 金善琪가 '寶'字를 訓讀하여 'ᄇᆞᆯ'이라 하고 있는 것을 제외하고는 내리 音讀하는 태도들을 보여 왔으나, 해독 내용은 서로 많은 차이를 보였었다. 小倉進平의 '베푸숩본'은 '巴寶'의 音相에서 너무 거리가 먼 것이고, 梁柱東의 '셔쑬본'은 동사 '뺑다'의 古形으로 잡은 것이나 中世形이 '비ᄒᆞ-'이고 보면 그 先行形이 '巴寶'일 수는 없고, 金善琪의 'ᄇᆞᆯ'도 그 特有의 논리에 의하는 것이기는 하지만 '뻘'의 先行形일 수 없다는 점에서 모두 적합한 것이 아니었다. 徐在克에 이르러 解詩의 '挑'字와의 관련하에 中世語의 '봅놀-', '봅뇌-'의 '봅-'에 대한 주목이 이루어져 '巴寶'를 'ᄇᆞ보'로까지 읽게 된 것은 큰 발전이었으나, 金俊榮의 '보보'를 더 현실적인 것으로 본다. 徐在克이 '巴=ᄇᆞ'로 한 것은 그 現代音이 母音 '아'를 가졌다는 것과 '巴寶의 '寶'가 마침 '보'音의 字로서 그것과 차이를 두려한 配慮의 결과가 아닐까 싶으나, 同字의 重複을 피하여 同音의 글자를 연결시킨 것으로 보는 것이 자연스러울 것이다.

著者는 新方言 釋形體 條에 '說文, 鬴, 頻也云云, 今揚州安慶皆謂頻爲鬴書如巴'라 했음을 주목한다. '볼'을 뜻하는 '鬴'를 '巴'字처럼 쓴다는 것이니, 여기 '巴寶'의 '巴'를 '보'라 읽는 것은 '巴'(파)의 우리 古音이 '보'이었던 데 말미암는 것이 아니라, '巴' 비슷한 '巴'(보)字를 받아 들여 사용한 데 기원하는 것이겠다.

人名, 地名의 표기에서 '巴'字가 '보'音의 字들과 等價로 쓰일 수 있었던 것은 잘 알려진 사실이다.

'汝隱'이 '너는'이냐 '너은'이냐 또는 '넌'이냐 하는 것은 확실한 결정을 짓기가 아직은 어렵다. 主題格의 표시가 '隱'으로 밖에는 나타나지 않지만, 그것이 重加形 '는' 축약형 'ㄴ'의 不在까지를 말해 주지는 않기 때문이다.

3. 直等隱心音矣命叱使以惡只

투명한 표기 덕택에 이 句節의 해독에서도 큰 혼돈은 일지 않았었다. '直等隱心音矣'까지는 小倉進平의 해독으로 충분하며, '命叱'의 '叱'이 'ㅅ'임이 梁柱東에 의하여 확립되고, '使以惡只'의 '惡只'가 徐在克에 의해 '악'으로 읽히므로써 一段의 整理가 끝난 것처럼 보인다.

그러나 著者는 이 句의 해독에서 매우 중요한 사실 하나가 看過되었음을 지적하지 않을 수 없다. 小倉進平의 '바려'에 시작하여 梁柱東이 'ᄇᆞ리ᅀᆞᆸ디'로 전환한 이후에도 계속되어 온 '使以惡只'의 '使以'의 의미에 대한 반성의 缺如가 그것이니 '使以'를 'ᄇᆞ리-'로 하고 있는 한, 문맥이 제대로 통한다고 할 수 없을 것이며, 解詩의 뜻에도 맞는다 할 수 없을 것이다.

解詩 셋째 줄의 '殷重直心之所使'에서 부리는 행동의 主體는 '直心'이며 그 부림을 받는 것은 앞줄의 '一片花'인데, 本歌의 해독에서 '고둔 ᄆᆞᅀᆞ미 命ㅅ ᄇᆞ리악'한다면, 타동사 'ᄇᆞ리악'의 주어는 앞줄의 '너는=汝隱'이고 '고둔 ᄆᆞᅀᆞᆷ의 命ㅅ'이 그 목적어가 되므로써 解詩의 내용과 달라진다.

小倉進平은 '使以惡只=바려'를 '심부름 하여'라 번역하였고, 이 해석은 梁柱東에 의하여 그의 'ᄇᆞ리ᅀᆞᆸ디'의 뜻으로 그대로 받아 들여져 '곧은 마음의 命을 심부름하여'가 되고, 그후 金俊榮의 '부리어(=받들어)'에 이르기까지 이 부분의 문장 구조에 대한 인식에는 이렇다 할 변화가 없어 왔다.

'부리다'에 정말 '받들다'의 의미가 있다든지 타동사로서 '심부름하다'의 뜻이 있다든지 하다면 물론 그것으로 足하겠지만, 中世에 있어서고 現

代에 있어서고 도시 '부리다'에 그런 의미는 존재하지 않는 데에 문제가 있다. 漢字의 '使'字에 '심부름하다', '使臣이 되어 가다'라는 의미가 있기는 하지만, 그것은 어디까지나 자동사로서의 용법이지 타동사로서 그렇게 쓰이는 일은 없는 것인데, 小倉進平이 解詩의 '直心之所使'에 맞추어 말하자면 지어낸 타동사로서의 '심부름하다'가 끝내 止揚되지 못하고 傳存되어 온 것은 유감스러운 일이었다.

'브리다=심부름하다'가 虛構라면 우리에게 어떠한 代案이 존재하는 것일까. 著者는 '使以惡只'에서 '以'字로써 '브리-'의 末音添記를 삼은 데 誤謬의 원천이 있었음을 지적하며 '브리이악'이라는 해독을 제시한다. '以'는 '브리-'에서의 '리'의 '이'를 나타내는 것이 아니라 그 피동형 '브리이-'의 末音 '이'를 적은 것이라는 논리다.

그러므로써 '고든 ᄆᆞᅀᆞᄆᆡ 命ㅅ 브리이악'은 그대로 '殷重直心之所使'에 一致하게 되는 것이니, 형식상의 주어 '너=곶'은 의미상의 목적어가 되고 부리는 主體는 'ᄆᆞᅀᆞᄆᆡ 命'이 된다. 다만 의미상의 주어에 붙는 여격 또는 처격의 접미사가 생략된 것이 문제이나, 이는 어디까지나 현대어에서의 문제이고 中世 이전에 있어서는 지금과 같이 여격의 생략이 가능했던 것으로 보인다.

'나라홀 아ᅀᆞ 맛디시고'는 月印釋譜에 나오는 유명한 구절이거니와, 현대어에서라면 '나라를 아우 맡기시고'라는 말이 성립되지 않음을 상기할 일이다.

4. 彌勒座主陪立羅良

'陪立羅良'에 대하여는 '뫼셔러라'(小倉進平) '뫼셔롸'(梁柱東), '모셔라'(池憲英), 뫼시라라'(金善琪), '뫼셔라'(徐在克, 金俊榮) 등으로 다양한 해독이 보인다. 주로 '羅良'에 대한 견해의 차이들인데, '羅'를 살려 읽으면 語法에 걸리고, 그렇다고 '羅'를 빼고 읽으면 해독이 正道에서 벗어나는 것이 된다.

著者는 이 進退兩難의 상황을 극복하는 길을 '羅'의 訓讀에서 찾는다.

'羅'는 동사로서 '벌-'을 의미하기 때문에 '羅良'로서 '벌라'(羅立하라)가 되는 것이다.

한편 '陪立'은 '뫼셔' 아닌 '모리셔'라 읽는데, 이는 禮敬諸佛歌의 '邀里白乎隱'의 '里'를 동사 '邀'의 語幹 末音으로 보기 때문이다. 종래의 해독들에서처럼 이 '里'를 미래형 어미 '리'라 한다면 '숣' 앞에 어미 '리'를 가지는 모순이 되기 때문이니, 中世語의 '뫼-'에 대한 古代語의 대응형을 '모리-'로 잡음으로써 그러한 無理를 피할 수 있는 것이다.

中世語에 '뫼-'에 대한 경쟁형으로 '뫼시-'가 존재하였음을 우리는 알거니와, 이 후자에서의 '시'는 존경의 접미사 '시'에 유래하는 것일 수 없고 복합동사 '뫼셔-'의 誤分析에서 나온 것이라 추측되는데, '陪立'은 文字 그대로 이 복합동사에 해당한다.

現代語譯 :

오늘 이에 散花 불러
솟아나게 한 꽃아 너는,
곧은 마음의 命에 부리워져
彌勒座主 뫼셔 羅立하라.

XI. 祭亡妹歌

1. 生死路隱
2. 此矣有阿米次肹伊遣
3. 吾隱去內如辭叱都
4. 毛如云遣去內尼叱古
5. 於內秋察早隱風未
6. 此矣彼矣浮良落尸葉如
7. 一等隱枝良出古
8. 去奴隱處毛冬乎丁

9. 阿也 彌陀刹良逢乎吾

10. 道修良待是古如

轉 字 :

1. 生死—길—은
2. 이—의—잇—아—ᄆᆡ—머믓—홀—이—고
3. 나—은—가—ᄂᆞ—다—말—ㅅ—도
4. 몯—다—니르—고—가—ᄂᆞ—니—ㅅ—고
5. 어—ᄂᆞ—ᄀᆞ술—찰—이르—은—ᄇᆞᄅᆞᆷ—ᄆᆡ
6. 이—의—뎌—의—ᄠᅳ—랑—디—ㄹ—닢—ᄀᆞᆫ
7. ᄒᆞᄃᆞᆫ—등—은—가지—랑—나—고
8. 가—노—은—곧—몯—ᄃᆞᆯ—오—뎡
9. 아—야 彌陀刹—랑—맛보—오—나
10. 道—ᄃᆞᆰ—랑—기드리—이—고—다

轉 寫 :

1. 生死 길ᄒᆞᆫ
2. 이에 이샤매 머믓그리고,
3. 나ᄂᆞᆫ 가ᄂᆞ다 말ㅅ도
4. 몯다 니르고 가ᄂᆞ닛고.
5. 어느 ᄀᆞ술 이른 ᄇᆞᄅᆞ매
6. 이에 뎌에 ᄠᅳ러딜 닙ᄀᆞᆫ.
7. ᄒᆞᄃᆞᆫ 가지라 나고
8. 가논 곧 모ᄃᆞ론뎌.
9. 아야 彌陀刹아 맛보올 나
10. 道 ᄃᆞᆺ가 기드리고다.

1. 生死路隱

'生死路ᄂᆞᆫ', '生死길ᄒᆞᆫ', '죽사리길ᄒᆞᆫ'이 다 가능하나 그 가운데 둘째 것을 택한다.

2. 此矣有阿米次肹伊遣

金善琪만이 '米次肹伊遣'를 한 단어로 세우고, 다른 사람은 모두 '米'字까지를 끊어 '次肹伊遣'를 한 단어로 삼고 있다. 이에 대하여는 小倉進平과 梁柱東의 '저히고'(두려워하게 하고), 池憲英의 'ㅈ흘이고'(낳[?나]고), 徐在克의 '멉흐리견'(머므르게 하고), 金俊榮의 'ㅈ흘이고'(죽고)에 前記 金善琪가 '米'字까지를 붙여 '마이자깔이고'(머무적거리고)라 하는 등 可히 難解語로서의 참 面目을 발휘하고 있는 느낌이다.

著者는 '次'字를 訓讀한 徐在克의 태도에 찬동하나 그가 이해한 것처럼 '靈駕를 머무르게 하고'의 뜻이라면 그런 문맥에서의 '靈駕' 같이 중요한 단어가 생략될 수는 없다고 본다. 著者는 여기서의 '肹伊'를 獻花歌의 '慚肹伊賜等'의 '肹伊'와 같이 '그리'의 표기로 보고 '次'의 訓讀을 '머뭇'으로 하여 '머뭇그리고'(=머뭇거리고)의 해독을 하여 의미상으로는 金善琪와 뜻을 같이하는데, 다만 여기서의 '-그리-'가 현대어의 '-거리-'에 이어지는가가 문제로 남는다.[33]

'……米'는 향가의 서두에 잘 나타나는 형식이거니와, '有阿米'에서의 '阿'는 주목될 존재다. '-온'에 대한 '-안', '-ᄋᆞ니'에 대한 '-아니'와 같이 '-ᄋᆞ매'에 대한 '-아매'의 존재를 말해 준다.

3. 吾隱去內如辭叱都

梁柱東에게서 해독의 完成을 본 구절이다.

4. 毛如云遣去內尼叱古

당연히 '니르고'로 했어야 할 '云遣'가 願往生歌의 '惱叱古音'에 대한 무리한 논리의 餘波로 梁柱東으로부터 시작하여 한 동안 '닏고'로 昏迷를 보였던 구절이다. 그 밖에는 해독상으로 이렇다 할 문제점이 없지만, 文末이 '-고'로 끝나 있음은 주목할만하다. 비록 文面에 疑問辭가 나타나

33) 遇賊歌에서의 '次弗'(→物)은 '머믈-'로 읽힌다.

있지는 않지만, 떠난다는 말도 채 맺지 못하고 어떻게 그리 매정하게 떠나가느냐는 뜻이 함축되어 있는 것을 의미하는 것이 아닐까 한다.

5. 於內秋察早隱風未

역시 투명한 표기로 된 句로 문제될 바가 없다.

6. 此矣彼矣浮良落尸葉如

'浮良落尸'에 대하여는 '떠딜'과 '떠러딜'의 두 對應形이 있기 때문에 자연 해독에도 그것이 반영되어 있는데, 표기를 고지식하게 읽으면 '뜨러딜'이 될 것이 아닌가 생각한다. 모음으로 끝난 어간 밑에서는 '良'字의 'ㄹ'을 살려 읽는 것이 著者의 기본 태도이거니와, '뜨러딜'이 먼저 있고 '뜨-'+'-어'로 이루어진 '떠딜'의 영향하에 '떠러딜'이 생겨났던 것이라고 추측한다. 또한 '浮良落尸'의 '浮良'은 義訓借가 아니라 정직한 복합동사의 표기로 보인다. 月明師의 두 작품, 兜率歌와 祭亡妹歌에는 義訓借라고 할만한 것이 없고, 그만큼 이 두 작품의 해독은 평탄하다고 할 수 있다.

句末의 '如'字는 徐在克이 본 것과 같이 '곧'이라야 옳은 곳, 安民歌에서의 '如'字의 용법이 '君君, 臣臣, 子子'식의 동질성을 바탕으로 한 것임에 반하여 여기서의 '如'字는 비유를 위한 것이기 때문이다.

7. 一等隱枝良出古

'枝良'에서 '良'을 '라'로 읽는 것이 다른 사람들의 경우와 다르다.

8. 去奴隱處毛冬乎丁

과연 小倉進平, 金善琪, 그리고 徐在克처럼 '丁'字의 末音 'ㆁ'을 읽을 것이냐 하는 말단적인 문제를 제외하고는 梁柱東에서 完成되었다 할 구절이다.

9. 阿也 彌陀刹良逢乎吾

여기 '良'字는 徐在克과 같이 '아'로 읽으나, '逢乎吾'는 역시 梁柱東

처럼 '맛보올 나'로 하는 것이 의미 맥락상으로도 좋을 것이다.

10. **道修良待是古如**

'古'는 安民歌에서의 '知古如'와 같이 未來를 나타내는 어미다.

現代語譯 :

生死 길은
예 있으매 머뭇거리고,
나는 간다는 말도
몯다 이르고 어찌 갑니까.
어느 가을 이른 바람에
이에 저에 떨어질 잎처럼,
한 가지에 나고
가는 곳 모르온저.
아아, 彌陀刹에서 만날 나
道 닦아 기다리겠노라.

XII. 彗星歌

1. 舊理東尸汀叱
2. 乾達婆矣游烏隱城叱肹良望良古
3. 倭理叱軍置來叱多
4. 烽燒邪隱邊也藪耶
5. 三花矣岳音見賜烏尸聞古
6. 月置八切爾數於將來尸波衣
7. 道尸掃尸星利望良古
8. 彗星也白反也人是有叱多
9. 後句 達阿羅浮去伊叱等邪

10. 此也友物比所音叱彗叱只有叱故

轉 字:

1. 녀리—리—실—근—믌ㄹ—ㅅ
2. 乾達婆—의—놀—오—은—잣—ㅅ—흘—랑—ㅂ라—랑—고
3. 여리—리—ㅅ—軍—두—오—ㅅ—다
4. 쇄—티—야—은—어여—여—수플—야
5. 三花—의—오롬—음—보—시—오—근—듣—고
6. ᄃᆞ라라—두—ᄀᆞᄅᆞ—긎—이—잣—어—려—근—바—의
7. 길—근—쁠—근—벼리—리—ㅂ라—랑—고
8. 彗星—여—솞—반—여—사ᄅᆞᆷ—이—잇—ㅅ—다
9. 아야 달—아—라—뼈—가—이—ㅅ—둥—야
10. 이—여—버믈—믈—므슴—소—음—ㅅ—彗—ㅅ—다ᄆᆞᆫ—잇—ㅅ—고

轉 寫:

1. 녀리 실 믌ㄹ
2. 乾達婆의 노론 자솔랑 ㅂ라고,
3. 여릿 軍도 왯다
4. 쇄 티얀 어여 수프리야.
5. 三花의 오롬 보시올 듣고
6. ᄃᆞ라라도 ᄀᆞᄅᆞ그ᇫ 자자렬 바에,
7. 길 쁠 벼리 ㅂ라고
8. 彗星이여 솔바녀 사ᄅᆞ미 잇다.
9. 아야 ᄃᆞ라라 뼈갯ᄃᆞ야.
10. 이예 버믈 므슴ㅅ 彗ㅅ 다ᄆᆞᆫ닛고.

1. 舊理東尸汀叱

'舊理'의 末音添記 '理'字는 어느 경우에나 '리'를 적기 위한 것이지, 既往의 解讀者들이 생각했던 것처럼 略音借되어 'ㅣ'나 'ㄹ'을 나타내

는 일이란 없는 것으로 안다. 中世語의 對應形은 '녜'이지만, 第3行의 '倭理'에 대한 '예'와 함께 古代語에서는 두 音節로 되어 있었고, 末音節이 '리'였음을 알려 준다. 우리가 이미 알고 있었던 '나리>내'(川), '누리>뉘'(世)의 범주에 드는 例들을 追加할 수 있는 것이다.

'東尸'은 '尸'로서 末音이 'ㄹ'인 것만은 확실하나 '東'을 의미하는 固有語가 中世語 資料에 文證되어 있지 않기 때문에 그 앞 部分에 대한 推定은 가장 不確實한 것에 屬한다.

'汀叱'에서 '叱'이 '믌ㄡ'의 末音에 해당하는 것으로 판단하여 從來대로 읽은 것이다. 같은 '汀'字를 使用한 것이지만, 讚耆婆郞歌의 '汀理'는 '믈서리'라 읽혀야 하는 것과는 대조적이다. 즉 鄕歌의 表記에서 '汀'字로 표시될 수 있는 語詞가 비슷한 意味이기는 하지만 둘이 있었음을 認定하는 것이다.

2. 乾達婆矣遊烏隱城叱肹良望良古

'城叱肹良'에 약간의 音韻論的 問題가 남을 뿐 解讀 自體에는 별로 큰 문제가 없는 句節이다. 對格의 표시로 '肹'이 쓰이는 것을 자주 보지만, 處格의 '希'等과 함께 果然 그 頭音 'ㅎ'을 轉寫에 反映할 것인가에는 문제가 있다. 著者는 이 形態들이 'ㅎ'末音 名詞의 曲用形에 由來하는 一種의 形態音素論的인 表記로 보고 'ㅎ'을 고지식하게 反映하지는 않는 態度로 臨하고 있다.

또 하나의 문제는 '良'字의 讀音에 관한 것인데, '等', '陵'字등과 같이 末音의 'ㆁ'이 보통은 捨象되고 쓰이지만, '城叱肹良'의 경우에는 'ㆁ'音까지를 認定해야 할 것으로 생각한다. 中世語의 '으란'을 제쳐 놓고 近世語의 '을랑'에 더 가깝게 보이는 것은 앞으로 연구될 문제중의 하나라 할 것이다.

3. 倭理叱軍置來叱多

'倭理'는 1)의 '舊理'條에서 言及했던 것처럼, '여리'라야 하는 곳, 過

去의 해독중에서는 徐在克만이 正解를 보이고 있다. 다만 의아하게 생각되는 것은 '倭理'를 '여리'로 해석할 수 있던 그에게 있어 '舊理'에 대해서는 왜 '녀리'를 想定하지 않고 '옛누리'라는 迂遠한 길을 택했을까 하는 점이다.

'軍置'에서는 '軍'에 대한 訓이 傳存되어 있지 않기 때문에 解讀에서 軍을 유지하는 것은 不得已한 일일 것이다.(池憲英에게서 '옛둘두'의 解讀을 보지만 '둘'로 읽는 論理的 過程은 說明되어 있지 않다. 만약 이 '둘'이 복수 접미사를 의미하는 것이라면, 앞의 '倭理叱'이 屬格으로 되어 있어 무리한 연결이 된다.) '置'가 '두'냐 '도'냐 하는 것은 더 연구되어야 할 문제이다. '都'나 '刀'로서 '도'를 나타낸 例가 있기 때문에 여기서 '置'를 '두'로 읽는다면, 이 형태소에 대해서도 母音調和를 인정하는 것이 되는데, 中世語에서는 모음으로 시작되는 형태소들만이 母音調和에 순응하고 '도'같이 자음으로 시작되는 형태소들은 모음의 변동을 보이지 않는 것이었기 때문에, 여기서 '도' 아닌 '두'를 인정하려면 상당한 熟慮를 필요로 할 것이다.

'來叱多'에 대한 梁柱東 이래의 '옷다'는 文法的인 관점에서 보아 오히려 小倉進平의 '왓다'보다 後退된 解釋으로 생각된다. '來'의 正訓이 '오'인 것은 事實이지만 借字表記에서의 訓讀이 特히 用言의 경우 그 語幹 形態素에만 국한되는 것은 아니라고 본다. 따라서 여기서의 '來'는 '왜'까지에 해당하는 것으로 보아 '來叱多'를 '왯다'로 읽는다. 語幹 '오'에 'ㅅ다'가 直結되어 '옷다'로서 과거를 나타낸다는 것은 적어도 지금의 우리 지식으로는 생각할 수 없는 노릇이다.

4. 烽燒邪隱邊也藪耶

'烽燒邪隱'은 小倉進平의 先入見에 사로잡혀 解讀의 改善을 보지 못한 전형적인 예의 하나다. 小倉進平이 外國人으로서 '烽'의 訓讀에 想到하지 못한 것은 容或無怪한 일이겠으나, 그 後의 해독자들이 한결같이 그를 따르고 있는 것은 기이한 일이라 아니할 수 없다. '홰', '횃불'은 지금도 살아 쓰이는 語詞이기에 더욱 그러한 것이다.

'燒邪隱'의 해독 역시 小倉進平의 'ᄉᆞᆯ은'의 영향에서 벗어나지 못한 또 하나의 예이다. 梁柱東이 '邪'字에 注目한 것은 十分 妥當한 일이었지만, 小倉의 'ᄉᆞᆯ은'에 붙잡혀 끝내 'ᄉᆞᆯ얀'밖에는 實現시키지 못하였다.[34] 그러나 他動詞로서 '燒'의 뜻을 가지는 것은 'ᄉᆞᄅᆞ-'이지 'ᄉᆞᆯ이-'가 아니라는 사실이 그 다음의 金善琪, 徐在克, 金俊榮 등에게서 보는 'ᄉᆞ란', 'ᄉᆞᄅᆞᆫ' 등을 결과시켰으나, 그래 가지고는 文面의 '邪'를 만족시키지 못한다는 다른 難點에 逢着한다. 이렇게 事勢가 여의치 못할 때에는 모든 先入見을 排除하고 原點에 돌아가 다시 出發해야 한다는 것이 著者의 所信이다. 著者의 判斷으로는 自動詞 'ᄐᆞ-'(燒)의 使役形으로서의 'ᄐᆡ-'에 '-안'이 붙은 것으로 現代語의 '태운'에 해당하는 것으로 본다.

'邊也'에서도 小倉進平의 'ᄀᆞᆺ애'의 解讀이 後來者들의 方向 感覺을 마비시키고 있다. 處格에 쓰인 것이든 或은 단순히 末音添記로 쓰인 것이든 간에 '也'字가 '애'가 될 수는 없는 노릇이다. 그렇다고 池憲英의 경우처럼 名詞는 'ᄀᆞᆺ'으로 놓아 두고 '예'를 접속시킬 수도 없는 것이고, '也'字를 '邊'字와 떼어 '也藪耶'로서 '이슈라'라고 한 梁柱東의 讀法은 解讀의 常道를 더욱 벗어난 것이 된다. 이런 모순에 대한 自覺이 徐在克의 '모히여 슈라' 金俊榮의 'ᄀᆞ여슈라'라는 모습으로 나타난다. 그러나 '藪耶'를 '슈라'라고 읽는 것과 함께 '邊'字에 대한 解讀은 미봉적 차원을 止揚하여 根本的으로 再檢討되어야 한다. '藪'字는 讚耆婆郎歌의 경우에나 遇賊歌의 경우에나 訓讀하여 '수플'(또는 '숲')이라 읽을 것이지 결코 音讀될 字가 아니라는 것이 著者의 見解이거니와, '邊也'는 '어여'로서 '수플'에 붙는 固有名詞가 아닐까 하는 것이다. 後世의 文證이 時期的으로 뒤지지만 (漢淸文鑑), '귀어엿', '그릇부리 어엿'으로 나타나는 '어엿'의 古代語形이 '어여'였는지, 아니면 固有名詞 '어여'를 나타내기 위하여 '邊'의 訓 '어엿'을 利用하면서 그 末音이 '엿' 아닌 '여'임을 '也'字로 表示하였는지는 아직 알 수가 없다.

34) 본래 初版(1942)에서는 'ᄉᆞᆯᅇᅣᆫ'이었던 것을 뒤에 'ᄉᆞᆯ얀'으로 修正하였다.

5. 三花矣岳音見賜烏尸聞古

平易한 句節로서 小倉進平 이래로 別로 異見이 보이지 않는 곳이다. 다만 池憲英에게 '三花'에 (ᄉᆞᄂᆞ)의 別解가 있고, '岳音'은 'ᄃᆞ리'로 하면서 '오름'을 別解로 하고 있는 것이 눈에 띌 程度다.

6. 月置八切爾數於將來尸波衣

'月'은 中世語의 '돌'과는 달리 'ᄃᆞ라라~ᄃᆞ랄'의 語形을 가졌었기 때문에 '月置'는 'ᄃᆞ라라도'라야 하는 곳이다. '八切爾'에 대한 梁柱東의 'ᄇᆞᄌᆞ리'는 확실히 小倉進平의 '발써'(當作 '볼셔')보다는 進一步한 것이지만, '苦心의 正解'(1965 : 872)라고 自負한 것과는 달리 아직도 再考되어야 할 存在다. 徐在克의 修正案 '바치'도 'ᄇᆞ즐이'와 한가지로 文證 없는 可能性의 追求이지만, 讀法으로는 오히려 'ᄇᆞ즐이'보다도 無理가 많다. 著者는 訓主音從의 正道대로 '八=가ᄅᆞ', '切=ᄀᆞᆺ'으로 보아 '가ᄅᆞᄀᆞᄉᆡ'라 읽는다. 하늘을 갈라 긋고 西쪽으로 向하는 달의 軌跡을 묘사한 것으로 보는 것이다.

'數於將來尸'의 '數'를 '혀'로 읽는 것은 文脈上으로 無理가 간다. 他動詞의 目的語 省略은 종종 있을 수 있는 일이기는 하지만, '달이 燈불을 켠다'에서 目的語가 생략되고서도 自然스러운 表現이 될 수 있는가에는 疑問이 있다. 金善琪가 '자조 올'이라 하여 '찾아 올'로 해석한 것은 言語的 관점에서 받아들이기 힘든 것이지만, '數'의 또하나의 訓인 '잦-'을 想起한 것만은 妥當했다고 본다. 著者는 '落, 沈'의 意味의 '잦-'을 위한 義訓借로 해석하여 '자자렬 바애'라 읽는 것이다. '將來'를 '-(으)려'의 표기로 보는 梁柱東의 卓見을 外面한 사람들이 여럿 있는 것은 오히려 意外의 일이라 할 것이다.

7. 道尸掃尸星利望良古

'星利'를 '벼리'로 읽은 池憲英의 태도는 賞讚될 일이다. 但, '…리'의

形態를 지녔던 것들 가운데 어느 것이 現代語에까지 그대로 내려 오고 (우리, 허리, 다리, 머리 等), 어느 것이 'ㄹ'의 脫落을 보았으며 (나리, 누리 等), 또 어느 것이 지금처럼 末母音을 喪失하게 되었는가를 分別할 條件은 아직 確認되어 있지 않다.

8. 彗星也白反也人是有叱多

'白反也人是'에서의 '也'의 用法만이 문제된다고 보는데, 著者는 梁柱東을 따라 '여'라 읽기는 하되, 그처럼 感歎詞의 특수한 補入으로는 생각하지 않는다. 西京別曲의 '고즐여'의 '여'의 用法으로 類例를 삼으려 하고 있으나, 對格 아래에는 特殊助詞 또는 添辭類의 介在가 얼마만큼 許容되는데 反하여 冠形詞形 語尾 아래에서는 그러한 일이 있을 수 없다는 事情을 考慮에 넣지 않으면 안된다. 著者는 '白反也'를 '술바녀'로 읽으며 '녀'를 文末 語尾로 보면서 다음 例들에서의 '져, 젓'과 같이 關係化를 成就한 것으로 해석하는 것이다.

잇ᄂᆞ져 ᄒᆞᆫ 초당이니 (有的是草場) [飜譯老乞大 上 : 50]

잇ᄂᆞ젓 뎐피예 네 ᄀᆞᆷ히야 가져라 (有的是猠皮裏你自練着要) [飜譯朴通事 上 : 32]

9. 後句 達阿羅浮去伊叱等邪

'達阿羅'를 名詞로 보느냐 動詞로 보느냐의 差異가 있고, 名詞로 볼 때에도 '달'로 보느냐 '달 아래'로 보느냐의 區別이 있기는 하지만, 解讀者들이 이 석字를 모두 音讀해야 한다는 데에는 意見을 같이하고 있고, 著者 또한 그렇게 생각하고 있다. 表意文字의 訓音을 利用하여 言語를 적는 體系에서 내리 音讀하도록 어떤 단어를 적는다는 것은 例外的이긴 하나 存在하게 마련이며 이 例外들이 具體的인 語形을 밝혀 주는 功勞는 매우 큰 것이다. 著者는 '達阿羅'를 'ᄃᆞ라라'로 읽으며 主格形 'ᄃᆞ라리'(月羅理, 月下伊)에 대응되는 獨立形으로 理解한다. 따라서 '月阿羅'를 'ᄃᆞᆯ'로 읽은 小倉進平의 讀法은 찬성하지 않지만, 결과적으로는 意味 把握을 같이 한다.

文末의 '等邪'를 '더라, 드라'等으로 읽는 데에는 同調하지 않는다. '邪'의 音價를 尊重하는 態度로 一貫하기 때문에 '-ᄃᆞ야' 곧 '-더야'로 읽는다.

10. 此也友物比所音叱彗叱只有叱故

너무나 많은 문제들을 내포하고 있는 句節이기에 諸家의 解讀을 나열해 놓고 보기로 한다.

小倉進平 : 이에 밧갓ᄃᆡ 밤ㅅ 비질악(이) 잇고

梁柱東 : 이 어우 므슴 彗ㅅ기 이실고

池憲英 : 이예 번둘ㅅ 소리ㅅ 술(혜)ㅅ아 잇고

金善琪 : 이야 반몬 다뵈솜ㄷ 쐴끼 읻고

徐在克 : 이야 번믈 배솜ㅅ 뷔즈락 잇고

金俊榮 : 이여우 뭇솜 쉬 잇고

과연 같은 句節에 대한 解讀들일까 의아해질만큼 내용들이 달라, 그야말로 百家爭鳴의 景觀이 있다.

해독들이 서로 많이 엇갈리지만, 梁柱東이 想定한 '므슴'을 포함하고 있느냐 그렇지 않으냐에 따라 우선 두 部類로 나누어 볼 수 있는데, 文末의 어미가 '가' 아닌 '고'이므로 疑問辭를 포함하고 있는 것으로 보는 것이 論理的이요, 그렇지 못한 해독들은 이 한 점만으로도 결정적인 誤讀의 內在를 지적받게 된다.

같은 '고'이면서도 앞에서는

遊烏隱城叱肹良望良古

三花矣岳音見賜烏尸聞古

道尸掃尸星利望良古

와 같이 내리 '古'字를 써 오다가 여기서만은 唯獨 '故'字를 쓴 表記者의 心理를 읽어야 할 줄 안다.

그러나 梁柱東이 '므슴'의 表記로 생각한 '物比所音'의 說明 論理는 아무리 好意를 가지고 대하여도 받아들이기 어렵다. 그 자신이

也友物比所音叱. 難解句. 「어우 므슴」으로 解[六○二頁] 大意는 通하였으나, 거기는 「比」字 誤字 [「叱」]의 前提가 필요했다. (1965 : 872)

라고 하고 있는 것처럼 '比'字를 '叱'로 보는 것도 問題이지만 여기 '叱'字가 介入하면 '므슴' 아닌 '믓슴'이나 '믓솜'이 되고 말 것이다. 借字表記가 宿命的으로 不正確한 것이라고는 하지만, 必要 없는 文字의 追加까지를 생각할 수는 없는 것이다.

著者는 '므슴'이 이 句節에 들어 있기는 하되, 그것을 나타내는 것은 '物比所音' 4字가 아니라 '比所音' 3字라고 본다. '北' 또는 '比'라고 보는 글자가 실은 '北'도 '比'도 아니라는 것을 原文을 보면 알 것이다. 문제의 '比'字는 '甚'字의 草體로부터의 轉訛라고 보는 것이 著者의 見解다. '甚'(=怎)은 '무슨'의 뜻으로 '甚所音'은 典型的인 訓主音從의 表記요, '므슴'을 나타내는 데에 아무런 遜色이 없는 것이다.

따라서 '物'字는 떨어져 위에 붙지 않으면 안된다. 만약 '也友'가 梁柱東이 생각한 것처럼 感歎詞 '어우'라면 '物'字가 그 자체로 한 단어가 되어야겠지만, 이런 위치에서 '物'字가 文脈에 맞는 語詞를 제공해 줄 것으로는 생각되지 않는다. 따라서 '此也友物'은 다시 분석되지 않으면 안된다. 著者는 '므슴'을 인정하지 않았던 사람들이 그랬던 것처럼 우선 '此也'에서 끊어 '이예'로 읽는데, 앞의 句에서 '達阿羅'를 'ᄃᆞ라라=달'로 본 著者에게 있어서는 '이'가 가르키는 것은 바로 그 '달'이 된다.

이제 '友物'의 해독이 매우 중요한 과제로 浮刻된다. '友物'을 연결시켜 읽은 사람들에게 있어서 우리는 모두 名詞로의 批定을 보지만 池憲英의 '벋들'이나 金善琪의 '받몬'이나 또는 徐在克의 '벋믈'(의미는'벋들')이나 모두 우리의 文脈과는 거리가 멀다.

著者는 '友物'을 動詞로 본다. '繞'를 뜻하는 '버믈'을 여기 想定하는 것인데, '友物'의 표기는 정통적인 訓主音從型임을 강조하고 싶다. 명사로서의 '벋'을 義訓借하고 '物'을 添記하면서 '벋'의 'ㄷ'을 '物'의 頭音 'ㅁ'으로 代替시켰다고도 볼 수 있겠으나, 정통적인 訓主音從型으로 보아 '友'를 動詞로 쓰인 것으로 본다.

'彗叱只有叱故'에 또하나의 큰 難關이 있다. '彗叱只'에 대하여는 小倉進平에서 徐在克에 이어지는 '비지락——뷔즈락'과 梁柱東에 비롯되는 '彗ㅅ기——쉬'의 區別이 있고, '有叱故'에 대하여는 梁柱東만이 '이실고'이고 다른 解讀者들은 모두 '잇고'로 臨하고 있다. 그러나 서로 엇갈리는 이 네 讀法은 모두가 만족스럽지 못한 것들이다. '道尸掃尸星利'에서 확인할 수 있는 것처럼 彗星에 대하여 우리 先民들도 '비'(帚)를 연상하고 있었던 것이 사실이기는 하지만, 그것만으로 '彗叱只'를 '비짜락'으로까지 비약시킬 수는 없다. '叱'을 '질' 또는 '즐'로 읽는 것이나 '只'를 '악'으로 읽는 것이나 다 類例가 없는 것이다. '彗ㅅ기—쉬'쪽은 '叱'字 '只'字의 讀法에 있어서는 無理가 없다 하겠지만, 漢字語 '彗'에 'ㅅ' 하나만이라면 몰라도 'ㅅ기', 'ㅆ'이 붙는 것을 造語面에서 설명할 方途가 없다.

한편 '有叱故'에 대한 梁柱東의 '이실고'는 脈絡面에서 보면 合當한 것이지만, '有尸故'가 아니기 때문에 難點이 있고, 그에 反하여 '잇고'쪽은 表記에는 忠實한 듯하지만 '잇다'의 의문형이 되기에 적합한 形態는 되지 못하는 것이다.

不過 여섯字의 文面인데 旣存하는 解讀이 모두 이렇게 不振한 데에는 무엇인가 근본적인 面에서의 誤謬가 있는 것으로 著者는 판단한다. 해독의 차이에도 불구하고 여섯자를 석자씩으로 二分하여 읽는 것만은 合意한 것처럼 똑같은데, 바로 이 점에 문제가 있다고 著者는 본다.

著者는 '彗叱'과 '只有叱故'로 分節하여 읽는다. 명사에 'ㅅ'(叱)이 첨가되는 것은 흔히 있는 일로서 表記法과 形態論 어느 面으로 보나 험이 없고, '只有叱故'에서는 '只'를 訓讀하여 '다ᄆᆞ', 그것을 '有叱故'에 연결시켜 '다ᄆᆞ닛고'를 얻게 되는 것이다.

中世語 자료에서 '다ᄆᆞ-'가 동사로 쓰인 例를 아직 보지 못하였지만 '다ᄆᆞ사리'(=더브사리)의 例로 보아 動詞로 쓰였을 可能性을 점치는 것이요, 이것만이 현재의 경색된 장면을 타개할 수 있는 突破口라고 믿는다.

이리하여 第十句에 대한 著者의 理解는 다음과 같아진다.

'이에 어울릴 무슨 彗星을 함께 하였읍니까.'

現代語譯 :

옛날 東쪽 물가
乾達婆의 논 城을랑 바라고,
倭軍도 왔다
횃불 올린 어여 수플이여.
세 花郞의 山 보신다는 말씀 듣고,
달도 갈라 그어 잦아들려 하는데,
길 쓸 별 바라고,
彗星이여 하고 사뢴 사람이 있다.
아아, 달은 떠가 버렸더라.
이에 어울릴 무슨 彗星을 함께 하였읍니까.

XIII. 怨　　歌

1. 物叱好支栢史
2. 秋察尸不冬爾屋支墮米
3. 汝於多支行齊敎因隱
4. 仰頓隱面矣改衣賜乎隱冬矣也
5. 月羅理影支古理因淵之叱
6. 行尸浪 阿叱沙矣以支如支
7. 貞史沙叱望阿乃
8. 世理都 之叱逸烏隱第也
   後句亡

轉　字 :

1. 갓—ㅅ—둏—기—자시—시
2. ᄀᆞ술—찰—ㄹ—안—돌—곰—ᄆᆞᄅᆞ—攴—디—미
3. 너—를—하—니—졔—ᄒᆞ시—ᄆᆞ로—은

4. 울월—돈—ᄂᆞᆽ—의—가ᄉᆡ—ᄋᆡ—시—오—은—겨슬—의—여
5. ᄃᆞ랄—리—그르매—攴—ᄂᆞᆰ—리—인—못—가—ㅅ
6. 녀—ㄹ—ᄆᆞᇝ결—*(ㄹ)—아—ㅅ—몰애—의—로—攴—다—攴
7. ᄌᆞᇫ—시—사—ㅅ—ᄇᆞ라—아—나
8. 누리—리—몯—*(ᄋᆞᆫ)—가—ㅅ—여희—오—은—ᄃᆡ—여

轉 寫:

1. 갓 됴히 자시
2. ᄀᆞᅀᆞᆯ 안둘곰 ᄆᆞᄅᆞ디매.
3. 너를 하니져 ᄒᆞ시ᄆᆞ론
4. 울월던 ᄂᆞᄎᆡ 가ᄉᆡ시온 겨스레여.
5. ᄃᆞ라릐 그르메 ᄂᆞ린 못ᄀᆞᆺ
6. 녈 ᄆᆞᇝ겨랏 몰애로다.
7. ᄌᆞᅀᅵ삿 ᄇᆞ라나
8. 누리 모ᄃᆞᆫ갓 여희온ᄃᆡ여.

1. 物叱好支栢史

'物叱好支'에 대한 小倉進平의 '것처'나 梁柱東의 '믈흿' 또는 'ᄆᆞᆫ히'는 모두 解讀의 正道를 많이 벗어난 풀이들이었거니와, 그 이후의 改讀에 있어서도 '好支'를 계속하여 音讀하려 하였기 때문에 이렇다 할 進展을 보지 못하던 가운데, 徐在克의 '됴히'를 맞이한 것은 크게 다행한 일이었다. 그러나 그에게 있어 '物叱'은 '믈'로 되어 있어 '叱'字의 處理가 未恰해 보인다. 著者는 '叱'을 '物'에 대한 末音添記로 보아 '갓 됴히'라 읽는 것인데, '物'의 訓 '갓'에 대한 着眼은 이미 小倉進平에게서 비롯되는 것으로 새로운 일이 아니다.

'栢史'가 '자시'일 것은 틀림이 없지만, 後世에서처럼 '잣'+'이'로 이루어진 것이 아니라, '자시+이'의 결과라 할 것이다.

2. 秋察尸不冬爾屋支墮米

著者의 解讀이 大意에 있어서는 梁柱東의 解讀과 大同小異하나, 'ᄃᆡ매'

앞의 '이울다'(萎) 대신에 'ᄆᆞᄅᆞ다'(乾)를 놓고 있는 것이 重要한 差異다. '爾屋'을 '이울-'로 읽을 수 있는가도 문제이지만, 15世紀初에만 해도 이미 '이울-' 아닌 '이ᄫᅳᆯ-'이라는 語形을 가지고 있었고 보면, '爾屋'이 '이ᄫᅳᆯ-'을 나타냈을 可能性은 더욱 줄어든다.

著者는 여기서의 '爾'字를 '尒'의 轉訛로 보아 (讚耆婆郎歌 初頭의 '咽嗚爾…'에서도 '爾'를 그렇게 보았다.) 위의 '不冬'에 붙여 '안돌곰'이라 읽는다. 한편 '屋攴'의 '屋'은 '攴'의 指定하는 바에 따라 풀어 읽어야 하는데, '屋'의 訓 'ᄆᆞᄅᆞ'가 動詞 'ᄆᆞᄅᆞ-'를 表記하는데 假借되었다고 보는 것이다.

첫 머리의 '秋察'이 'ᄀᆞᅀᆞᆯ'에 대응되는 것은 分明하고, 均如에게서도 같은 '秋察'의 表記를 볼 수 있어 末音添記로서의 '察'이 慣習化된 存在임을 알 수 있으나, 그것이 'ᅀᆞᆯ'에 가장 가까운 것으로 선택되었던 것인지, 아니면 古代語에서의 發音이 둘째 음절 첫머리에 다른 子音을 가졌던데 말미암은 것인지는 아직 알 수가 없다.

3. 汝於多支行齊敎因隱

梁柱東의 '너 엇뎨 니저 이신'과 小倉進平의 '너 어듸 녀져 이신'은 얼마간 의미의 차이를 보이지만, 解讀의 태도면에서는 거의 軌를 같이 한다 할 수 있는데, 그 뒤의 대부분의 해독이 이러한 이해 방식에서 벗어나지 못하고 있다. 여기에는 크게 두가지 難點을 지적할 수 있으니, 첫째는 臣下가 임금을 '너'라고 부를 수 있겠느냐 하는 것이요, 둘째는 '이신'이라는 의문형이 있을 수 있는가, 또 '이신'을 나타내는 데에 과연 '敎因隱'이라는 표기밖에 쓸 수 없었겠는가 하는 점이다. 徐在克은 '汝'를 님금 아닌 것으로 본('잣나무'로 보고 있다.) 유일한 해독자이며, '敎因隱'에 대하여도 'ᄒᆡ신'이라 하여 '말씀하셨는데'라고 이해하므로써 상당한 進境을 보인 것을 높이 평가한다.

著者는 '汝於多支行齊'를 遺事 行文中의 '嘗謂曰 他日若忘卿 有如栢樹'에 相應하는 내용을 담은 一節로 해석하여 '너를 하니져'라 읽는다. '於'

字의 訓을 '늘'이라 일컬어 오거니와, 이것이 다름 아닌 對格 重加形 '를'이라고 보는 것이 著者의 見解요, 따라서 '汝於'는 '너를'이 된다. '多'는 '攴'의 指定에 의하여 '다' 아닌 '하'로 읽히고 '行=니'는 '우니다니'의 '니'와 같이 行動의 持續을 뜻한다. 動詞로 쓰이는 '多'는 '稱讚하다. 重히 여긴다'의 의미를 가진다. 이렇게 他動詞로 쓰인 '하-'를 中世語 資料에서 例證하지는 못하지만, '多'가 나타내는 動詞 形態를 달리 想定하기는 어려운 것 같다.

'敎'는 一般的으로 '이시'라 訓讀되는 글자이지만, 그것은 動詞 語幹에 連接하여서 使役의 補助語幹 '-이-'와 尊敬의 補助語幹 '-시-'의 結合을 나타낼 때이고, 여기서는 本動詞로 쓰인 것이므로, 'ᄒᆞ시-'일 수 밖에 없다. '因'은 訓讀하여 '(ᄋᆞ)ᄆᆞ로'라야 하는 곳, 따라서 다음의 '隱'과 합하여 '-ᄆᆞ론'이 되는데, 이것은 西京別曲의 '여ᄒᆡᄆᆞ론 질삼뵈 ᄇᆞ리시고…'에서의 '-ᄆᆞ론'과 같이 對比를 나타내는 語尾라 본다.

4. 仰頓隱面矣改衣賜乎隱冬矣也

'仰頓隱'에서의 '頓'을 '던'으로 읽는 것은 '던'을 나타낼 漢字가 없다는 것을 전제로 한 通用의 認定인데, 실제로는 이러한 경우 그것이 通用인지 古代에 있어서의 語形이 달랐던 것을 보여 주는 것인지 判別하기 어려울 때가 많다.

'改衣賜乎隱'에서의 '衣'字는 '矣'가 '의'(에), 'ᄋᆡ'(애)에 通用되는 것과는 달리 'ᄋᆡ'(애) 쪽에만 쓰이는 것으로, 그 관계는 '焉'과 '隱'의 경우와 같은데, 여기서의 '衣'는 '가시-'의 末音添記로 쓰인 것이다. 이 句節에 대한 '계시온', '고티시온'等은 表記의 原則에서 벗어난 讀法들이다.

'冬矣也'는 文字 그대로 '겨ᄉᆞ레여'라야 한다. 表記의 原理에 맞게 읽힐 뿐만 아니라 第2行의 'ᄀᆞᄉᆞᆯ'과의 對를 이룬다는 점에서도 '겨ᅀᅳᆯ=冬'을 회피할 이유가 없는 것이다.

5. 月羅理影攴古理因淵之叱

'月羅理'는 讚耆婆郞歌에서도 그대로 보였던 慣習化된 表記 方式으로

主格 이외의 것일 수 없음에도 不拘하고 'ᄃᆞᆯ의', 'ᄃᆞᆳ' 등으로 屬格形으로 읽은 사람이 많은 것은 의외의 일이다. '月羅理'의 '羅理'는 '月下伊'의 '下伊'와 함께 달을 뜻하는 古代語의 主格形의 音相을 알려 주는 중요한 表記例다.

'影'은 다음의 '攴'字의 指示에 따라 訓讀되는 것인데, '그르매'를 택한 것은 著者의 趣向이고 '그림제'여서는 안된다는 뜻은 아니다.

'古理因'은 梁柱東(녯)을 제외하고는 모두 動詞로 보고 있는 것인데, 梁柱東의 解讀은 'ㅅ'이 'ㅁ' 앞에서 'ㄴ'으로 同化되어 發音되는 것을 전제로 하였을 뿐만 아니라 '달 그림자 옛 못'은 文脈으로도 어색하다 아니할 수 없다.

小倉進平에 비롯되는 '고인'은 '月羅理'가 屬格임을 전제로 한 것이기 때문에 成立될 수 없고, 金善琪와 徐在克의 생각은 新奇한 것들이기는 하나, 文脈과 語法面에서 알맞은 것들이라고는 하기 어렵다.

著者는 '古理因'을 'ᄂᆞ린'으로 읽는다. 禱千手觀音歌의 '膝肹古召旀'의 '古召'에서와 한가지로 '古'는 그 訓 'ᄂᆞᆰ-'에 의하여 'ᄂᆞ린'의 'ᄂᆞ'를 나타낸 것으로 보는 것이요, 그러므로써 '古理因'은 訓主音從의 正統的 表記가 되는 것이다.

'淵之叱'은 '못 ᄀᆞᆺ'으로 읽는다. 梁柱東에 있어서처럼 '모ᄉᆡᆺ'으로 읽는 것이 非論理的이라 할 수는 없지만, 그렇게 되면 다음 句의 '行尸浪(尸)阿叱'(녈 믌겨랏)과의 重疊이 갑갑하고, 第8句의 '世理都(焉)之叱'의 '之叱'(ᄀᆞᆺ)과의 均衡을 위하여는 'ᄀᆞᆺ'으로 읽는 것이 合理的일 것이다.

6. 行尸浪 阿叱沙矣以支如支

解讀者들이 각기 다른 생각 속에 各樣各色의 의견을 제시하고 있음에도 불구하고 昏迷를 거듭하며 解讀이 不振했던 一節이다. 小倉進平의 '녈난 ᄉᆞᆷㅅ 몰애에 머믈어'를 비롯하여 文脈이 제대로 통한다고 하기 어려운 것들이 대부분이며, 梁柱東의 '믌결 애와티ᄃᆞᆺ'이 홀로 서정시의 一節다워져 있으나, 그 個人의 詩想이 解讀의 境域을 멀리 逸走해 버려, 그의 절대적인 영향력에도 불구하고 여기서만은 그를 뒤따르는 사람이 하나도 없다.

著者는 第3字와 第4字 사이의 빈 자리를 주목한다. 第八句에도 같은 자리에 빈칸이 있는데, 두곳 다 句節 分斷이 생길 곳이 아니다. 版本上에 遇賊歌에 보는 것과 같은 缺字 表示가 보이지는 않지만, 缺字가 생긴 곳이라고 판단하고 여기 '浪'과 '阿' 사이에는 '尸'를, 第八句의 '都'와 '之' 사이에는 '隱' 또는 '焉'을 想定한다. 遇賊歌에서의 缺字가 一然이 參照한 原資料에서의 缺字, 또는 三國遺事 復刊 過程에서 刊行者가 缺字로 확인한 것이었던 반면, 지금의 것들은 三國遺事 版本의 毁損 또는 復刊時의 底本의 毁損으로 刊行者가 의식하지 못하는 사이에 이루어진 偶成的 缺字가 아니었을까 하는 것이다.

보충된 '尸'는 '浪'의 末音添記로 이것을 添加하여도 解讀은 종전과 같이 '믌결'이 되나, 그 다음의 '阿叱'을 조사 '앗=앳'으로 읽는 데에는 '尸'의 존재는 필수적이다. 명사와 조사 사이에 字間이 뜰 수도 없으려니와 그것이 부주의한 誤刻의 결과일 수는 더 더욱 없을 것이다.

'沙矣'는 小倉進平이 그렇게 본 것과 같이 '몰애'의 表記로서 正格이며 '以'와 '如'는 각각 '支'의 지배를 받아 '로'와 '다'로 읽힌다.

7. 皃史沙叱望阿乃

'皃史沙叱'의 '史'는 'ㅅ' 아닌 '시'이므로 '즈ᅀᆞ'나 '즛사'일 수 없고 '즈ᅀᅵᆺ'이라야 하며, '…이ᅀᅡ'는 中世語에서 확인되는 어법인데, 다만 '즈ᅀᅵᆺ'의 'ㅅ'은 文面의 '叱'의 존재로 해서 의심할 수 없는 것이나 中世語에서는 알려지지 않은 존재로 앞으로 연구되어야 할 대상이다

'望阿乃'는 'ᄇᆞ라나'를 나타내는 정상적인 표기다. '乃'는 'ᄂᆞ', '나'에 대응되는 글자이다.

8. 世理都 之叱逸烏隱第也

小倉進平이나 梁柱東이 '世理都'를 '누리도'라 읽은 것은 '都'와 '之' 사이의 字間을 의식한 것이겠는데, 前者의 '지즐온 제요'나 後者의 '애쳐

론더여'나 正常的인 해독의 결과라고는 하기 어렵다. 池憲英과 金俊榮이 '都之叱 逸烏隱第也'로 끊어 읽은 것은 一段의 進步라 하겠으나, 그들에게는 字間의 空白에 대한 의식은 없다.

著者는 '都'字 아래에 '隱' 또는 '焉'을 보충하면서 이 句를 '世理 都隱 之叱 逸烏隱 第也'라 끊어 읽는다. '世理'는 '누리', '都隱'은 '모둔'이며 '之叱'은 형식명사 '갓'(=것), '逸烏隱'은 '여히온', '第也'는 '뎌여'가 된다. 同一한 '갓'이면서 첫머리의 '갓'은 '物叱'로 표기하고, 여기서는 그와 달리 '之叱'(第6句末의 '淵之叱'에서 '곳'의 표기로 본 '之叱'과 같은 形態이다.)로 표기한 것은 自立名詞로서의 '갓'과 依存名詞(이른바 形式名詞) 사이의 差異를 구별 의식한 데서 나온 결과가 아닐까 한다.[35] '第也'의 '第'를 '제'(=적)로 보는 것은 小倉進平에 비롯되는 일이지만, '제'의 표기에 'ㄷ' 頭音을 가진 '第'字가 쓰였으리라고는 생각되지 않으며, 또 梁柱東처럼 '제'의 先行形으로서의 '뎨'를 생각하기도 어려운 일이다. '뎨'>'제'와 같은 類型의 口蓋音化의 生成 時期는 너무나 後代에 속하기 때문이다. 또한, 비록 吏讀에 쓰인 '第'字가 一種의 時間名詞로 인식된다 하더라도 그 사실이 곧 '第=제'를 보장해 주지는 않을 것이다.

'第'字의 古音이 어떠하였겠는가를 결정할 직접적인 자료가 있는 것은 아니지만, 頭音 'ㄷ'과 末音으로서의 半母音은 믿어도 좋을 것이므로, '第'의 出現 位置를 감안하여 '뎌'로 추정하는 것이다.

現代語譯 :

質좋은 잣이
가을에 말라 떨어지지 아니하매,
너를 重히 여겨 가겠다 하신 것과는 달리
낯이 변해 버리신 겨울에여.
달이 그림자 내린 연못 갓

35) 中世語에 文證된 것은 '것'뿐이다.

지나가는 물결에 대한 모래로다.
모습이야 바라보지만
세상 모든 것 여희여 버린 處地여.

XIV. 遇賊歌

1. 自矣心米
2. 皃史毛達只將來呑隱
3. 日遠鳥逸□□過出知遣
4. 今呑藪未去遣省如
5. 但非乎隱焉破□主
6. 次弗□史內於都還於尸朗也
7. 此兵物叱沙過乎
8. 好尸曰沙也內乎呑尼
9. 阿耶 唯只伊吾音之叱恨隱潽陵隱
10. 安攴尙宅都乎隱以多

轉 字:

1. 저—의—ᄆᆞᅀᆞᆷ—미
2. 즛—시—몯—달—*보—려—ᄃᆞᆫ—은
3. 日遠鳥逸—*(ᄃᆞ랄—의)—過—나—알—고
4. 열—ᄃᆞᆫ—수플—未—가—고—셩—다
5. 다ᄆᆞᆫ—외—오—은—ᄋᆞᆫ—破—*(家)—니림
6. 머믈—*믈—*(오)—시—ᄂᆞ—늘—도—돌—어—근—랑—여
7. 이—자ᄇᆞᆫ—갓—사—*말—오
8. 즐기—근—*法—사—*듣—ᄂᆞ—오—ᄃᆞᆫ—니
9. 아—야 오직—뎌—오—음—의—ㅅ—ᄒᆞᆫ—은—*ᄆᆞᆰ—룡—은
10. 않—攴—尙—ᄐᆡ—도—*없—은—이—다

轉 寫:

1. 제의 ᄆᆞᅀᆞ미
2. 즈ᅀᅵ 모ᄃᆞᆯ 보려든,
3. 日遠鳥逸 ᄃᆞ라리 난 알고
4. 연ᄃᆞᆫ 수플 가고셩다.
5. 다ᄆᆞᆫ 외오ᄂᆞᆫ 破家니림
6. 머믈오시ᄂᆞᆯ 도도랄랑여.
7. 이 자본가시ᅀᅡ 말오
8. 즐길 法이ᅀᅡ 듣ᄂᆞ오다니,
9. 아야, 오직 뎌오밋ᄒᆞᆫ 몰ᄅᆞᆫ
10. 안ᄌᆞᆨ 퇴도 업스니다.

1. 自矣心米

'自矣'는 '제', '저의'로 읽히고 있지만, 著者는 두 音節로 읽는 쪽을 택하되, '저의'보다는 屬格 重加形 '제의'가 더 자연스럽지 않을까 생각한다. 第一行이 일반적으로 音節數가 적게 마련이지만, 3音節이나 4音節로의 解讀은 어딘가에 결함을 가지기 쉬운 것이다. '自矣心米'가 4音節에 불과했다면 다음에 오는 '皃史'가 위로 올라 붙었을 可能性이 큰 것이나, 原典이 '皃史' 위에 空白을 둠으로써 句의 分界를 보이고 있는 것은 '自矣心米'에 두字 以上의 字不足은 없다는 것을 말하기 때문이다.

경계 표시 없이 계속된 文面을 논리적 판단 아래 分斷할 수는 있지만, 字間을 띠워 表記者가 지시한 句節境界를 無視할 권한이 解讀者에게 許與되지는 않는다는 것이 著者가 信奉하는 原理다. 오직 그런 空白을 메울 수 있는 경우란 怨歌에서와 같이 脫字가 認知되어 그곳을 메우는 경우 뿐일 것이다.

'心米'에 대하여는 處格形으로 보는 견해와 屬格形으로 보는 견해가 있으나 著者는 後者를 택한다.

2. 皃史毛達只將來呑隱

'將來'가 '-려'의 표기임을 발견한 것은 梁柱東의 큰 공로인데, 그 앞에 오는 語幹이 '毛達只'냐 '達只'냐 또는 '只'냐 하는 것이 문제이다. '모ᄅᆞ-'로 해석한 梁柱東이 첫째 경우이고 '모ᄌᆞ라-'로 본 徐在克이 둘째 경우인데, 著者는 '毛達'을 '毛多'과 같이 '모ᄃᆞᆯ'로 보면서 '只'를 動詞語幹으로 보는 것인데, 다만 '只'는 '只'가 아니라 傳承 過程에서 草體의 '見'字를 誤讀한 결과인 것으로 생각한다. '將來'는 梁柱東의 해독처럼 '려'를 나타내는 것, '呑'은 語尾 '든'이며 '隱'은 그 末音 'ㄴ'을 위한 確認添記이다.

梁柱東은 여기서 '日'字까지를 붙여 끊고, '…던 날'로 해석하였으나, '모르려던 날'이나 '몯 보려던 날'은 成立될 수 없는 表記일 것이다.

著者가 읽은 대로의 이 句節의 文意는 '제 마음의 모습이 볼 수 없는 것인데'가 된다.

3. 日遠鳥逸(月)(矣)過出知遣

'遠鳥逸'에 대한 '머리', '過出知遣'에 대한 '디나티고'는 小倉進平의 '머오일'과 '디나아고'를 梁柱東이 部分 修正한 것인데, 여기에서의 動作이 '今呑'을 거쳐 '去遣省如'와 對가 된다는 것을 의식한 나머지 '日'字를 머리에 둘 수 없어 앞줄 끝으로 올려 보냈던 것으로 보인다.

小倉進平과 梁柱東 두분이 다 缺字를 메우지 않았지만, 무엇인가를 지나버린다는 의미로 본 것인데, 전자에 있어서는 해가 行動主요 후자에 있어서는 '나' 자신이 行動主일 것으로 이해된다. 그러나, '日'字가 앞줄에 붙을 수 없고, '遠鳥逸' 앞으로 오게 되면, '過出知遣'의 주어가 되므로써, 다음 行의 의미와의 調和가 깨지는 모순을 안게 되는데 이 모순을 벗어나려는 노력이 池憲英의 '알고=知遣'을 낳았던 것이 아닌가 한다. '알고'의 主語는 '나' 자신이니까, '알고'의 지배를 받는 '過出'까지의 文節안에서의 주어는 '해' 아니라 무엇이 와도 좋게 되는 것이다. 金善琪의 '디난 알고'는 池憲英의 '디나 알고'에 'ㄴ' 하나를 더 붙여 形態論的 無理를 완화하였을 뿐 필경은 같은 讀法이다.

池憲英이 '遠鳥逸=머오일, 머리'를 부정하여 앞의 '日'字를 묶어 '저

드올'로 보면서 缺字 부분을 '川理'로 메운 반면, 金善琪는 '머오일'을 유지하면서 '西山'으로 하고 있어, 이제 '해'와 '나'라는 주어 想定의 差異는 小倉 對 梁에서 金 對 池로 물려져 있다.

그러나 '(日)遠鳥逸'이 '머오일, 머리'는 물론이고 '저므올'을 나타냈을 가능성은 '鳥'字 誤字說(→烏)을 인정한다 하더라도 매우 희박하다고 아니할 수 없다. 표기의 원리에서 보아 그렇고 상정된 어형들이 中世語的인 要件도 제대로 갖추지 못했다는 점에서 그렇다.

이 점, 鳥字 誤字說을 배격하고 고지식하게 '멀 새 둗(ᄃᆞ히)'라는 새 해독을 한 徐在克의 노력은 주목할만하다. 반면 '過出知遣'에 대하여는 无厓流의 '디나티고'로 회귀한 것이 특징인데, 그에게서는 '디나티고'의 주어는 '날'(日)이 되어 있다.(그의 '디나티고'는 小倉·梁의 他動詞에서 自動詞로 變身하였다.)

著者는 이 셋째 句를 山林의 暮景을 묘사한 것으로 보거니와, '日遠鳥逸'은 漢文套의 삽입으로 해석한다. 뜻은 '해가 西山에 멀어지고 새도 제 깃에 숨어'라 보지만, 표기가 풀어 읽게 되어 있지 않을뿐더러 장황하게 풀어 읽어서는 律調도 손상을 입는 것 같다.

해가 저물고 새가 숨어 버리며 나타날 수 있는 것은 달밖에 없을 것이므로 缺字 두 자리는 '月矣' 또는 '月衣'로 채우고 'ᄃᆞ라릐'라 읽는다. 여기서 '의'는 包有文 안의 주어를 나타내는 屬格이다. '過出'은 '난'으로 읽어 '知遣'의 目的語로 삼는데 끝의 'ㄴ'은 金善琪의 '디난'의 'ㄴ'처럼 恣意로 추가된 것이 아니라, 文法 要素 '過'의 指示에 의한 것이다. 이 '過'字는 第四行의 '未'에 대립되는 것으로 그 자체가 통상적으로 音讀되거나 訓讀되는 것이 아니라 當該 用言의 머리에 붙어 그 時制를 규정짓는 요소라는 것이 著者의 理解인데, '將來'처럼 여러 용례를 볼 수는 없고, 오직 이 遇賊歌에만 보이는 것인만큼, 이것이 '性滑稽'라 記述된 永才 개인의 創意的 用法인지 일반적인 것인데 現存 資料의 제약으로 다른 類例를 볼 수 없게 된 것인지는 말하기 어렵다.

4. 今呑藪未去遣省如

小倉進平은 이 노래의 상당한 부분을 未詳으로 남겨 두고 있음에도 불구하고, 그가 손댄 부분에 대해서는 상당한 공헌을 하고 있는데 '今呑'에 대하여 '엳둔'으로 臨한 것은 그의 가장 큰 공로라 할 수 있다. '藪'字 다음에 오는 '未'는 解讀者들을 가장 苦心시켜 온 것인데, 이 苦戰도 따지고 보면, 小倉進平이 그 頭音 'ㅁ'이 '숲'의 'ㅍ'과 관련 있는 것으로 본 데 비롯한다. 그래서 동사 '수머'를 위한 義訓借라는 梁柱東의 견해가 나오고, 혹은 池憲英의 代案 '드메'가 나오게도 되었던 것이다. 그러나 未'를 前行의 '過'에 대응되는 文法 要素로 보아 '去遣省如'의 행동이 未完임을 지시하는 것이라 한다면, '藪'는 그 자체로 '수플'이 되므로써 그에 얽혔던 難題들이란 것이 架空의 것으로 霧散된다.

'去遣省如'는 文字 그대로 충실히 읽으면 되니, '가고셩다'(가고 있었읍니다)라는 평범한 해독이 일찍 成就되지 못했던 것이 오히려 기이하게 여겨진다. '-쇼다', '-싱다' 모두 가장 평범한 '셩'을 기피해 왔던 것이다.

5. 但非乎隱焉破(家)主

梁柱東에게서는 '但'字가 뒤에 나오는 '唯只'와 함께 '오직'(後者를 '오지'라 하고 있지만)으로 풀이되고 있으나, 徐在克의 '다몬'이 더 적절할 것이다. '非乎隱焉'에 대하여는 梁柱東에 비롯되는 '외온' 外에 '외오수만'(金善琪의 해독, 金俊榮에게서는 '숨언')의 試圖가 있으나, '焉'字의 성격으로 보아 모두 타당치 않다고 본다. '焉'字로 다시 '隱'의 末音을 확인하였다고 하는 梁柱東의 논리에도 무리가 있지만, '隱'과는 달리 '온'에만 專用되는 '焉'이 '숨-'과 같은 陰母音 語幹에 연결된다는 것도 있기 어려운 것이다. 著者는 정직하게 '외오눈'으로 읽어 '破家主'에 대한 주어로 삼는 것인데, 動名詞形의 '외온'에 '온'이 붙은 것이다.

'破(戒)主'에 대한 缺字 補入은 梁柱東에 의한 것인데, 이에 대해 별다른 異議가 없었다는 것은 오히려 이상스러운 일이라 할 것이다.[36] '破戒主'라는 말이 破戒僧의 뜻이라면, 謙讓으로 또는 自嘲的으로 일컬은 것이 되겠지만, 과연 '破戒主'라는 熟語가 可能한 것인가가 문제이고, 둘째로는 앞뒤의 문맥으로 보아 자기 자신을 잘못 되었노라고 말할 자리일까도 의심스럽다.

著者의 보는 바로는 '破( )主'의 '主'字는 '善化公主主隱'에서의 끝의 '主'字와 같이 敬稱의 '님'을 나타내는 것이며, 이 말은 日本側 자료에 반영된 것과 같이 '니림'이라는 語形을 가졌던 것으로 생각된다. 또한 이에 따라 '主'字 앞에 있는 두 字는 缺字 部分이 무엇이었든간에 사람을 나타내는 단어라야겠다는 것을 말할 수 있을 것이다. 이처럼 범위를 좁히면, 여기 들어갈 수 있는 字는 '家'字 밖에 없어 보인다. '破家'는 '破家縣令, 滅門刺使'의 表現으로 유명한 語詞이거니와, '破家' 그 자체로도 强豪의 뜻을 나타낸다. 따라서 약간의 譏弄이 섞인 표현이기는 하지만, '强豪님'하는 것은 永才의 가는 길을 막아 선 도적, 아마도 그 頭目을 가리키는 것이 되며, 그래야만 그 다음 句節 첫머리의 '次弗( )史內於'에 대한 의미상의 주어가 되어 '머믈오시ᄂᆞᆯ'의 '-시-'와 '니림'이 呼應되는 것이라 할 것이다. '길을 막아 못가게 한다고 해서 내가 놀라겠읍니까 强豪님, 그것은 당신의 誤算입니다.'하는 것이 著者가 짐작하는 文脈이다.

6. 次弗(乎)史內於都還於尸朗也

缺字의 介在 때문이기도 하지만, 解讀上의 昏迷가 극심했던 대목의 하나다. 缺字 부분에 대한 보충이 우선 '즛, 이, 잇'등으로 相異하며 그에 따라 앞뒤의 文脈 파악도 서로 엇갈려 같은 次元에서 논의하기가 어렵게 되어 있다.

梁柱東 : 저플 즈새 ᄂᆞ외 쏘 돌려

池憲英 : 숫(귓, 잇)불 닛누어 셔블 돌열 나죄

36) 池憲英에게서만은 意見이 달라 '바위숫블'이라는 特異한 語形을 보이고 있다. 그에게 있어서는 缺字 뒤의 '主'字가 '次弗'과 어울려 '숫(귓, 잇)블'을 이루는 것이나, 解讀의 論理는 밝혀져 있지 않다.

金善琪 : 자블이 사나오도 돌을 사나히라

徐在克 : 치블 (잇)ᄂᆞ오도 돌올랑야

金俊榮 : 자블이사 니어도 도ᄅᆞ혈 郞여

共通된 것이라고는 '還'字에 대한 '들'정도이고 나머지 부분에서는 과연 이것이 같은 文面에 대한 해독인가를 의심하게 한다. 해독의 원리적인 면에서 분명히 성립되지 않는 것과 의심스러운 것들을 가려내 볼 수 밖에 없는 형편이다.

紙寫三等韻에 속하는 '次', '史'를 音讀하면서 '이' 以外의 母音들을 등장시킨 것들은 제외된다. 전자에 대해서는 徐在克의 '치블'이외의 모든 해독이 걸리고, 후자에 대하여는 정상적인 '시'로 읽은 예가 하나도 없다. '於'字를 音讀하면서 '어'(및 그 母音調和의 짝 '아') 이외의 것을 정티하면, 梁柱東의 'ᄂᆞ외'를 비롯하여 金善琪의 '사나오도', 徐在克의 '(잇)ᄂᆞ오도'가 걸리고, 中世에 있어서만 해도 語尾 '-오도'가 있을 뿐, '-어도'는 존재하지 않으므로 金俊榮의 '니어도'도 제외되어 池憲英의 '닛누어'만이 남는다. 梁柱東의 '都=ᄯᅩ'도 의심스러운 존재이니, 이 정도의 간단한 검토만으로도 '還'字 이전의 文面에 대한 해독이 거의 신뢰할만한 것이 못됨을 알 수 있다.

반면 文末의 어미 부분의 해독들에 있어서는, 梁柱東의 '-려'와 池憲英의 '나죄'를 제외하고서의 얘기지만, 상당한 논리성들을 보여 주고 있다. 金善琪와 金俊榮에게 있어서는 '朗'字 誤字의 前提 (→郞) 아래 '사나히라'와 '郞여'를 보여 주고 있는데, 誤字說이 成立만 된다면 그 나름의 合理性이 있어 보인다. 그러나 著者는 徐在克의 '랑야'를 단연 제일로 친다. 정직한 音讀으로 하자가 없고, 공손의 'ㆁ'또는 '이'를 표함하고 있어 '去遣省如' 및 文末의 '…隱以多'에 一致하고 있기 때문이다.

이제 前半部로 올라가며 著者가 이해하고 있는 내용을 開陳키로 하자. 著者는 먼저 '內'字가 十中八九는 現在 표시의 'ᄂᆞ'를 나타내는 데 쓰이는 文字임을 주목한다. 그리고 그 앞의 '史'字는 드물게이기는 하지만 '賜'字 대신에 존경의 접미사 '시'를 나타낼 수 있는 것이며 '시ᄂᆞ'의 결합은 자연스러운 일이다. '史內'가 지금과 같이 어미로서의 '시ᄂᆞ'라면 '於'는 訓讀으로서의 'ᄂᆞᆯ'일 수 밖에 없으며 '都'는 여기 연결될 수 없는 존재가 된다. '於'의 訓 'ᄂᆞᆯ'은 對格 重加形 'ᄅᆞᆯ'에 기원하는 것으로 보는 것이 著者의 견해인데, 鄕歌 해독에 있어서도 'ᄅᆞᆯ/ᄅᆞᆯ', 'ᄂᆞᆯ/ᄂᆞᆯ'의 표기로 利用되었다고 믿는 것이며, '於'를 訓讀치 못함으로써 몇몇 부분에 있어서는 결정적인 誤讀이 생겨났던 것으로 안다.

'史內於'이 '-시ᄂᆞᄂᆞᆯ'이면 그 앞의 缺字는 用言의 어간이거나 '시'에 先行하는 또 다른 접미사이거나 할 수 밖에 없으며 접미사일 경우에는 피동 아니면 사역의 접미사가 올 수 있을 뿐이겠다. 著者는 缺字를 사역의 접미사 '乎'로 보며 '次弗'을 動詞 어간으로 想定한다. 動詞로서의 '次弗'의 의미는 '머믈-'인데 의당 '믈'을 나타내는 末音添記라야 할 '弗'이 '블'인 것이 큰 장애로 나타난다. 그러나 著者는 이 '弗'이 본래는 '弗'이 아니라 '物'이었으리라고 추정한다. 一然이 참조하였던 原資料 또는 그 以前의 文面에서는 '物'로 되어 있던 것이, 一然의 三國遺事 稿本의 版本化 과정까지를 포함한 傳承의 어느 段階에서 '物'의 草體가 '弗'字와 흡사한 까닭으로 그렇게 誤讀되었던 것이 아닐까 하는 것이다. 우연의 일인지 모르지만, 鄕歌 표기에서의 '弗'字의 用例는 이 하나 밖에 알려져 있지 않다.

그러면 '都'는 어떻게 되는가. 梁柱東 이래로의 '몯'이 될 것인가. 아니면 池憲英의 '서볼'을 택할 것인가. 그것도 아니면 第三의 讀法이 따로 있는가. 著者는 이 '都'를 다음의 '還'과 연결하여 동사 '도돌-'로 읽는다. 中世語의 '도도롯치다∼도도리치다'를 겨냥한 것으로 표기 양식면에서는 常例에서 좀 벗어나는 것이 되지만, 의미 맥락에서는 잘 어울리는 동사라고 믿는다.

7. 此兵物叱沙過乎

池憲英 이외에는 '兵物叱'를 모두 '兵器'로 받아 들이고 있는데, 梁柱東 이래로는 '장기'라는 語詞를 批定하였으면서도 小倉進平의 '兵物을사'

의 '을'과 高麗歌謠 '動動'의 '잠곁룬'의 영향으로,[37] '叱'을 제대로 해독에 반영하려 한 것은 金俊榮의 '잠갯사' 뿐이다. 여기서 '叱'을 '을'로 본 小倉進平의 경우라면 모르지만, '을', 'ㄹ'이 솟아날 근거는 없고 어떤 모양으로든 '叱'은 'ㅅ'으로 반영되어야 한다. 그렇다고 金俊榮의 '잠갯사'가 옳다는 말은 할 수가 없다. '잠개'가 본래 'ㅅ' 받침을 가졌던 명사라고 할 수도 없지만, 'ㅅ'을 取한 다음에 '沙'가 다시 追加된다는 語法도 생각하기 어려운 것이다.

著者는 '物叱'을 '갓'의 표기로 보기 때문에 (怨歌 첫머리의 '物叱'도 그렇게 읽었다.) '장기'라는 말은 여기 알맞는 단어가 아니요, 비슷한 의미의 '자본것'이라야 한다고 생각하나, '자본'이 '잡+온'이 아닌 '자본'으로서 '兵'에 대응될 것인가까지는 自信이 없다. '叱'과 '沙' 사이에 '이'를 補入하여 읽은 것은 慕竹旨郎歌의 '居叱沙'를 '기스샤'로 읽는 것과 비슷한 논리다.

'過乎'의 '過'를 '디나'로 처음 읽은 것은 小倉進平이었고, 梁柱東의 '디내온', 金善琪의 '디나고', 金俊榮의 '디내온'이 그에 이어지나 이 동사가 현재의 문맥에 맞는 것인지 의심스럽다. 徐在克이 '글온'을 택한 것도 바로 이런 이유에서가 아니었던가 하는데, 그렇다고 이 '글온'에 左袒하기도 어렵다. 著者는 여기서도 原資料의 誤讀에 의한 轉訛를 생각한다. '遏'字의 草體는 '過'字로 誤讀하기 쉽게 되어 있는 것인데, '그만둔다'는 뜻의 '遏'이 '말-'로 읽혀 '遏乎'로써 '말오'를 나타냈던 것으로 보는 것이다.

8. 好尸曰沙也內乎呑尼

'好尸'을 종래에는 '됴홀'로 읽어 왔으나 이것은 다음의 '曰'字를 '日'字로 前提하고서의 일이었다.[38] 그러나 著者는 '曰'字를 '日'로 보지는 않기 때문에 '됴홀' 아닌 '즐길'로 읽는다. 宋代의 典籍에서 '曰'字가

37) '잠곁란'에서 '잠곁'까지가 명사일 가능성은 없다.
38) '日'을 수식하는 말로서는 '됴홀'아닌 '됴혼'이 어울릴 것이다.

'日'字로 俗用된다는 것을 알고 있지만, 앞서 '日遠鳥逸'에서 '日'字가 '日'로 쓰이고 있음을 보았기 때문에 이곳의 '曰'字가 '日'을 나타냈을 가능성은 희박하다. 徐在克의 '曰=ㅁ롬'의 說은 흥미 있는 것이기는 하지만, 動名詞 앞에 冠形詞形이 온다는 것은 생각하기 어렵다. 著者는 여기서도 轉訛를 생각한다. '曰'은 '法'字의 轉訛, 그리고 한 글자 건너 다음에 있는 '也'는 '聞'字의 轉訛로 보는 것이다. 이리하여 著者는 이 句를 '즐길 法이사 듣ᄂᆞ오다니'라 이해한다.

9. 阿耶 唯只伊吾音之叱恨隱潽陵隱

訓讀의 경우의 '伊'를 著者는 '뎌'로 읽는다. '伊'字를 언제나 '이'로 읽으면, '이'와 '뎌'의 對立에서 '이'만이 범람하고 '뎌'는 거의 쓰이지 않았다는 불균형을 초래할 뿐만 아니라, '이' 아닌 '뎌'로 읽어야만 하는 絶對的인 경우를 당하는 일이 있기 때문이다. 그 가운데서 가장 확실하다고 생각하는 例를 하나 보이겠다.

常隨佛學歌의 '身靡只碎良只塵伊去米'에서 끝의 넉자를 'ᄃᆞ트리 가매'로들 읽고 있으나, 'ᄃᆞ트리'는 마땅히 'ᄃᆞ틀뎌'로 읽혀야 할 곳인 것이다. 여기서의 '뎌'는 '아롬뎌'의 '뎌'와 같은 것이겠는데, 어원적으로는 동사어간 '디-'에 '어'가 연결된 것이겠다.

著者는 語頭에 놓인 '伊'는 '此', '是'等과 함께 모두 訓讀하는 태도를 취하는 것이며, 따라서 '伊吾音之叱恨隱'의 '伊'도 '뎌'로 읽는다. '뎌오밋'은 '저만한'에 대한 '조만한'에 해당하는 것이며, 'ㅅ흔'은 '-마흔'과 '-맛'의 混淆의 결과일지 모르겠다.

'潽陵'이 普賢十願歌에 두번 나오는 '善陵'과 同一한 단어의 표기라는 점에 대해서는 종래의 해독자들과 의견을 같이 하지만, 이를 '이든'의 표기라고는 보지 않는다. 또 著者는 '潽'字를 梁柱東이 본 것처럼 戱書라고도 생각하지 않는다. 著者의 推定은 이러하다. 문제의 名詞는 均如가 보였듯이 '善陵'으로 표기되는 傳統이 서 있었던 것인데, 遇賊歌의 原表記者는 이 전통과는 달리 삼수변이 붙은 어떤 글자를 '善'字의 위치에 적었던 것을 '善陵'의 表記 傳統을 아는 사람이 옮겨 적을 때에 그 字의 나머지 部分이 '善'字인 것처럼 의식하며 사전에도 존재하지 않는 '潽'字를 결과시켰던 것으로 생각하는 것이다. 그 張本人이 一然인지 或은 그 以前의 어떤 人物인지는 다른 轉訛의 경우들과 같이 알 수 없는 일이지만 不得已한 사정이 '潽'의 造字를 낳은 것이지, 결코 戱書는 아니었으리라고 생각한다. 그러면 그 본래의 글자는 무슨 字이고 '善陵' 또는 '潽陵'은 어떤 명사일까. 著者는 이 노래에서의 원래의 표기를 '淸陵隱'으로 想定하며 '몱--릉--은'으로서 '몰론'(ᄆᆞᄅᆞ+ᄋᆞᆫ)을 나타냈던 것으로 본다. ('淸'은 義訓借요 '善'은 正訓借라는 말이 되는데, '善陵'의 표기에 익숙한 사람이 '淸陵'의 표기를 보면서 '潽陵'으로 인식했으리라는 것이 著者의 論理다. '淸'에서의 '靑'의 筆寫體와 '善'의 그것은 상당히 가까운 모습으로 나타난다.

여기서의 'ᄆᆞᄅᆞ'의 의미는 小倉進平이 先驗的으로 假定한 '善業'에서 멀지 않을 것으로 필경은 '義'字의 訓으로 후세에 기록되고 있는 'ᄆᆞᄅᆞ'와 同一語이리라고 본다.

10. 安攴尙宅都乎隱以多

다른 해독자들과는 달리 '安攴尙 宅都 乎隱以多'로 떼어 읽으며, '乎'를 '無'의 轉訛로 본다. 지금까지의 해독에서 공통되는 부분이란 末尾의 '이다=以多' 뿐인데, 이는 '省如', '郞也'와 함께 공손형으로서의 一致를 보인다.

小倉進平 : 어ᄂᆡ 놉즉(이) 두오니이다

梁柱東 : 안디 새집 ᄃᆞ외니다

池憲英 : 안ㅅ 수ᄐᆞ오니다(숱오니다)

金善琪 : 아디 놉깐집 도고 숨은이다

徐在克 : 안히 안즉 모도니다

金俊榮 : 安ㅎ尙宅 도온이다

小倉進平과 金善琪의 '安攴'은 각각 '어ᄂᆡ'와 '아디=어듸'로 疑問辭가

되어 있고 따라서 全體를 의문문으로 보았으나, '이다'로 끝나는 의문문은 존재하지 않기 때문에 타당한 해독이라고는 보기 어렵다. 疑問辭를 포함한 의문문이라면 '-고'로 끝나는 것이 通例이고, '-다'로써 의문형이 되는 수도 있지만 그것은 주어가 2인칭일 경우 뿐이다.

梁柱東(과 金俊榮)의 해독에서는 'ᄃᆞ외니다', '도온이다'가 言語史에 反하는 例로 浮刻된다. 池憲英의 '수ᄐᆞ오니다'도 해독의 논리가 표명되어 있지 않지만 '尙宅都'의 子音 一部를 엮었을 뿐 母音은 거의 무시된 音讀으로 보인다. 徐在克의 '尙宅=안즉'은 '宅'을 '즉'으로 읽는 데에 無理가 있다.

이리하여 저들의 해독에 거의 기대지 못하고 독자적인 길을 찾을 수 밖에 없는 형편에 놓인다.

'安攴尙'에서의 '攴'은 先行字의 訓讀을 지시하므로, '安=없'이 된다. 讚耆婆郞歌의 '安攴下'를 '언저레'라고 읽은 것과 같은 논리인데, 다만 '安攴尙'에서는 '尙'이 末音添記라고 할 수 없는 것이 다른 점이다. '尙'은 義字後添이라 할 存在로 義訓借 '安'으로 音相을 보이면서 그 뜻을 指示하는 기능을 하는 것으로 보는 것이니, 그 기능에 있어 앞에서 본 바 있는 '過', '未'의 용법과 유사한 것이라 할 수 있다.

'宅都 無隱以多'는 '턱도 업스니다'로서 '내가 보인 저 程度의 善業픔은 부처의 無邊廣大한 法力의 世界에 比한다면 턱도 없는 작은 存在입니다.'라는 뜻이 된다.

이 노래의 해독에 있어 著者는 例에 없이 많은 轉訛를 想定하였다. 한 편의 노래를 읽으며 한두 글자가 아니라 6•7字를 고쳐 가지고 읽는다는 것은 분명히 정상적인 일은 아니다. 그러나 三國遺事에 실린 14首의 노래 가운데 분명한 缺字 表示로 넉자나 原文을 보이지 못한 唯一한 노래라는 것(後句亡의 경우를 논외로 한다.)을 우리는 重視해야 할 줄 안다. 아마도 一然이 참조하였을 原資料가 심한 훼손을 입어 알아보기 어렵게 되어 있는 것을 가진 노력을 하며 判讀하여 옮겨 적으면서도 끝내 넉자는 옮겨 놓지 못했던 것으로 보이니, 이 정도의 자료를 옮겨 적으면서 誤讀에 의

한 轉訛가 여럿 나온다는 것은 어쩔 수 없는 결과였을지 모를 일이다.

現代語譯 :

제 마음의
모습이 볼 수 없는 것인데,
日遠鳥逸 달이 난 것을 알고
지금은 수플을 가고 있읍니다.
다만 잘못된 것은 强豪님,
머물게 하신들 놀라겠읍니까.
兵器를 마다 하고
즐길 法을랑 듣고 있는데,
아아, 조만한 善業은
아직 턱도 없읍니다.

第四章　鄕歌 解讀의 實際(其二)

XV. 禮敬諸佛歌

1. 心未筆留
2. 慕呂白乎隱佛體前衣
3. 拜內乎隱身萬隱
4. 法界毛叱所只至去良
5. 塵塵馬洛佛體叱刹亦
6. 刹刹每如邀里白乎隱
7. 法界滿賜隱佛體
8. 九世盡良禮爲白齊
9. 歎曰　身語意業无疲厭
10. 此良夫作沙毛叱等耶

譯　詩：

(畫)
以心爲筆盡空王　瞻拜唯應遍十方

一一塵塵諸佛國　重重刹刹衆尊堂

見聞自覺多生遠　禮敬寧辭浩劫長

身體語言兼意業　總无疲厭此爲常

轉　字：

1. ᄆᆞᅀᆞᆷ—믜—붇—루
2. 그리—려—숣—오—은—부텨—뎨—앒—이
3. 절—ᄂᆞ—오—은—모마—만—은
4. 法界—얿—ㅅ—ᄃᆞ록—ㄱ—니르—거—랑

5. 塵塵—마—락—부텨—톄—ㅅ—刹—역
6. 刹刹—마다—다—모리—리—ᄉᆞᆲ—오—은
7. 法界—ᄎᆞ—시—은—부텨—톄
8. 九世—다ᄋᆞ—랑—절—ᄒᆞ—ᄉᆞᆲ—져
9. 歎曰 身語意業无疲厭
10. 이—랑—ᄆᆞᄅᆞ—짓—사—모—ㅅ—등—야

轉 寫:

1. ᄆᆞᅀᆞ미 부드로
2. 그리ᄉᆞᆯᄫᆞᆫ 부텨 알ᄑᆡ
3. 저ᄂᆞ온 모마ᄂᆞᆫ
4. 法界 업ᄃᆞ록 니르거라.
5. 塵塵마락 부텻 刹이역
6. 刹刹마다 모리ᄉᆞᆯᄫᆞᆫ
7. 法界 ᄎᆞ신 부텨
8. 九世 다ᄋᆞ라 절ᄒᆞᄉᆞᆲ져.
9. 아야, 身語意業无疲厭
10. 이렁 ᄆᆞᄅᆞ 지ᅀᅡ못ᄃᆞ야.

1. 心未筆留

譯詩의 '以心爲筆'이 아니더라도 이 句의 뜻은 분명하여 解讀에 큰 意見差를 발견할 수는 없다. 다만 일부에서 '筆留'를 '筆루'로 읽는 것은 온당한 일이 아니니, '으로'의 '으' 같은 이른바 媒介母音이 표기에 반영되지 않는다는 것은 鄕歌에 있어서의 일반적인 현상인 것이다.[39] '筆留'를 '부드루'로 하는 것은 梁柱東에 비롯되는 것이나, '留'字에 그만큼 충실해야 하는지는 의문이다. 中世語 자료에서는 '소ᄂᆞ로', '부드로'와 같이 모음조화의 힘은 '으'에 그치고 '로'에까지는 미치지 않기 때문이다.

39) '乙留'로 '-으로/-ᄋᆞ로'를 나타낸 것과 같은 약간의 예외가 있다.

2. 慕呂白乎隱佛體前衣

첫머리의 '慕呂'가 '畫'의 뜻을 위한 義訓借임은 분명하나 末音添記로서의 '呂'字가 설명하기 쉽지 않은 존재다. 이미 慕竹旨郎歌에 '慕理尸心未'가 있어 이 동사의 어간이 中世에 있어서와 같이 '그리-'일 것이 명백하고 普賢十願歌 안에서의 '呂'字들이 '리'를 위한 자리에 와 있기는 하지만, 과연 '呂'가 '리'를 위한 것인가, 또 그렇다면 왜 '呂'가 '리'로 읽히게 되었는가가 宿題로 남을 것이다.

刹刹每如邀里白乎隱(禮敬諸佛歌)

塵塵虛物叱邀呂白乎隱(稱讚如來歌)

를 비교해 보면 '呂'가 '里'의 誤記인 것 같이도 보이지만, 廣修供養歌의 '佛前灯乙直體良焉多衣'에서 '고티-'에 해당하는 語詞가 '直體'로 적혀 있음이 '里～呂'의 관계와도 비슷하여 性急한 결정을 하기가 어렵다. 혹 音韻論的 과제를 내포하는 것이 아닐까 싶어 後考를 기다리며 斷定을 피한다.

'前衣'를 '前의'로 읽는 데에는 반대하고, '알ᄑᆡ'로 한다. 訓讀과 音讀이 다 가능할 때에는 訓讀을 택하는 것이 著者의 基本 態度이기도 하지만 여기서는 '矣'字 아닌 '衣'字가 쓰인 것을 重視하여야 한다. 音讀될 자리에서의 '衣'는 마치 '焉'이 'ᄋᆞᆫ'을 위한 것으로 '隱'과 구별되는 것과 같이 'ᄋᆡ' 專用의 文字로서 '矣'에 대립되는 까닭에 陰母音을 가진 '前'字 아래에서 '의'의 표기로 쓰일 것은 아니기 때문에 '알ᄑᆡ'로 읽는 것이 타당하다고 보는 것이다.

3. 拜內乎隱身萬隱

'拜內乎隱'에 대한 金俊榮의 正解 '저ᄂᆞᆫ'에 도달하는 데에 너무 많은 시간이 소요되었다는 느낌이 강하다. '절'이라는 명사가 지금도 살아 있고 중세 자료에서 '저ᄉᆞᆸ고'등을 보면서 동사 '절-'을 발견하기가 그렇게도 어려웠을까 하는 생각이 든다. 小倉進平의 '빌으온', 梁柱東의 '저ᄂᆞ

온=절ᄂᆞ온', 池憲英의 '비ᄂᆞ온', 金善琪의 '빌나온' 모두가 '拜'의 의미에서는 꽤 떨어진 讀法이었다.

'身萬隱'에 대하여는 小倉進平에서 金俊榮에 이르기까지 '몸온', '모ᄆᆞᆫ', '모ᄆᆞᆫ', '몸안', '모먼' 등으로 조금씩 다르기는 하지만 명사 '몸'에 主題格 助詞가 연결된 것으로 보았다는 점에서는 같은 태도들인데, 그러한 것을 표기하기 위해서라면 '身音隱'과 같이 적었을 것이지 '身萬隱'과 같이 迂回的인 표기를 했으리라고는 믿어지지 않는다.

著者는 中世의 '몸'에 대응되는 古代의 형태는 '모마'라는 것을 전제로 '身萬隱'을 푼다. '모마'는 '곰'에 대한 '고마'와 같은 존재로 거기에 주제격이 붙은 것이 '身萬隱'인데 그것이 '모만'일지 '모마ᄂᆞᆫ'일지까지는 이 표기만으로 단정할 수가 없다. 末音添記로서의 '隱'은 '은'을 더하여 줄 때와 그 위에 이미 있는 'ㄴ'을 確認하는 구실만을 가질 때가 있기 때문이다. 그러나 이것이 셋째 句요, 第一句를 제외하고는 한 句의 音節數가 여섯 이하로 내려가는 일이 없다는 普賢十願歌 전체의 질서로 보아 '모마ᄂᆞᆫ'의 讀法이 가장 바람직한 것으로 본다. 主題格의 重加形이 鄕歌의 표기에서 달리 실증된 곳은 없지만, 對格의 重加形이 '於'字의 訓讀으로 용인되어야 할 형편이기 때문에 主題格의 重加를 기피할 이유는 없는 것이다.

4. 法界毛叱所只至去良

과녁을 벗어난 小倉進平의 '믿ᄉᆞ지'와 金善琪의 '몯고디'를 제외하고는 梁柱東의 '몯ᄃᆞ록'이 지배해 온 것이 '毛叱所只'에 대한 해독이었으나, 著者는 訓主音讀의 規範에 따라 '毛'를 訓讀하여 '없ᄃᆞ록'으로 읽는다. '업ᄂᆞ다', '업ᄂᆞᆫ'으로 활용하는 '없-'은 '업다', '업슨'쪽과는 달리 '없어진다'를 의미하는 것임은 잘 알려진 사실이다.

'至去良'에 대하여는 梁柱東의 '니르가라'가 일반적으로 받아들여지고 있고, 또 그것이 可能한 한 讀法이기는 하지만, 의미를 고려하여 '니르거라'로 읽는다. '去良'는 어미부에 놓인 것이 되므로 音讀하는 것이 正格

이다.

5. 塵塵馬洛佛體叱刹亦

뒷받침할 방증은 없지만 譯詩의 '一一塵塵諸佛國'이 보여 주는 의미로 보아, 梁柱東이 '每如'(마다)와 等價의 것으로 보며 '馬洛'을 '마락'이라 읽은 것은 타당한 일로서, 小倉進平이라면 모르지만 金善琪가 늦게 이를 의심하여 '每如'와 같이 '마다'로 한 것은 찬성할 수 없는 일이다.

句末의 '亦'은 梁柱東을 따라 많이 '이'라 하고 있지만, 金俊榮의 '여'가 좀더 발전된 해독일 것이다. 著者는 'ㄱ'까지를 살려 '이역'으로 한다.

6. 刹刹每如邀里白乎隱

兜率歌의 解詩에서 '邀'字가 '陪立'에 대응되는 것으로 보아도 그것이 '뫼시다'의 뜻임은 분명하지만, 해독에서 그 다음의 '里'字로 미래를 뜻하는 어미 '리'를 삼는 것은 옳지 않다고 본다. 鄕歌에 있어서의 '白', 中世語에서의 '숩' 앞에 올 수 있는 것은 어간 뿐이요, 使動이나 被動의 접미사면 모르지만, 다른 일체의 접미사의 개입을 허용치 않는 것이다. 이런 자리에 先語末 語尾 가운데서도 서열이 가장 낮은 '리'가 온다는 것은 전혀 있을 수 없는 일이다.

'里'는 '邀'의 뜻의 어간에 대한 末音添記일 수 밖에 없다. 中世에서의 語幹은 '뫼-'지만 古代에 있어서는 두 음절의 '모리-'였겠다는 것이 著者의 생각이니, 따라서 '邀里'의 '里'는 '慕理'의 '理', '舊理', '倭理', '川理', '汀理'의 '理'와 같은 자격의 것이 된다.

이러한 해석은 小倉進平과 그를 따르는 사람들에게 있어서의 '마ᄌᆞ리숩본'의 가능성을 완전히 배제한다. '邀'에 '맞는다'의 뜻이 없는 것은 아니로되, 이 동사를 택했을 때에는 '里'를 구제할 길은 완전히 막혀 버리는 것이다.

7. 法界滿賜隱佛體

별로 문제 될 것이 없는 곳이다.

8. 九世盡良禮爲白齊

'盡良'에 대하여는 小倉進平의 '다ᄋ아'에 시작하여 梁柱東에서 개량된 '다아'가 일반적인데, 金善琪만은 이색적인 '다라'(=도록)를 주장하고 있다. 그러나 著者는 '良'字가 모음 어간 다음에 와 있기 때문에 例에 따라 '다ᄋ라'라 읽는다. '盡良'의 의미는 稱讚如來歌 末尾의 '毛等盡良白乎隱乃兮'에서도 보는 바와 같이 梁柱東이 생각한 '悉'에 해당되는 것으로, 의미상으로는 문제가 없지만, 현대어의 '다하여'에 해당하는 副動詞形('다아'든지 '다ᄋ라'든지)에서 어떻게 그런 의미가 유도되는지 하는 문제는 앞으로 더 考究되어야 할 숙제로 남는다. 지금으로선 혹 '시러'(得)의 용법과 유사한 것이 아니었을까 억측될 뿐이다.

'禮爲白齊'의 '禮'에 대하여는 梁柱東의 '禮'보다는 小倉進平의 '절'을 택한다. '禮ᄒᆞ다'가 전혀 무리한 것은 아니지만, 그 用例가 없음에 반하여 '절ᄒᆞ다'는 지금껏 실용되는 어형이기 때문이다.

9. 歎曰 身語意業无疲厭

'歎曰'은 '阿邪'의 자리이니, '아야'로 적게 되며, 나머지는 漢文套이므로 그대로 옮겨진다.

10. 此良夫作沙毛叱等耶

小倉進平이 '此良夫 作沙 毛叱等耶'로 끊어 읽은데 대하여 梁柱東 이후로는 '此良 夫作 沙毛叱等耶'로 읽어 오고 있으나 著者는 '此良 夫 作沙 毛叱等耶'로 끊는다.

小倉進平에게서는 '毛叱等耶'를 '뭗으드라'로 하여 완전한 실패를 보고 '夫'를 '此良'에 붙임으로써 제대로 처리를 못하여 關鍵語를 놓치는등 開拓者로서의 悲哀를 十分 느끼게 하는 解讀上의 파탄을 목격하게 되나, '此良(夫)'를 '이렇게'의 뜻으로 본 것과 '作沙'의 '作'을 '짓-'으로 읽을 수 있었던 점을 높이 평가한다.

梁柱東에게서는 '沙毛叱等耶'(＝ᄉᆞ뭇다라)의 '毛叱等耶'를('毛'의 'ㅁ'을 뺀 것이라고 하는 것이 더 정확하다.) 어미로 본 것이 큰 공로가 되면서, '夫作'을 '브즐'로 읽은 것은 그의 해독에서 最大拙作의 하나로 기록될 것이다. '作'에 대한 '지슬' 또는 '딜'은 허용될 수 있을지 모르지만, 그것을 '夫'와 결합시켜 '브즈런ᄒᆞ-'의 '브즐'에 결부시킨다는 것은 논리적으로 불가능한 것이다. 그가 생각한 '브즐'이 '*브지슬'이나 '*브딜'에 일치될 수는 없는 일이다.

著者는 '이령'으로 '이렇게'를 삼으며 '夫'를 'ᄆᆞᄅᆞ'라 읽는다. '夫'는 '異斯夫＝苔宗'의 예로서 익히 알려져 있는 바와 같이 '宗'과 함께 'ᄆᆞᄅᆞ'의 표기로 추정되는 文字이며, 譯詩의 '常'字(總无疲厭此爲常)에 해당되는 것이다. 즉, '夫＝常'은 그 뜻이 '基準'이요 '根幹'일 뿐만 아니라, 이 句節 안에서의 核을 이루는 말인데, 이를 부사의 말음으로 붙이면서 제대로 읽지 못한다든지 또는 부질없이 '브즐'의 '브'로 둔갑시킨다든지 하는 일이 있어 가지고는 文意의 파악이란 처음부터 어림도 없는 일일 수밖에 없다.

金善琪의 '夫作＝부작(부쩍)'은 '브즐, 브질'보다 나은듯도 싶지만, 역시 文脈外의 것임에는 다름이 없다.

'作沙毛叱等耶'는 '지ᅀᅡ못ᄃᆞ야'라 읽히는데, 譯詩에서의 '爲常'의 '爲'에 해당한다. '-암-'은 持續態의 어미, '-옷ᄃᆞ야'는 禱千手觀音歌의 '古只內乎叱等邪'에서 본 것과 같은 어미다. 이 구절의 전체적인 의미는 '이렇게 基本을 지어 있노라'가 된다.

現代語譯 :

마음의 붓으로
그리온 부처 앞에
절하는 몸은
法界 없어지도록 이르거라.
티끌마다 부첫 절이며

절마다 뫼셔 놓은
法界 차신 부처
九世 내내 절하옵저.
아아, 身語意業无疲厭
이리 宗旨 지어 있노라.

XVI. 稱讚如來歌

1. 今日部伊冬衣
2. 南无佛也白孫舌良衣
3. 無尽辯才叱海等
4. 一念惡中涌出去良
5. 塵塵虛物叱邀呂白乎隱
6. 切德叱身乙對爲白惡只
7. 際于萬隱德海肹
8. 間王冬留讚伊白制
9. 隔句 必只一毛叱德置
10. 毛等尽良白乎隱乃兮

譯 詩 :

遍於佛界磬丹衷 一唱南无讚梵雄
辯海庶生三寸抄 言泉希涌兩唇中
稱揚覺帝塵沙化 頌詠毉王刹上風
縱未談窮一毛德 此心直待盡虛空

轉 字 :

1. 오—놀—주비—이—돌—의
2. 南无佛—여—숣볼—손—혀—랑—의
3. 無盡辯才—ㅅ—바돌—돌

4. 一念—악—히—솟—나—거—라
5. 塵塵虛物—ㅅ—모리—려—숣—오—은
6. *功德—ㅅ—身—을—對—ᄒᆞ—숣—악—ㄱ
7. 叉—가—만—은—德海—흘
8. *醫王—돌—루—기리—이—숣—져
9. 隔句 반독—ㄱ——毛—ㅅ—德—두
10. 몯—돌—다ᄋᆞ—랑—숣—오—은—너—헤

轉 寫：

1. 오ᄂᆞᆯ 주비돌히
2. 南无佛이여 ᄉᆞᆯᄫᆞᆫ 혀라히
3. 無盡辯才ㅅ 바ᄃᆞᆯ
4. 一念악히 솟나거라.
5. 塵塵虛物ㅅ 모리ᄉᆞᆯᄫᆞᆫ
6. 功德ㅅ身을 對ᄒᆞᄉᆞᆯ박
7. ᄌᆞ 가만 德海를
8. 醫王돌로 기리숣져.
9. 아야, 반독 一毛ㅅ 德도
10. 모돌 다ᄋᆞ라 ᄉᆞᆯᄫᆞᆫ 너여.

1. 今日部伊冬衣

梁柱東이 小倉進平의 '오ᄂᆞᆯ 주비 이르러'를 克服하고 '오ᄂᆞᆯ 주비돌ᄒᆡ'에 도달한 것은 획기적인 발전이었다. 다만 복수 접미사 '-돌'은 'ㄹ'로 끝나는 것이 아니라 'ㅎ'을 더 가졌던 것이므로, '冬衣'에 'ㅎ'을 시사하는 요소가 없기는 하지만 '주비돌히'로 'ㅎ'을 補入할 자리이다.

2. 南无佛也白孫舌良衣

'白孫'은 '숣손'일 수 없고, 역시 梁柱東이 '올'을 보충하여 'ᄉᆞᆯᄫᆞᆫ'

이라고 한 것이 最上이다. 이 讀法은 安民歌에서 '治良羅'를 '다ᄉᆞ릴러라'로 읽은 著者의 태도와 一致한다.

'舌良衣'의 '衣'는 '이'뿐이지만, '良中, 如中'를 고려하여 '多衣'에 대해서와 같이 'ㆆ'을 보충하여 '혀라히'라 읽는다.

3. 無盡辯才叱海等

梁柱東의 '바ᄃᆞᆯ'(=海等)로 충분한 곳이다.

4. 一念惡中湧出去良

梁柱東의 해독 '一念악히 솟나가라'를 따르되, 禮敬諸佛歌에서 '니르가라'(至去良)를 '니르거라'로 고친 것처럼 '솟나가라'를 '솟나거라'로 고친다.

5. 塵塵虛物叱邀呂白乎隱

禮敬諸佛歌의 '邀里白乎隱'에서 밝힌 바와 같이 '뫼시리ᄉᆞᆲ본'이나 'ᄆᆞᄌᆞ리ᄉᆞᆲ본'이 아니라 '모리ᄉᆞᆲ본'이라 읽어야 할 것이 '邀呂白乎隱'에서의 '呂'字의 존재로 지시되어 있다.

6. 切(=功)德叱身乙對爲白惡只

'對爲白惡只'의 어미 부분이 'ᄉᆞᆲ혀이'(小倉進平), 'ᄉᆞᆲ디'(梁柱東), 'ᄉᆞᆲ아'(池憲英), '살재'(金善琪)로 표류하다가 金俊榮에 이르러 '惡'과 '只'를 다같이 만족시키는 'ᄉᆞᆲ악'을 보게 되었다.

7. 際于萬隱德海肹

禱千手觀音歌의 '于萬隱'이 'ᄀᆞ만'이었던 데 대하여 여기서는 문자 그대로의 '가만'(玄)을 위해서 쓰이고 있다.

'德海肹'을 '德바ᄃᆞᆯ흘'등으로 읽고 있으나 3의 '海等'(바ᄃᆞᆯ)과의 차이를 고려하여 '德海ᄅᆞᆯ'이라 읽는다.

8. 間王冬留讃伊白制

'讃伊白制'는 小倉進平부터의 '기리숣져'로 充分하나, '間王'에 대하여는 '間王'을 해독에서도 그대로 유지한 小倉進平과 金善琪, '西王'을 주장하는 梁柱東, 그리고 梁柱東과 같이 '間'을 訓讀하여 '숫님'을 주장하는 池憲英과 金俊榮의 견해들이 있어 온다.

그러나 이들은 現存하는 均如傳의 文面을 너무나 고지식하게 신뢰하여 原典批判을 게을리한 데서 결과된 것들이다.

이 노래에서의 '間王'이 譯詩에서의 '醫王'과 대등한 관계에 있다는 것을 인식했으면, 漢字語로서 成立되지 않는 '間王'에 대해서 한번쯤은 의심을 했어야 할 것이다.

'醫'字의 草體는 '間'의 草體와 유사하여 寫本의 誤讀으로 생긴 轉訛가 곧 '間'이라고 보는 것이 著者의 견해다.

9. 隔句 必只一毛叱德置

'隔句'는 '阿耶'의 위치에 와 있으므로, 예에 따라 '아야'로 읽는다.

'一毛叱德置'는 '一毛ㅅ德도(두)'라고밖에 읽히지 못할 것이지만, 그 앞에 온 '必只'를 '비록'이라고 읽는 데에는 저항을 느낀다. 본래 小倉進平에게 있어서는 '반드기'라 읽혔던 것인데, 梁柱東에 와서 吏讀의 '必于'를 '비루'라 읽는 것에 의지하여 '비록'이라 읽게 된 이후로는 모두 이를 따르게 된 것이나, 吏讀에서도 '必只'는 '반드기'라 읽히는 것이지 '비록'이라 읽히는 것이 아니요, 또한 부사 '비록'은 文節을 지배하는 것이지 지금과 같이 '一毛ㅅ德도' 같은 名詞句를 지배하는 것은 아니라는 것이 '必只=비록'을 의심하는 둘째 이유다.

著者는 '必只'의 末音添記 '只'를 重視하여 '반독'으로 읽거니와, 이 '반독'은 '반독ᄒᆞ다'의 '반독'에 해당되는 것으로 '반듯이', '완연히'의 뜻을 가지는 것이요, '반드시'의 뜻은 오히려 二次的인 것이라 본다.

10. 毛等盡良白乎隱乃兮

'盡良'은 禮敬諸佛歌의 8에서 보았던 '다ᄋᆞ라'이며 '毛等'은 '毛多'과 같이 '모ᄃᆞᆯ'이다.

'白乎隱乃兮'를 한 단어로 보는 것은 小倉進平의 'ᄉᆞᆲ온네'부터의 일로 'ᄉᆞᆲ보뇌'(梁柱東) 'ᄉᆞᆲ오뇌'(池憲英), '살본내'(金善琪)가 다 大同小異하였던 터에 金俊榮의 'ᄉᆞᆲ온 나혀'의 出現을 본 것은 반가운 일이었다. 'ᄉᆞᆲ보뇌'와 같은 어형을 위해서라면 '白乎隱乃兮'에서의 '隱'은 필요 없었을 것이다. 다만 金俊榮의 '나'는 '乃'의 音에 의지하는 것인데, '吾'와 같이 적합한 文字가 있는 터에 불완전하게 '乃'로 표기한다는 것은 생각하기 어려운 일이다.

著者는 '乃'를 그 字義에 忠實하게 '너'라고 읽는다. 자기 자신을 對象化하여 부른 '너'라고 보는 것이다. '兮'를 '여'라고 읽은 것은 音讀이라기보다는 漢文에서의 用法에 따른 訓讀이라 하겠다.

現代語譯 :

오늘 部衆이
南無佛이여 사뢰는 혀에
無盡辯才ㅅ 바다
一念中에 솟아나거라.
塵塵虛物 뫼시온
功德身을 對하와
갓 가마득한 德海를
醫王들로 기리옵저.
아아, 반듯하게 一毛 德도
못다 사뢴 너여.

XVII. 廣修供養歌

1. 火條執音馬
2. 佛前灯乙直體良焉多衣
3. 灯炷隱須彌也
4. 灯油隱大海逸留去耶
5. 手焉法界毛叱色只爲旀
6. 手良每如法叱供乙留
7. 法界滿賜仁佛體
8. 佛佛周物叱供爲白制
9. 阿耶 法供沙叱多奈
10. 伊於衣波最勝供也

譯　詩：

至誠照明佛前灯 願此香籠法界興
香似妙峯雲聚黐 油如大海水洪澄
攝生代苦心常切 利物修行力漸增
餘供取齊斯法供 直饒千萬捴難勝

轉　字：

1. 블—줄—잡—음—마
2. 佛前灯—ᄋᆞᆯ—고티—베—랑—ᄋᆞᆫ—다—ᄋᆡ
3. 灯炷—은—須彌—여
4. 灯油—은—大海—일—루—거—야
5. *香—ᄋᆞᆫ—法界—없—ㅅ—*ᄃᆞ록—ㄱ—ᄒᆞ—며
6. *香—랑—마다—다—法—ㅅ—供—을—루
7. 法界—ᄎᆞ—시—인—부텨—베
8. 佛佛—온—갓—ㅅ—供—ᄒᆞ—ᄉᆞᆲ—져

9. 아—야 *佛供—사—ㅅ—ᄒᆞ—나
10. 뎌—를—닙—바—最勝供—여

轉 寫 :

1. 블 줄 자ᄇᆞ마
2. 佛前燈을 고티란ᄃᆡ
3. 燈炷는 須彌여
4. 燈油는 大海 이루거야.
5. 香ᄋᆞᆫ 法界 업ᄃᆞ록 ᄒᆞ며
6. 香아마다 法ㅅ供ᄋᆞ로
7. 法界 ᄎᆞ신 부텨
8. 佛佛 온갓 供 ᄒᆞᅀᆞᆸ져.
9. 아야, 佛供삿 하나
10. 뎌를 니버 最勝供이여.

1. 火條執音馬

'火條'는 梁柱東의 '브져'가 일반화되어 있으나, 이 같은 理解 태도가 실은 小倉進平의 '火箸'에 비롯된다. 漢字로 적었느냐 한글로 풀어 적었느냐의 차이는 있지만 條에 관한 한, '箸=져'이므로 같은 해석이라 할 것인데, '火箸'나 '브져'의 표기를 의도하였다면 직접 '火箸'라 쓰면 되는 것이지 '火條'라고 돌려 썼을 리가 없는 것이다.

또한, '條'와 '箸'가 현대음으로 하면 어느 정도 가깝다 하겠지만, '됴'와 '져'는 서로 변통해 쓸만큼 가까운 것도 아닌데다가 문맥으로 보아도 '부저까락'이 등장할 자리는 아닌 것이다. 燈의 심지를 다듬는 '가위'라면 또 모르되, 燈불을 고치는데 부저까락을 들고 와야 하는가도 의심스럽다.

金俊榮이 '條=나무가지'에 의지하여 '火條'를 漢字語로 보며 '불을 옮겨 붙이는 작은 나무가지'라 한 것은 '브져'에 비하여 훨씬 합리적이다.

그러나 著者는 '條'를 '나무가지' 아닌 '줄'로 보아 '불줄'이라 읽으며[40], 佛像 앞 천정으로부터 내려진 줄에 매다는 燈을 연상한다. 한 손으로 줄을 잡아 燈이 흔들리지 않게 하고 다른 한 손으로 燈을 고치는 것이니, '執音馬'가 持續態로 되어 있는 것은 이 줄을 잡는 행위가 燈불을 고치는 동안 계속되는 것을 의미한다.

종래에 '執音馬'를 '잡음에'(小倉進平), '자ㅂ며'(梁柱東, 池憲英), '잡오매'(金善琪), '잡으매'(金俊榮) 등으로 읽어 오고 있지만, 鄕歌에 많이 쓰이는 導入的 성격의 '……매'라면 格式대로 '……米'로 쓰였을 것이요, '자ㅂ며'를 위해서라면 '執旀'로 충분하였을 것이다.

'執音馬'의 표기는 '잡-'과 '-아' 사이에 持續態의 접미사 '音'(=옴)이 들어간 존재로 볼 때 외누리 없이 十分 정확한 것이 된다.

2. 佛前灯乙直體良焉多衣

'體'字가 '慕呂-'에서의 '呂'와 같은 성질의 문제점을 안고 있을 뿐, 梁柱東의 '佛前灯을 고티란디'는 매우 잘된 해독이다.

3. 灯炷隱須彌也

韻律의 관점에서 보아도 梁柱東의 '燈炷는 須彌여'가 일품이다.

4. 灯油隱大海逸留去耶

'逸留去耶'에 梁柱東의 '이루가라'가 일반적인 상황에서 金俊榮의 '일우가라'가 中世語形에 충실하려 한 것이 눈에 띈다. 그러나 '逸留'의 '留'를 만족시키는 것은 '일-'의 사역형 '이르-'에 '우'가 첨가된 '이루-' 일 수밖에 없다. 어미의 '去耶'에 대하여 '-가라'를 拒否하고 '-거야'로 하는 것은 著者의 一貫된 태도이다.

5. 手焉法界毛叱色只爲旀

本條의 '手'는 6의 첫字로서의 '手'와 함께 '香'이라야 하는 字이다. 비

40) '條'가 '시울' 또는 '시욹'으로 읽힐 수 있다면 6音節이 확보된다.

록 燈을 고치는 일을 손으로 하지만, 法界가 다하도록 영원무궁하라는 기원을 손에 바친다는 것은 이상한 일이 아닐 수 없다. 6의 '手良每如'에서도 둘밖에 없는 '손'에 '마다'를 붙인다는 것도 석연치 않은 일이다.

이들 두 '手'를 '香'으로 고칠 때, 그것은 譯詩의 두 '香'字에 대응되고 華嚴經의 해당 부분에서 보는 여러가지 '香'에 대한 설명에 부합되며, 그러므로써 '香良每如'의 '每如'가 살아나거니와 부처 앞에 피어 오르는 香을 보고 영원하라고 祝願하는 것은 宗教的 趣意에도 맞는 일일 것이다.

'毛叱色(巴)只'은 禮敬諸佛歌에서와 같이 '엽ᄃᆞ록'으로 한다.

6. 手良每如法叱供乙留

'手'가 '香'이라야 함을 다시 밝히는 일 이외에는 지적할 것이 없다.

7. 法界滿賜仁佛體

禮敬諸佛歌에 나왔던 것과 같은 句節인데 다만 '隱'字가 '仁'으로 바뀌어 있는 것이 다르다.[41]

8. 佛佛周物叱供爲白制

小倉進平처럼 '周物'을 '周物'로 남겨 두는 것이나, 梁柱東의 '다뭇'說, 또는 池憲英의 특이한 해석 '들들'에도 著者는 만족하지 않는다. '叱'은 '物'의 末音添記로서 '周物叱'을 '온갓'이라 읽게 하거니와 이 '온갓'은 명사 '供'에 걸리는 수식어다. 따라서 著者에게 있어서의 동사는 '供爲白齊'가 아니라 그대로 '爲白制'가 된다.

9. 阿耶 法供沙叱多奈

末尾의 '奈'를 金俊榮이 '내'로 읽어 종결어미를 삼은 것은 適切치 않고 종래대로 '나'로 읽는 것이 옳을 것이다. 특히 '法供'의 '法'이 佛의 略字인 '仏'을 잘못 읽은 데서 온 轉訛라고 보는 著者에게 있어서는 그것

41) 이 '仁'의 존재는 '里'에 대한 '呂'의 관계와 비슷하여 '隱'字의 轉訛일 可能性이 있다.

이 '나' 이외의 것일 수가 없다.

이 句節은 華嚴經이 '善男子 諸供養中 法供養最'라 한 부분에 해당하는 것으로 '法供養'이 모든 부처 供養 가운데 最高의 것임을 강조하는 곳이니, 그 많은 供養을 다시 法供養이라고 해서는 말이 되지 않는다.

6의 '法叱供乙留'에서 '法'과 '供'사이에 '叱'이 발견되는 데 대하여 지금의 '法供沙叱'에서는 그런 '叱'이 중간에 발견되지 않는 것도 '法'을 '佛'되게 하여 주는 조건의 하나가 된다.

10. 伊於衣波最勝供也

'伊於衣波'가 小倉進平에게서는 '이것바'이었고, 梁柱東 이후로는 '이어의바'로 하며 '어의바'를 감탄사로 하여 문맥에서 제외해 버렸으나, 둘다 만족스러운 것이라고는 할 수가 없다. 小倉進平의 것은 지금의 기준으로서는 해독이라고 할 수 없는 것이므로 논외로 치고, 梁柱東에게 있어서는 彗星歌의 감탄사 '也友' 이래로 그의 감탄사는 경계의 대상이 된다.

著者는 감탄사의 介在를 否定하며 '伊於 衣波 最勝供也'로 읽거니와 '伊於'는 '뎌를', '衣波'는 '니버'가 된다. '뎌'는 6의 '法叱供'을 가리키며, '於=를'은 訓讀에 의한 對格이요, '니버'는 '體得한다'는 뜻의 '입어'이다.

現代語譯 :

1. 불줄 잡고
2. 佛前燈을 고치는데
3. 燈炷는 須彌이요
4. 燈油는 大海 이루었네.
5. 香은 法界 없어지기까지 하며
6. 香에마다 法供으로
7. 法界 차신 부처
8. 佛佛 온갓 供 하옵저.
9. 아아, 佛供이야 많지만
10. 저를 體得하여 最勝供이여.

XVIII. 懺悔業障歌

1. 顚倒逸耶
2. 菩提向焉道乙迷波
3. 造將來臥乎隱惡寸隱
4. 法界餘音玉只出隱伊音叱如支
5. 惡寸習落臥乎隱三業
6. 淨戒叱主留卜以支乃遣只
7. 今日部頓部叱懺悔
8. 十方叱佛體閼遣只賜立
9. 落句 衆生界盡我懺盡
10. 來際永良造物捨齊

譯 詩:

自從無始劫初中 三毒成來罪幾重
若此惡緣元有相 盡諸空界不能容
思量業障堪惆悵 罄竭丹誠豈暫慵
今願懺除持淨戒 永離塵染似青松

轉 字:

1. 顚倒—여히—야
2. 菩提—아ᄋᆞ—ᄋᆞᆫ—길—ᄋᆞᆯ—입—바
3. 짓—려—ᄂᆞᆸ—오—ᄋᆞᆫ—멎—촌—ᄋᆞᆫ
4. 法界—남—옥—ㄱ—나—ᄋᆞᆫ—이—ᄋᆞᆷ—ㅅ—다—*攴
5. 멎—촌—비ᄒᆞᆺ—디—ᄂᆞᆸ—오—ᄋᆞᆫ—三業
6. 淨戒—ㅅ—主—루—ᄃᆡᆫ—이—*攴—ᄂᆡ—고—ㄱ
7. 오—ᄂᆞᆯ—주비—ᄇᆞᄅᆞ—브—ㅅ—懺悔
8. 十方—ㅅ—부텨—막—고—*이—시—셔

9. 落句 衆生界盡我懺盡

10. 來際—오라—랑—造物—ᄇᆞ리—져

轉 寫:

1. 顚倒 여히야
2. 菩提 아온 길흘 이바
3. 지ᄉᆞ려누온 머즈는
4. 法界 나목 나님ᄶᅡ
5. 머즌 ᄇᆡ홋 디누온 三業
6. 淨戒ㅅ主로 디니ᄂᆞ곡
7. 오ᄂᆞᆯ 주비 ᄇᆞᄅᆞᆺ 懺悔
8. 十方ㅅ 부텨 마기쇼셔.
9. 아야, 衆生界盡我懺盡
10. 來際 오랑 造物 ᄇᆞ리져.

1. 顚倒逸耶

梁柱東에서 시작된 '顚倒이라'나 金善琪의 '갇고리라'는 끝에 온 '耶'를 만족시켜 주지 못한다. '耶'字만을 놓고 보면 오히려 小倉進平의 '것구러디이어'가 성실한 편이다.

著者는 '顚倒 여히야'라 읽거니와, '야'로써 '耶'를 만족시켜 줄 뿐만 아니라, 다음 줄의 '迷波'와의 의미상의 맥락이 통할 수 있게 되는 것으로 믿는다. '顚倒'는 '菩提'에 대립되는 또하나의 極인데 '顚倒'를 떠나 있지 않으면 '菩提'를 향한 길을 헤매고 있을 수 없을 것이기 때문이다.

2. 菩提向焉道乙迷波

'菩提 아온 기를 이바'라는 梁柱東의 해독에서 '기를'을 '길흘'로 고치는 것으로 족할 것이다.

'迷波'는 '波'로 보아 그 語形이 '이바' 또는 '이버'일 것이나, 中世

자료에 문증된 대로의 형용사가 아니라, 동사로써 '이볽ᄒᆞ야' 즉 '길을 몰라 헤매어'의 뜻이겠다.

3. 造將來臥乎隱惡寸隱

梁柱東이 유독 여기서만 '將來'를 '려'로 읽지 않고, 小倉進平을 따라 'ㄹ'로 읽어야 한다고 생각하였는지 이해가 가지 않는다. '將來'의 用例는 普賢十願歌에 세 곳, 彗星歌와 遇賊歌에 각각 하나씩 하여 도합 다섯 군데가 있으나, 이들을 著者는 모두 '려'로 읽는다. '지ᅀᅳ려누온'이 이상하게 느껴졌을지 모르지만, '일부러 지으려는'것이 아니라 '제 탓으로 잣게 되는'을 뜻한다고 본다.

'惡寸隱'은 梁柱東까지 '모딘온'이라 해오던 것이지만, 池憲英이 이를 '머즌은'이라 고쳐 읽은 것이 돋보인다.

4. 法界餘音玉只出隱伊音叱如支

'法界餘音玉只'은 梁柱東의 '法界나목'으로 충분한 곳, '出隱伊音叱如支'는 小倉進平이 '나니이다'라 하고 梁柱東이 '나니잇다'라 한 곳이나, 그러한 의미라면 '나니이다'가 될 뿐 '叱'이 '音'과 '如' 사이에 介在하고 있을 수 없다. '音'은 언제나 '음'이라야 하기에 金俊榮의 '나님다'는 반가운 일이다. 여기서도 'ㅁ'은 持續을 뜻하는 것이겠다.

句末의 '支'는 指定文字 '攴'이라야 한다.

5. 惡寸習落臥乎隱三業

'惡寸'이 역시 '머즌'이라야 하며, '習'에는 小倉進平의 '버릇'과 梁柱東의 '빗홋'이 있으나, '빗홋'을 따라 둔다.

6. 淨戒叱主留卜以支乃遣只

梁柱東의 '淨戒ㅅ 主루 디니누곡'을 따르되, '디니ᄂᆞ곡'으로 읽는다.

7. 今日部頓部叱懺悔

'頓部叱'은 '頓叱'과 함께 이른바 難解語로서 많은 해석을 낳아 온 단어다. 해독만 보더라도, '頓ㅅ'(小倉進平), '頓部ㅅ'(梁柱東, 池憲英), '돈북'(金善琪), '돈부ㅅ'(金俊榮) 등으로 차이가 나거니와, 의미에 있어서는 외형들의 차이의 몇 배 되는 거리들이 보인다. 小倉進平에서는 '精進'이요 梁柱東에게서는 漸部에 대한 '頓部'(1965: 873의 補遺에서는 '道'一字의 戱書가 아닐까 하면서도 '未果'라 하여 留保的인 태도를 암시하고 있다.) 金善琪에서는 '듬뿍', 金俊榮에서는 '一切'가 되어 있고는 하는 것이다.

著者의 생각으로는 해독자들이 이 단어를 佛敎的 상황 속에서 너무 어렵게 생각한 것이 오히려 昏迷를 가져온 것이 아닌가 하며, 오히려 金善琪의 소박한 '듬뿍'에 好感을 가진다. 그렇다고 著者 자신이 그렇게 읽는 것은 아니다. 著者는 '頓部叱'을 '頓叱'과 함께 전형적인 訓主音從型의 표기로 보며 앞의 것을 'ᄇᆞᄅᆞᇩ' 뒤의 것을 'ᄇᆞᄅᆺ'이라 읽는다. 副詞 'ᄇᆞᄅᆞ'(바로, 곧)를 기준으로 생각하는 것이니, 'ᄇᆞᄅᆺ'은 中世 文獻에 보이는 것으로 'ᄇᆞᄅᆞ'에 例의 '叱'이 첨가된 것이겠고, 'ᄇᆞᄅᆞᇩ'은 'ᄇᆞᄅᆞ'에 접사 '-ᇩ'이 붙은 것이니 필경은 비슷한 뜻이다.

8. 十方叱佛體閼遣只賜立

'閼遣只賜立'에 대하여는 小倉進平이 '알고샤셔'라 읽고, 그것을 梁柱東이 '알곡샤셔'로 고치고, 그 뒤에도 '遣'이나 '只'를 달리 읽은 것들이 있기는 하지만, '閼'을 音讀한다는 점에서는 一致를 보아 왔다.

그러나 小倉進平처럼 '只'字를 무시하고 '알고샤셔'라 읽는다면 모르되 '只'字가 분명히 여기 존재하는 이상 '-고샤셔'형으로 읽는 것은 무리한 일이다. 여기에 있는 '고'가 'ᄒᆞ고, 가고,……'등에서의 '고'가 아닌 이상 'ㄱ'이 첨가될 자리는 아닌 것이다.

著者는 '閼'을 '막-'으로 訓讀한다. 다만 그것은 동사 '막-'(防)을 위한 것이 아니고 '마키-'(證)를 위한 義訓借다. 다음의 '遣'는 末音添記로 보는데 그것이 둘째 음절의 母音 'ᄋ'를 위한 近似値로 선택된 것인지 아니면 '*마긔-'라는 어형이 실재하였던 데 말미암는 것인지는 알 수 없다.

물론 그 다음의 '只'가 그대로 '只'라면 著者의 '마키쇼셔' 또는 '마긔쇼셔'도 성립되지 않는다. 그러나 '以'字의 書體에 'ㅁ'왼쪽에 '人'字를 쓴 것과 비슷한 것이 있음을 기준으로 하여 '只'를 '以'의 轉訛로 생각하며 '마키-'의 末音으로서의 'ㅣ'를 삼는 것이다.

部衆이 지금 막 참회한 사실을 十方의 부처님들이 함께 증거하소서 하는 의미는 종교적인 관점에서 매우 적합한 것이 된다고 믿는다.

9. 落句 衆生界盡我懺盡

'落句'는 '아야'라 읽는다.

10. 來際永良造物捨齊

'永良'은 譯詩 '永離塵染似靑松'의 '永'에 해당하므로 부사로 읽혀야 한다. 그런 점에서는 小倉進平이나 梁柱東의 '길어', '기러'보다 池憲英의 '기리', 金俊英의 '길애'가 더 나은 把握이나 '良'字를 만족시켰다고는 보기 어렵다.

著者는 濟州島 方言의 '하양'(많이)을 본받아 '오랑'이라 표기한다.

'捨齊'는 梁柱東 이래의 '…捨져'보다는 'ᄇ리져'가 나을 것으로 본다.

現代語譯 :

顚倒 여의여
菩提 向한 길을 몰라 헤매어
짓게 되는 惡業은
法界 넘어 나 있다.
惡한 버릇에 떨어지는 三業
淨界의 主로 지니고

오늘 部衆 바로 懺悔
十方 부처 증거하소서.
아아, 衆生界盡我懺盡
來際 길이 造物 버릴지어다.

XIX. 隨喜功德歌

1. 迷悟同體叱
2. 緣起叱理良尋只見根
3. 佛伊衆生毛叱所只
4. 吾衣身不喩仁人音有叱下呂
5. 修叱賜乙隱頓部叱吾衣修叱孫丁
6. 得賜伊馬落人米無叱昆
7. 於內人衣善陵等沙
8. 不冬喜好尸置乎理叱過
9. 後句 伊羅擬可行等
10. 嫉妬叱心音至刀來去

譯 詩：

聖凡眞妄莫相分 同體元來普法門
生外本無餘佛義 我邊寧有別人論
三明積集多功德 六趣修成少善根
他造盡皆爲自造 揔堪隨喜揔堪尊

轉 字：

1. 迷悟同體一ㅅ
2. 緣起一ㅅ一理一랑一찾一ㄱ一보一곤
3. 부텨一며一衆生一없一ㅅ一ᄃᆞ록一ㄱ
4. 나一의一모마一안一디一인一사ᄅᆞᆷ一음一잇一ㅅ一아래一려

5. ᄃᆞᆺ—ᄉ—시—을—은—ᄇᆞᄅᆞ—브—ᄉ—나—ᄋᆡ—ᄃᆞᆺ—ᄉ—손—뎡
6. 얻—시—이—마—락—사ᄅᆞᆷ—ᄆᆡ—없—ᄉ—곤
7. 어—ᄂᆡ—사ᄅᆞᆷ—ᄋᆡ—ᄆᆞᄅᆞ—ᄅᆞᆼ—들—사
8. 안—돌—ᄌᆡ—호—ᄅ—두—오—리—ᄉ—과
9. 後言 뎌—라—비기—가—녀—등
10. 嫉妬—ᄉ—ᄆᆞᅀᆞᆷ—니를—*ᄂᆞᆯ—오—가

轉 寫:

1. 迷悟同體ㅅ
2. 緣起ㅅ理라 차작 보곤
3. 부텨뎌 衆生 업ᄃᆞ록
4. 내ᄋᆡ 모마 안딘 사ᄅᆞᆷ 이샤리.
5. ᄃᆞᆺᄀᆞ시른 ᄇᆞᄅᆞᄇᆞᆺ 내ᄋᆡ ᄃᆞᆺ골손뎌.
6. 어드시리마락 사ᄅᆞᄆᆡ 업곤
7. 어느 사ᄅᆞᄆᆡ ᄆᆞᄅᆞ돌ᅀᅡ
8. 안돌 깃글 두오릿과.
9. 아야, 뎌라 비겨 녀든
10. 嫉妬ㅅ ᄆᆞᅀᆞᆷ 니를올가.

1. 迷悟同體叱

문장 구조상으로는 '尋只見根'의 목적어다.

2. 緣起叱理良尋只見根

'尋只見根'에서 '根'字가 '無叱昆'의 '昆'과 비등한 자격으로 쓰인 것은 '根'의 古音을 상고하는 데에 좋은 자료가 될 것이려니와, '尋只'의 해독은 '只'字에 대한 견해들이 서로 달라 '차저', '차지', '차자', '찾디' '찾' 등으로 나타나나 '只=ㄱ'으로 一貫하는 著者는 이를 '차작'으로 읽게 된다.

'理'는 梁柱東처럼 그대로 '理'라 읽을 것이지 小倉進平에서처럼 '理良'

='다ᄉᆞ려'라 읽을 것은 아니거니와, 그 다음의 '良'字는 '乙'이 아닌 이상 梁柱東의 경우처럼 'ㄹ'로 읽을 수 없다. 池憲英의 '理애'에서 文法的으로 옳은 형태에의 판단이 나왔지만, 金善琪의 '리라'가 더 적절하다.

이와 같이 형태면에서의 修正이 있었음에도 불구하고 金俊榮에게서 '迷悟同體라 緣起의 理致를 찾아보니'라 되어 있는 것은 '迷悟同體叱'의 '叱'과 '緣起叱'의 '叱'을 等價의 것으로 본 결과로 '찾아보다'라는 동사가 마치 處格 '에'를 지배하는 것처럼 이해하였기 때문일 것이다. 그러나 이 동사가 목적어를 필요로 하는 타동사인 이상, 前條에서 말했듯이 그 목적어는 '迷悟同體'요 그것을 찾아보는 곳이 '緣起叱理良'라야 하는 것이다.

3. 佛伊衆生毛叱所只

'毛叱所只'은 다른 곳에서와 같이 '몿ᄃᆞ록' 아닌 '없ᄃᆞ록'으로 읽는다.

'佛伊'의 '伊'는 訓讀하여 '뎌'라 읽는다. '伊'의 이런 용법은 常隨佛學歌의 '身靡只碎良只塵伊去米'의 '塵伊'에서 가장 전형적인 예를 보는 것인데, 이 '伊'를 音讀하면 주격의 '드트리'밖에 나오지 않아 '몸이 부서져, 티끌이 가매'밖에 안되지만 '뎌'는 '디-(作)+-어'이기 때문에 '몸이 부서져 티끌져(티끌이 되어)가매'라 읽히는 것이다.

여기서도 '伊'가 '이'라 한다면 '부처가 衆生 없도록'('몿ᄃᆞ록'이라 읽어도 비슷한 모순이 들어나지만)이 되어 이상한 문장이 된다. 거기 비하여 著者의 해독은 '부처 되어 衆生이 없어지도록'으로 佛敎的 理想이 실현되는 無限世까지라는 뜻이 된다.

4. 吾衣身不喩仁人音有叱下呂

이런 句節에 대해 문맥을 잘못 잡을 해독자는 없다. '吾衣'는 '내'나 '나ᄋᆡ'보다는 '내ᄋᆡ'가 어울리는 곳이요, '身'은 '몸' 아닌 '모마', '不喩仁'은 많은 사람들과 함께 '안딘', '人音'은 梁柱東의 'ᄂᆞᆷ'보다는 小倉進平의 '사ᄅᆞᆷ'이 역시 정통적이겠고, '有叱下是'는 慕竹旨郞歌에서부터 著者가 '이시리'나 '잇ᄒᆞ리'를 배격하고 '이샤리'라고 읽어 오는 단어다.

5. 修叱賜乙隱頓部叱吾衣修叱孫丁

다른 사람이 닦으시는 것이 바로 내가 닦는 것이라는 뜻이니 '頓部叱'(ㅂᄅ봇)은 適格의 자리에 있다.

'修叱賜乙隱'이나 '修叱孫丁'에서의 '叱'은 '닭-'의 'ㅅ'에 해당하는 것으로 'ㄱ' 또는 '골'이 생략된 粗略한 표기 탓으로 그것만 나타난 것이지 이로써 '닷-' 또는 '닷ᄀ-'의 표기로 보는 것은 지나치다.

6. 得賜伊馬落人米無叱昆

여기서 '賜'와 '伊'사이에 'ㄹ'을 보충하여 읽은 梁柱東의 해독 '어드샤리마락 ᄂᆞ미 업곤'이 제일 정확하다. 다만 'ᄂᆞ미'는 표기로 보아 '사ᄅᆞ미'로 屬格形이라야 할 곳이다.

7. 於內人衣善陵等沙

'善陵'은 遇賊歌의 '潛陵'과 함께 著者가 'ᄆᆞᄅᆞ'로 읽는 단어다.

8. 不冬喜好尸置乎理叱過

'喜好尸'에 대한 '깃홀'은 梁柱東에 비롯되는 것인데, '好'의 모음에 너무 집착할 것은 아니라고 본다. '호'의 音을 가진 漢字가 없는데다가 여기서는 '好'가 一種의 聲兼意者로 쓰였다고 보이기 때문이다. 句末의 '過'는 '遣'字의 잘못이 아니라면 濟州島 方言에서 보는 '-과'에 해당하는 것이겠다.

9. 後句 伊羅擬可行等

'後言'은 '아야', '伊羅'는 '더라'라 읽는다. '擬可'에 대하여는 小倉進平부터의 '비겨'와 池憲英이 제시한 '너겨'가 있는데, 字義에는 둘 다 적합하나 吏讀에서의 用例가 있는 前者를 취한다. '겨'에 '可'를 써서 半母音이 반영되지 못한 것은 '有叱下是', '有叱有米'의 경우와 비슷하다.

'行等'도 정밀한 표기에서라면 '行等隱'이 되었을 곳이다.

10. 嫉妬叱心音至刀來去

'刀'字를 '刃'의 誤로 보아 '至刃'으로써 '니를-' 또는 '니를-'을 표기한 것으로 본다.

종래의 '닐도올가'는 小倉進平에게서부터 내려 오는 것인데, 母音 語尾 앞에서가 아닌데, '닐'이 될 수 없을 뿐만 아니라 이러한 위치에 '도'가 나타난다는 것도 설명하기 어렵다.

現代語譯 :

迷悟同體를
緣起ㅅ理에 찾아 보니
부처 되어 衆生이 없어지기까지
내 몸 아닌 사람 있으리.
닦으심은 바로 내 닦음인저.
얻으실 이마다 사람이 없으니
어느 사람의 善業들이야
기뻐함 아니 두리이까.
아아, 이리 비겨 가면
嫉妬ㅅ 마음이 이르러 올까.

XX. 請轉法輪歌

1. 彼仍反隱
2. 法界惡之叱佛會阿希
3. 吾焉頓叱進良只
4. 法雨乙乞白乎叱等耶
5. 無明土深以埋多

6. 煩惱熱留煎將來出米

7. 善芽毛冬長乙隱

8. 衆生叱田乙潤只沙音也

9. 後言 菩提叱菓音烏乙反隱

10. 覺月明斤秋察羅波處也

譯 詩：

佛陁成道數難陳 我願皆趨正覺因
甘露洒消煩惱熱 戒香熏滅罪愆塵
陪隨善友瞻慈室 勸請能人轉法輪
雨寶遍沾沙界後 更於何處有迷人

轉 字：

1. 뎌—지즐—*ᄂᆡ—은
2. 法界—악—ᄋᆡ—ㅅ—佛會—아—희
3. 나—ᄋᆞᆫ—ᄇᆞ—ᄅᆞ—ㅅ—나ᇫ—랑—ㄱ
4. 法雨—을—빌—ᄉᆞᆲ—오—ㅅ—등—야
5. 無明土—깊—이—묻—다
6. 煩惱熱—루—다리—려—내—ᄆᆡ
7. 善芽—몯—돌—길—ᄋᆞᆯ—은
8. 衆生—ㅅ—밭—을—적시—ㄱ—사—음—여
9. 後言 菩提—ㅅ—여름—음—오—올—*ᄂᆡ—은
10. 覺月—ᄇᆞᆰ—근—ᄀᆞᄉᆞᆯ—찰—라—바—ᄃᆡ—여

轉 寫：

1. 뎌 지즐ᄂᆞᆫ
2. 法界아ᄀᆡᆺ 佛會아ᄒᆡ
3. 나ᄂᆞᆫ ᄇᆞᄅᆞᆺ 나ᅀᆞᆨ
4. 法雨를 비ᄉᆞᆯᄫᆞᆺᄃᆞ야.
5. 無明土 기피 무더

6. 煩惱熱로 다려내매
7. 善芽 모ᄃᆞᆯ 기른
8. 衆生ㅅ 바ᄐᆞᆯ 적셔미여.
9. 아야, 菩提ㅅ 여름 오ᄋᆞᆯ는
10. 覺月 ᄇᆞᆯᄀᆞᆫ ᄀᆞᅀᆞᆯ 라ᄫᆞ디여.

1. 彼仍反隱

小倉進平이 '彼'(뎌)를 衆生으로 생각하면서 '뎌 지ᄌᆞ얀'이라 읽었던 것이나, 梁柱東이 '뎌 너븐'이라 읽은 이후로는, 혹 '나븐', 'ᄂᆞ븐'으로 音相을 바꾸는 일이 있기는 해도, 모두 그를 따라 온 곳이다.

그러나 著者는 '너븐'이라면 '廣反' 같은 더 적절한 표기가 있었을 것으로 생각하기에, 그리고 9의 '烏乙反隱'에서 '反'이 여기 올 자리가 아니라고 생각하기에, 그와 함께 '仍反隱'의 '反'도 '乃'의 轉訛로 생각하면서 '지ᄌᆞᆫ'과 '오ᄋᆞᆫ'이라는 동사로 읽는다. 이들 두 동사에서의 어간말 'ㄹ'이 제대로 발음된 것인지는 아직 확인할 수 없다.

동사 '지ᄌᆞᆯ-'은 '중첩되다, 잇따르다'의 의미를 가진다.

2. 法界惡之叱佛會阿希

梁柱東의 '法界악읫 佛會아ᄒᆡ'로 충분한 곳이다.

3. 吾焉頓叱進良只

여기서도 '頓'은 '頓', '뽀', '頓ㅅ', '돈북', '모롲' 등으로 읽고들 있으나, 著者는 다시 'ᄇᆞ롯'으로 읽는다.

4. 法兩乙乞白乎叱等耶

語尾部의 '乎叱等耶'를 '옷다라'등으로 하지 않고 '옷ᄃᆞ야'로 읽는 것이 다른 點이다.

5. 無明土深以埋多

'埋多'가 '묻은' 아닌 '무다'(=무더)임을 밝힌 梁柱東의 공로가 돋보이는 자리다.

6. 煩惱熱留煎將來出米

梁柱東으로 하여금 '將來=려'를 확신케 한 句節이다.[42]

7. 善芽毛冬長乙隱

'長乙隱'은 小倉進平에게서 이미 '길은'으로 옳게 읽혔다.

8. 衆生叱田乙潤只沙音也

이런 문맥에서의 '田'을 '田'으로 하느냐 '밭'으로 하느냐 하는 것은 필경 해독자의 취향의 문제이고, '潤只沙音也'가 여러 가지로 읽히고 있는 것만이 주목의 대상이 된다.

小倉進平의 '불어삼으오'가 아직 모색의 단계였다면, 梁柱東의 '저지샤여'는 괄목할 만한 발전이었다. 그러나 '젖-'의 사역형으로 잡으면서도 '저지-'만을 생각하고 '적시-'쪽을 圈外에 두었던 것이나, 이것이 金俊榮에 와서 적절히 '적삼'으로 수정된 것이었다. '沙'에 音 '사'외에 '샤'가 있기는 하나 子音 다음에서의 半母音이 잘 반영되지 않는 일반적인 경향으로 보아 '沙'(사)로써 '샤, 셔'를 나타낸 것으로 보아 좋을 것이다.

著者의 '적셤'에서는 '적시-'가 어간, '엄'이 동명사형 접미사다.

9. 後言 菩提叱菓音烏乙反隱

'烏乙反隱'은 梁柱東 이후로 '오올ᄫᆞᆫ'이라 해 오고 있으나, 轉成語尾 'ᄇᆞ/브'가 이런 동사에 붙을 수 있다고는 생각되지 않는다. 'ᄇᆞ/브'는 단순히 형용사로 바꾸어 주는 기능에 그치는 것이 아니라, 주체의 정서적 상황 또는 감각을 나타내는 것이기 때문에 '깃브다, 슬프다, 알ᄑᆞ다, ᄀᆞᆺᄇᆞ다,…'등의 성립을 보지만, '*오올ᄫᆞ-'나 '*지즐브-'는 생각할 수 없는

42) '將來=려'를 다른 곳에서 인정하지 않는 사람들까지가 여기서는 '려'라고 읽고들 있다.

것이다. '反'字 誤字說(→乃)을 생각하는 이유가 여기 있으니 1에서는 '중첩되는 佛會', 여기서는 '익는, 완성되어 가는'으로 문맥에도 잘 어울리는 것으로 생각한다.

10. 覺月明斤秋察羅波處也

'秋察羅波處也'에서 '羅'字를 小倉進平은 對格의 '을'로 처리하였고, 梁柱東은 '察'字로 末音添記된 'ㄱ술'의 '술'에서의 'ㄹ'을 확인한 것으로 생각하였으나, 둘 다 따르기 힘든 논리들이다. 'ㄹ'만을 위한 것이라면 '尸'字가 있고 또 '乙'도 있는데, 굳이 '羅'字를 끌어다가 그 頭音만 딴다는 것은 있기 어려운 일인 것이다.

다음의 '波處也'는 小倉進平에게서 '밧치오'이고 梁柱東에게서 '바티여'이나 '處'字가 'ㅌ' 頭音을 가지지 않은 것도 문제이지만, '羅'字를 위로 떼어 올리고서의 결과들이고 보면, 이들도 따를 것이 못된다.

著者는 '處也'로서 '듸여'라는 어미를 삼거니와, '羅波'는 용언 어간이 된다. 中世의 자료에서는 '나온', '라온'이라는 관형사형으로밖에 보이지 않지만, 그 어간을 '라ᄫ-', '나ᄫ-'로 잡아 '羅波處也'로써 '즐겁도다'를 의미하는 것이라 보는 것이다.

現代語譯 :

저 잇따르는
法界의 佛會에
나는 바로 나아가
法雨를 빌었느니라.
無明土 깊이 묻어
煩惱熱로 대려 내매
善芽 못 기른
衆生 밭을 적심이여.
아아, 菩提 열매 온전해지는
覺月 밝은 가을 즐겁도다.

XXI. 請佛住世歌

1. 皆佛體
2. 必于化緣盡動賜隱乃
3. 手乙寶非鳴良尔
4. 世呂中止以友白乎等耶
5. 曉留朝于萬夜未
6. 向屋賜尸朋知良閪尸也
7. 伊知皆矣爲米
8. 道尸迷反群良哀呂舌
9. 落句　吾里心音水淸等
10. 佛影不冬應爲賜下呂

譯　詩：

極微塵數聖兼賢　於此浮生畢化緣
欲示泥洹歸寂滅　請經沙劫利人天
談眞盛會猶堪戀　滯俗群迷實可憐
若見惠灯將隱沒　盍傾丹懇乞淹延

轉　字：

1. 모ᄃᆞᆫ—부텨—톄
2. 빌—우—化緣—다ᄋᆞ—뮈—시—ᄋᆞᆫ—ᄂᆡ
3. 손—을——보—비—ᄋᆞᆯ—랑—금
4. 누리—려—ᄒᆡ—머믈—*믈—우—ᄉᆞᆸ—오—ᄃᆞᆼ—야
5. ᄇᆞᆰ—*논—아ᄎᆞᆷ—가—만—밤—믜
6. 아ᄋᆞ—옥—시—르—번—알—랑—*고티—르—여
7. 뎌—알—ᄀᆡ—의—ᄃᆞ빙—ᄆᆡ
8. 길—르—입—반—물—랑—ᄉᆞᆲ—러—혀

9. 落句 우리—리—ᄆᆞᅀᆞᆷ—믈—ᄃᆞᆰ—등
10. 佛影 안—돌—應—ᄒᆞ—시—아래—려

轉 寫:

1. 모ᄃᆞᆫ 부텨
2. 비록 化緣 다아 뮈시나
3. ᄉᆞᄂᆞᆯ 부븨울어곰
4. 누리히 머믈우ᅀᆞᆸ보ᄃᆞ야.
5. ᄇᆞᆰᄂᆞᆫ 아ᄎᆞᆷ 가만 바매
6. 아ᅌᆞ실 번 아라 고티리여.
7. 더 알ᄀᆡ ᄃᆞᄫᅵ매
8. 길 이ᄫᅡᆫ 물아 셜ᄫᅳ리여.
9. 아야, 우리 ᄆᆞᅀᆞᆷ믈 몰가ᄃᆞᆫ
10. 佛影 안돌 應ᄒᆞ샤리.

1. 皆佛體

梁柱東의 '한 부텨' 보다는 金俊榮의 '모ᄃᆞᆫ 부텨'가 더 적합하다. 梁柱東은 '모ᄃᆞᆫ'으로 할 경우, 특히 佛學歌의 '皆佛體置'에서 餘律이 생긴다 하였으나(1965:802), 著者의 판단으로는 '한 부텨'라 하면 이곳에서의 字不足이 더욱 심각한 것이라고 본다.

2. 必于化緣盡動賜隱乃

'必于'에 대한 梁柱東의 '비루'가 정직한 독법이기는 하나, 吏讀의 독법에 따라, 이미 小倉進平이 그랬던 것처럼, '비록'으로 읽는다.

梁柱東이 '盡動'을 '畢'의 戲書로 보아 'ᄆᆞᄎᆞ샤나'로 한 것은 譯詩에서의 '畢化緣'을 너무 강하게 의식했던 탓으로 본다. 著者는 이를 '다아 뮈시나'로 읽으며 化緣의 作動이 끝나 부처가 떠나게 되어 있는 것을 의미한다고 본다. 金俊榮의 'ᄆᆞ차 뮈샤나'에서는 일반적인 訓 '다ᄋᆞ-'를 버리고 있는데 小倉·梁 이래로 '化緣'을 목적어로 생각해 온 흐름에 따른 것이겠으나, 著者에게 있어서는 자동사 '다ㅇ-'를 지배하는 주어가 되어 있다.

3. 手乙寶非鳴良尒

'寶非'는 小倉進平으로부터 '부븨-'로 옳게 읽히고 있는 곳이고, '鳴良尒'에 대하여는 '尒'를 '爾'로 보아 '울이'로 했던 梁柱東이 '울여곰'으로의 轉換을 시사하고 있어(1965:873) 모두 '울리다'의 뜻으로 보게 되었다. 다만 '鳴良'는 '울여'이기보다는 '울-'의 사역형 '우르-'에서 온 '울어'일 것으로 본다.

4. 世呂中止以友白乎等耶

끝의 '다라'를 빼고는 梁柱東의 '누리히 머믈우ᄉᆞᆲ다라'에 만족해야 할 곳이다. 그러나 '止以友'가 '머믈우'가 되기 위해서는 '以'字가 '物'의 轉訛인 것을 전제해야 한다는 것이 著者의 생각이다.

5. 曉留朝于萬夜未

小倉進平의 '새벽으로 아촘 밤이'가 梁柱東에서 '새바루 아촘 바미'라 가다듬어져 내려오는 가운데, 金善琪의 '샐 아차무만 밤애'는 '아침'과 '밤'의 대조로 승화시켰다는 점에서 큰 발전이었다고 본다. 그러나 그의 '샐 아침 먼 밤에'에 있어서는 아직도 '밤'에 대하여 '아침'이 종속적인 위치에 있지만, 著者의 '붉논 아촘 가만 바매'에서는 '아침'과 '밤'이 완전히 대등한 자격을 가지게 된다. '于萬'이 '二于萬隱'(禱千手觀音歌)과 '際于萬隱'(稱讚如來歌)에서 'ᄀ만'과 '가만'을 위해서 쓰였던 바로 그 '于萬'이고 보면, '朝' 앞에 온 '曉留'도 관형사형일 것은 논리적 必然이다. 다만 '留'가 'ㄹ'등으로 읽힐 글자는 아니라고 보기에 '留←畓'의 轉訛를 想定하는 것이다.

6. 向屋賜尸朋知良閪尸也

著者는 稱讚如來歌에서의 '間王'의 '間'字와 함께 이곳에서의 '閪'字를

'醫'字의 轉訛로 본다. 따라서 '閭尸也'는 어미가 아니라 '고틸이여'로서 '고침이여'의 뜻이 되어 譯詩의 '請經沙劫利人天'에서의 '利'字에 대응될 것으로 본다.

菩提를 향하는 뜻을 일으킨 衆生들을 부처들이 식별하여 그 마음을 고쳐 줌을 이르는 것이니 그래야만 7, 8에서 이 사실을 알게 되면 迷妄한 무리가 서러우리라는 표현에서 언급되는 '사실'이 성립되는 것이다.

7. 伊知皆矣爲米

'伊'는 '이' 아닌 '뎌'로 읽기 때문에 '뎌 알기 드뵈매'로 읽는다. '皆矣'를 '긔'로 읽고, '爲米'를 'ᄃᆞ외매'로 한 것은 梁柱東의 큰 공로다.

8. 道尸迷反群良哀呂舌

'迷反'은 여기서도 형용사 아닌 동사로서 '몰라 헤매는'을 뜻하겠고, '群良'은 梁柱東의 '물'보다 金俊榮의 '물아'가 정확하다(小倉進平 : 무리여), '哀呂舌'는 '슬흘셔'(梁柱東)등으로 읽히나 '呂'를 '里', '羅' 등과 함께 마구 'ㄹ'을 위한 略音借라고 하는 데 同調할 수 없기 때문에 著者로서는 '셜ᄫᅳ리여'라 읽게 된다.

9. 落句 吾里心音水淸等

'落句'는 '아야', 그 이하는 梁柱東의 '우리 ᄆᆞᅀᆞᆷ믈 몰가ᄃᆞᆫ'으로 완벽하다고 본다.

10. 佛影不冬應爲賜下呂

이 句節도 梁柱東의 '佛影 안돌 應ᄒᆞ샤리'로 충분하다. 다만 '應ᄒᆞ샤리'에 이르는 과정에서 그의 '샤'는 '賜'에서 직접 나오는 것임에 반하여 著者의 경우는 '시'(賜)+'아'('아래'의 첫 음절)에서 나오는 것으로 하는 것이 다르다.

現代語譯 :

모든 부처

化緣 끝나 움직이시나
손을 비벼 올려서
세상에 머무르시게 하도다.
밝는 아침 깜깜한 밤에
菩提 향하시는 벗 알아 고침이여.
저 사실 알게 되매
길 몰라 헤매는 무리여 서러우리.
아아, 우리 마음 물 맑으면
佛影 아니 應하시리.

XXII. 常隨佛學歌

1. 我佛體
2. 皆往焉世呂修將來賜留隱
3. 難行苦行叱願乙
4. 吾焉頓部叱逐好友伊音叱多
5. 身靡只碎良只塵伊去米
6. 命乙施好尸歲史中置
7. 然叱皆好尸卜下里
8. 皆佛體置然叱爲賜隱伊留兮
9. 城上人 佛道向隱心下
10. 他道不冬斜良只行齊

譯 詩：

此娑婆界舍那心 不退修來迹可尋
皮紙骨毫兼血墨 國城宮殿及園林
菩提樹下成三點 衆會場中演一音
如上妙因摠隨學 永令身出苦河深

轉 字：

1. 우리—부텨—톄
2. 모ᄃᆞᆫ—가—ᄋᆞᆫ—누리—려—닶—려—시—루—은
3. 難行苦行—ㅅ—願—ᄋᆞᆯ
4. 나—ᄋᆞᆫ—ᄇᆞ ᄅᆞ—브—ㅅ—좇—호—번—뎌—음—ㅅ—다
5. 몸—미—ᄀᆞ—ᄇᆞᆺ—랑—ᄀᆞ—드틀—뎌—가—ᄆᆡ
6. 命—을—施—호—ᄅᆞ—ᄉᆞᅀᅵ—시—히—두
7. 그러—ㅅ—모ᄃᆞᆫ—호—ᄅᆞ—딘—아래—리
8. 모ᄃᆞᆫ—부텨—톄—두—그러—ㅅ—ᄒᆞ—시—은—이—루—혜
9. 城上人 佛道—아ᄋᆞ—은—ᄆᆞ솜—하
10. 녀느—길—안—돌—빍—랑—ᄀᆞ—녀—져

轉 寫:

1. 우리 부텨
2. 모ᄃᆞᆫ 간 누리 닷ᄀᆞ려시론
3. 難行苦行ㅅ 願을
4. 나ᄂᆞᆫ ᄇᆞᄅᆞᄇᆞᆺ 조초 번뎜ᄶᅡ.
5. 모ᄆᆡ ᄇᆞᄉᆞᆨ 드틀뎌 가매
6. 命을 施홀 ᄉᆞᅀᅵ히도
7. 그럿 모ᄃᆞᆫ 홀 디녀리.
8. 모ᄃᆞᆫ 부텨도 그럿 ᄒᆞ시니로여.
9. 아야, 佛道 아ᄋᆞᆫ ᄆᆞᅀᆞᆷ하.
10. 녀느 길 안돌 빗거 녀져.

1. 我佛體

이런 위치에서의 '佛體'를 '부텨'로 할 것이냐 '부톄'로 할 것이냐에 대한 확실한 기준은 없다. (小倉進平 : 부텨/梁柱東 부톄)

2. 皆往焉世呂修將來賜留隱

'皆往焉'을 '니건'을 위한 戱書라고 생각한 梁柱東의 견해는 過한 추측

이요, 金俊榮처럼 '모든 니건 누리' 식으로 읽는 것이 佛教的인 취의에도 맞는 것이겠다. 다만 梁柱東의 '니건'을 굳이 유지할 것은 없으니, 가장 평범하게 '간'으로 하는 것이 오히려 적절할 것이다.

'修將來賜留隱'에서 '留'를 이런 자리에서 발견하는 것은 의외의 일이다. 中世의 文獻에는 繫辭 '이' 아래에서만 올 수 있는 것인데, 古代에서는 그 사용의 폭이 더 넓었던 것인지 後考를 기다린다.

3. 難行苦行叱願乙

4. 吾焉頓部叱逐好友伊音叱多

과거의 해독에서 그대로 받아 들일 수 있는 것은 '吾焉'에 관한 것에 그친다. '頓部叱'은 부사 'ᄇᆞᄅᆞᆺ'이고, '逐好友伊音叱多'는 '조추티잇다'(梁柱東)로 대표되듯이 한 단어로 읽을 것이 아니다. '逐好'는 '조초'로서 讚耆婆郎歌에서의 '逐于'와 같으며, '友'는 '벋', '伊'는 다음 줄의 '塵伊'의 '伊'와 함께 '뎌'(←디-〔作〕+-어)로서 '音叱多'와 더불어 '벋지어 있다'는 持續態를 보이는 것이다.

5. 身靡只碎良只塵伊去米

'身靡只'의 '只'를 처음으로 반영시킨 것은 金俊榮에 와서의 일이다.

'碎良只'의 '只'를 'ᄇᆞ삭'으로 적으면서 바로 위의 이 '只'는 흘려 넘긴 것은 中世의 문헌에 이런 主格의 예가 보이지 않은 데 말미암은 것이었겠으나, 온당한 일은 아니었다.

'塵伊去米'는 '드르리 가매' 식으로 읽혀 온 것이나, '伊=뎌'를 인식하는 著者에게 있어서는 '드틀뎌 가매'가 된다. '뎌'는 '디-+-어'로서 기원적으로는 동사의 부사형이나 '아룸뎌'(私私로히) 등에서는 접사화된 것으로 보인다.

6. 命乙施好尸歲史中置

'歲史'는 석연치 않은 用字이나, 더 나은 讀法을 발견하지 못하겠기에

梁柱東을 따라 'ㅅㅿ'라 읽어 둔다.

7. 然叱皆好尸卜下里

梁柱東의 '然叱皆=그랏긔'(=그랗긔)에서 보는 'ㅅ=ㅎ'을 이런 자리에서 인정할 수는 없는 것이기에 다음 줄에서와 같이 '然叱'으로 한 단어로 끊어 '그럿'으로 읽고 '皆'는 1이나 8에서와 같이 '모든'으로 읽는데, 여기서의 '모든'은 동명사형으로서 '모든 것'을 뜻한다.

'卜下里'에 대하여 梁柱東이 '빅ᄒᆞ리'(注釋 부분에서는 '보히리')를 배정한 것은 譯詩의 '如上妙因摠隨學'의 '學'字에 얽매인 것이었으나, 解讀의 正道라고는 하기 어려운 것이었다.

池憲英이 창안하고 金俊榮이 이를 따른 '디ᄒᆞ리'는 '빅ᄒᆞ리'에 비하면 몇배 나은 해독이었으나, '下里' '下是'가 'ᄒᆞ리'로 읽히는 것이 아니요 著者에게서는 언제나 '아리'인데다가 '卜'은 원칙적인 '디니'를 유지시켜야 하는 것이기에 '디녀리'라 읽는다.

8. 皆佛體置然叱爲賜隱伊留兮

'皆'를 '모든'으로 읽고 句末의 '留兮'를 '로여'로 읽는 것 이외에는 梁柱東의 해독과 같다.

9. 城上人 佛道向隱心下

'城上人'은 확실한 戱書이겠고, '佛道 아ᄋᆞᆫ ᄆᆞᅀᆞᆷ하'까지의 梁柱東의 해독은 완벽하다.

10. 他道不冬斜良只行齊

'他'를 訓讀하면서 '녀느'를 버리고 굳이 '년'을 따를 것은 없다. 또한 '斜良只'은 '빗겨'보다는 '빗걱'이 正格이다.

現代語譯 :

우리 부처

모든 옛누리 닦으려 하신
難行苦行願을
나는 바로 쫓아 번 지어 있도다.
몸이 부서져 티끌 되어 가매
命을 施할 사이에도
그리 모든 것 하는 일 지니리.
모든 부처도 그리 하시니로세.
아아, 佛道 향한 마음이시어.
딴 길 비껴 가지 않을진저.

XXIII. 恒順衆生歌

1. 覺樹王焉
2. 迷火隱乙根中沙音賜焉逸良
3. 大悲叱水留潤良只
4. 不冬萎玉內乎留叱等耶
5. 法界居得丘物叱丘物叱
6. 爲乙吾置同生同死
7. 念念相續无間斷
8. 佛體爲尸如敬叱好叱等耶
9. 打心 衆生安爲飛等
10. 佛體頓叱喜賜以留也

譯 詩:

樹王偏向野中榮 欲利千般萬種生
花果本爲賢聖體 幹根元是俗凡精
慈波若洽靈根潤 覺路宜從行業成
恒順遍敎群品悅 可知諸佛喜非輕

轉 字:

1. 菩提—樹王—ᄋᆞᆫ
2. 입—블—은—을—불휘—히—사—음—시—ᄋᆞᆫ—일—랑
3. 大悲—ㅅ—믈—루—젓—랑—ㄱ
4. 안—돌—이볼—옥—너—오—루—ㅅ—ᄃᆞ—야
5. 法界—거—득—구—믈—ㅅ—구—믈—ㅅ
6. ᄒᆞ야—을—나—두—同生同死
7. 念念相續无間斷
8. 부텨—톄—ᄃᆞ빙—ᄅᆞ—다—고마—ㅅ—호—ㅅ—ᄃᆞ—야
9. 打心 衆生—便安—ᄒᆞ—놀—등
10. 부텨—톄—ᄇᆞᄅᆞ—ㅅ—져—시—이—루—여

轉 寫:

1. 菩提樹王ᄋᆞᆫ
2. 이ᄇᆞ늘 불휘 사ᄆᆞ시니라.
3. 大悲ㅅ믈로 저적
4. 안ᄃᆞᆯ 이ᄇᆞᄂᆞ오롯ᄃᆞ야.
5. 法界 ᄀᆞ독 구믈ㅅ구믈ㅅ
6. ᄒᆞ야ᄂᆞᆯ 나도 同生同死
7. 念念相續无間斷
8. 부텨 ᄃᆞ빌다 고맛 홋ᄃᆞ야
9. 아야, 衆生 便安ᄒᆞ놀돈
10. 부텨 ᄇᆞ롯 깃그시리로여.

1. 覺樹王焉

'覺樹王'을 해독에서도 지켜 내려오고 있지만, '覺樹'란 말이 實在했을까는 의심스럽다. *Bodhi*=菩提=正覺이므로 '菩提樹王ᄋᆞᆫ'이라는 해독을 택한다.

2. 迷火隱乙根中沙音賜焉逸良

梁柱東의 '이ᄫᅩᄂᆞᆯ 불휘 사ᄆᆞ샤니라'가 얼마나 희기적인가 하는 것은 小倉進平의 '迷火에 숨을 불휘에사 옮샤ᄂᆞᆫ 일야'에 견주어 보면 알 일이다. 金善琪가 부분적으로 小倉進平에의 回歸를 보였을 뿐 池憲英과 金俊榮이 梁柱東을 따르고 있는 것은 당연하다.

3. 大悲叱水留潤良只

'젖-'은 자동사이므로 梁柱東의 피동형(?) '저지역'이 아니라 金俊榮의 '저자ㄱ'(=저적)이 '潤良只'에 맞는 해득이다.

4. 不冬萎玉內乎留叱等耶

'萎玉'의 '玉'字에 사로잡혀 모두 '이우-', '이오-'로 하고 있으나 '이ᄫᅩ(ㄹ)-'로 표기할 곳이다. '이ᄫᅩᆯ-'의 'ㄹ'이 'ㄴ' 앞에서 그대로 발음되었겠느냐, 또는 中世 이후에 있어서와 같이 떨어졌겠느냐는 우리가 밝히지 못하는 숙제임은 이미 여러 곳에서 언급했던 일이다. 文面에 'ㄹ'이 반영된 듯한 경우에도 그것이 'ㄹ'의 實在까지를 보증해 주지 못함은 2의 '迷火隱'의 표기에서 보는 바와 같다. 여기서 의도된 것은 '읿-'의 동명사형 '이ᄫᅩᆫ'인데 '火'의 訓 'ᄇᆞᆯ'의 'ㄹ'은 '隱=ㄴ'으로 代替添記되어 있는 것이다.

'萎玉內乎留叱等耶=이ᄫᅩᄂᆞ오롯ᄃᆞ야'에서의 '留'는 常隨佛學歌에서 본 '修將來賜留隱'의 '留'와 같은 존재이다.

5. 法界居得丘物叱丘物叱

小倉進平의 '法界 ᄀᆞ독 子믈子믈'이 시인되어 오는 구절이다.(池憲英은 예외)

6. 爲乙吾置同生同死

'吾置同生同死'는 '나도 同生同死'로 문제가 없으나, '爲乙'을 'ᄒᆞᆯ'이

라 하여 오는 데에는 同意할 수가 없다. 後世의 吏讀에서라면 모르되 鄕歌의 표기에서는 관형사형의 'ㄹ'은 '尸'로 적히는 것이지 '乙'로 적히는 것이 아닌데다가, 의미로 보아서도 '爲乙'이 '홀'이라면 의미상의 주어가 '나'가 되므로써 '내가 法界 가득 구물구믈한다'는 것이 된다. 自他一如이기 때문에 구물거리는 衆生이 곧 '나'라고 할지 모르지만, 그래 가지고는 '吾置同生同死'가 성립되지 않는다. (池憲英의 '듥들ㅅ드욀나두'도 이 점은 같다.)

'法界居得丘物叱丘物叱 爲乙'과 '吾置同生同死'는 서로 對稱的이어야 한다는 意味 脈絡을 만족시키며 동시에 '乙'의 용법에 맞는 讀法을 著者는 'ᄒᆞ야늘'에 찾는다. '法界 가득 벌레처럼 衆生이 우글우글하거늘, 나도 그들과 生死를 같이 하려노라'의 뜻이 된다.

7. 念念相續无間斷

8. 佛體爲尸如敬叱好叱等耶

'佛體爲尸如'에 대한 小倉進平의 '부텨 ᄒᆞᆫ데'는 해독의 常道를 벗어난 것으로 문제 밖이고, 梁柱東의 '부톄 ᄒᆞᆯ둣'과 그의 계통을 잇는 '부텨ᄒᆞᆯ다비' (金俊榮=金善琪 : 깔라비)만이 검토의 대상이 된다.

梁柱東이 이해한 것과 같은 의미라면, '佛體爲賜如' 아니면 적어도 '佛體爲賜尸如'은 되어야겠으나, 여기서는 '爲尸如'일 뿐임을 먼저 지적하거니와, 만약 내가 하는 것과 같은 일을 부처가 하고 있는 것으로 이해한다면 부처도 나와 같이 衆生에게 '敬'을 해야 하는데, 이런 일은 佛經의 내용과 일치된다고 하기가 어렵다.

'佛體爲尸如'는 '부톄 ᄃᆞ빌다' (부처가 되려 하느냐)로 읽힐 자리다. 그 菩薩道에의 發心을 치하하며 '敬'을 하는 것인데, '敬'은 종래와 같이 '敬'으로 남겨 둘 것이 아니라 '고마'로 訓讀하는 것이 옳다.

9. 打心 衆生安爲飛等

梁柱東의 '衆生 便安ᄒᆞᄂᆞ든' 쪽을 따른다. 著者는 '安'에 대하여 '엾-'

이라는 古訓을 가정하고 있지만, 그것이 지금에 전하지 않음은 '편안'으로의 교체가 꽤 일찍 이루어진 때문이 아닌가 생각하기 때문이다. '爲飛等'의 존재로 보아서 '安'이 漢字語일 公算은 크나 '安ᄒᆞ다'라는 표현이 확인될 수는 없는 것이기에 小倉進平의 '安ᄒᆞᄂᆞ든'을 멀리한 것이다.

'爲飛等'의 '飛'를 文字 그대로 '놀'로 한 金俊榮의 태도는 安民歌의 '爲內尸等焉'으로 보아 합리적인 것이나, 時代差가 있으므로 이 문제는 좀 더 연구되어야 할 것이다.

10. 佛體頓叱喜賜以留也

'頓叱'은 여기서도 'ᄇᆞᄅᆞᆺ'에 해당한다.

小倉進平의 '喜=깃브-'를 벗어나 梁柱東이 '깃그샤리롸'로 한 것은 작은듯하면서도 꽤 중요한 改讀이다. 그러나 그의 '롸'는 屢言한 바와 같이 '-오라>-으롸'라는 썩 後代의 변화의 결과이므로 여기 등장시킬 것이 아니고, 여기서의 '留'는 2에서 말한 '留'와 같은 성질의 것으로 보아야 할 것이니, 金俊榮의 '-루여'가 정직한 것이다.

現代語譯 :

菩提樹王은
迷惑을 뿌리 삼으시니라.
大悲 물로 젖어서
이울지 아니하는 것이더라.
法界 가득 구물구물
하거늘 나도 同生同死.
念念相續无間斷
부처 되려 하느냐 恭敬했도다.
아아, 衆生 便安하면
부처 바로 기뻐하시리로다.

XXIV. 普皆廻向歌

1. 皆吾衣修孫
2. 一切善陵頓部叱廻良只
3. 衆生叱海惡中
4. 迷反群无史悟內去齊
5. 佛體叱海等成留焉日尸恨
6. 懺爲如乎仁惡寸業置
7. 法性叱宅阿叱寶良
8. 舊留然叱爲事置耶
9. 病吟　禮爲白孫佛體刀
10. 吾衣身伊波人有叱下呂

譯　詩：

從初至末所成功　廻與含靈一切中
咸覬得安離苦海　摠斯消罪仰眞風
同時共出煩塵域　異體咸歸法性宮
我此至心廻向願　盡於來際不應終

轉　字：

1. 모ᄃᆞᆫ—나—ᄋᆡ—닷—손
2. 一切—ᄆᆞᄅᆞ—릉—ᄇᆞᄅᆞ—브—ㅅ—돌—랑—ㄱ
3. 衆生—ㅅ—바ᄃᆞᆯ—악—히
4. 입—반—물—없—시—ᄭᆡᄃᆞᆫ—ᄂᆞ—거—져
5. 부텨—ㅅ—바ᄃᆞᆯ—ᄃᆞᆯ—일—루—ᄋᆞᆫ—날—ᄒᆞᆫ
6. 懺—ᄒᆞ—다—오—인—멋—촌—업—두
7. 法性—집—아—ㅅ—寶—랑
8. 녀리—루—그러—ㅅ—ᄒᆞ—시—두—야

9. 病吟 절—ᄒᆞ—ᄉᆞᆲ—손—부텨—뎨—도
10. 나—ᄋᆡ—모마—뎌—바—사ᄅᆞᆷ—잇—아래—려

轉 寫：

1. 모ᄃᆞᆫ 내ᄋᆡ 닷ᄀᆞᆯ손
2. 一切 ᄆᆞᄅᆞ ᄇᆞᄅᆞᆺ 돌악
3. 衆生ㅅ 바ᄃᆞᆯ아ᄀᆡ
4. 이ᄇᆞᆫ 물 업시 ᄢᅦᄃᆞᄅᆞ거져.
5. 부텻 바ᄃᆞᆯ 이론 나ᄅᆞᆫ
6. 懺ᄒᆞ더온 머즌 業도
7. 法性 지ᄇᆞᆺ 寶라
8. 녀리로 그럿 ᄒᆞ시ᄃᆞ야.
9. 아야, 절ᄒᆞᄉᆞᆲ손 부텨도
10. 내ᄋᆡ 모마 뎌버 사ᄅᆞᆷ 이샤리.

1. 皆吾衣修孫

小倉進平의 '모ᄅᆞᆺ', 梁柱東의 '한'을 계속하여 배제하고 金俊榮과 함께 '皆'를 '모ᄃᆞᆫ'으로 읽는다.

2. 一切善陵頓部叱廻良只

著者가 독특하게 'ᄆᆞᄅᆞ'와 'ᄇᆞᄅᆞᆺ'으로 하고 있는 '善陵'과 '頓部叱'이 여기서는 나란히 등장하고 있다.

'廻良只'에 대하여는 小倉進平의 '돌려'와 梁柱東의 '도ᄅᆞ혀'가 있으나 著者는 타동사 '도ᄅᆞ-'의 부동사로서의 '돌악'을 두고 다른 어형을 생각할 것은 아니라고 본다. 金善琪의 '도라기'가 의형상으로는 著者의 '돌악'과 가까워 보이나, 그의 '도라기'는 '돌게'를 뜻하는 것으로 자동사이기 때문에 小倉進平이나 梁柱東의 '돌려', '도ᄅᆞ혀'보다도 실질적으로는 더 먼 거리에 있다.

3. 衆生叱海惡中

梁柱東의 해독을 그대로 따른다.

4. 迷反群旡史悟內去齊

譯詩中의 '咸覬得安離苦海 揔斯消罪仰眞風 同時共出煩塵域'으로 보아 이 넷째 구절이 무엇을 의미하는가를 추측하기는 어렵지 않음에도 不拘하고 '內'字와 연결시켜 '悟'에 어떤 訓을 代入할 것인가에 많은 고민들을 해 온 것으로 여겨진다.

小倉進平 : 씨돋게 ᄒᆞ야 가져

梁 柱 東 : 알리가져

池 憲 英 : 알리가(거)져

金 善 琪 : 깨나가제

金 俊 榮 : 씨ᄂᆞ가져

小倉進平의 경우는 恣意로 '게ᄒᆞ야' 석자를 보충한 것으로 譯詩에 대한 해석은 될지언정, 해독이라고는 보기 어려운 것이며, 梁柱東의 '알리가져'는 吏讀의 '使內'의 讀法 '바리'를 들어 '內'를 '리'로 읽으므로써 어간의 선택이 '알-'로 제약된 것인데, 鄕歌에서 많이 쓰이는 글자이면서 'ᄂᆞ/느' 이외로는 읽히지 않던 '內'가 갑자기 여기서만 '리'로 읽힌다는 것은 아무래도 석연치 않은 일이다.

金善琪의 해독은 '內=리'를 지양하고 'ᄂᆞ'로써 '나-'(出)을 표기한 것으로 하였기 때문에 '悟'字가 이번에는 '깨우치다'의 뜻인 '씨-'가 되어 있다. 金俊榮은 金善琪의 노선을 따르되, '內'로써 통상적인 'ᄂᆞ'를 삼은 것인데, 이 'ᄂᆞ'는 梁柱東도 '씨돋ᄂᆞ가져'라 적으면서 그 可能性을 부정하지 않았던 존재이다.

그러나 著者는 '悟'에는 정통적인 '씨돋-'을 배정하며 '內'는 'ᄂᆞ'로써 'ᄅᆞ'를 표기한 것으로 하여 '씨ᄃᆞᄅᆞ거져'로 읽는다. 'ᄅᆞ'의 'ᄋᆞ'는 '돌ᄋᆞ-→도ᄅᆞ-'에서와 같은 사역의 접미사로 해석하는 것이며, 이두에서의

'使內' 도 본래는 '발-'(따르다, 가까이하다 : 〔旁〕)에 'ᄋ' 를 붙인 '바ᄅ-' 를 위한 표기였던 것이 '브리-'(使)와의 混淆로 '바리' 로 읽히게 된 것이 아닌가 본다.

5. 佛體叱海等成留焉日尸恨

'成留焉' 은 '成(尸)乎隱' 식으로 적히지 않고 '留焉' 을 보인 점을 감안하여 '이론' 으로 읽는다. '이로-' 는 '일우-' 와 동등한 것이 아니라 '일-' 의 사역형으로서의 '이ᄅ-' 에 의도법의 '-오-' 가 추가된 것이다.

'日尸恨' 에 대하여는 '날ᄒᆞᆫ' 이라 읽는 것을 보류하는데, 그 이유는 '肹' 을 모두 '흘/ᄒᆞᆯ' 로 읽지는 않는 것과 같다.

6. 懺爲如乎仁惡寸業置

'惡寸' 은 여기서도 池憲英을 따라 '머즌' 으로 읽는다.

7. 法性叱宅阿叱寶良

'阿叱' 은 '앗' 으로 읽는 것이 著者의 고정된 태도이므로 여기서도 '宅阿叱' 을 '지밧' 으로 한다.

8. 舊理留然叱爲事置耶

'事' 와 '置' 사이에 '叱' 字를 생각하며 梁柱東이 '그랏ᄒᆞ샷두라' 라 읽었으나, 여기에 'ㅅ' 을 넣는 일은 池憲英에 의해서 拒否된 것과 같이 過한 일이었다. 그러나 '舊理' 를 '녀리' 로 읽고 '置耶' 를 '도야' 로 읽어 다듬었을 뿐 梁柱東의 해독은 그대로 지속된다.

9. 病吟 禮爲白孫佛體刀

'病吟' 은 그야말로 '아야', '禮' 는 '禮' 아닌 '절' 로 읽는 것이 더 적합하다.

10. 吾衣身伊波人有叱下呂

'伊波' 가 小倉進平에게서는 '내 몸인바' 의 '인바' 로 읽히고, 梁柱東에게서는 감탄사 '이바'가 되고, 池憲英, 金善琪에 있어서는 '이바'로써 '…이어니', '…이지'를 삼았고, 金俊榮에게서 다시 이 '이바'가 一轉하여 말하자면 '이봐'(迷)로 변하는 등, 混線이 極甚하다.

'伊=뎌'를 이해하고 있는 著者에게서는 '伊波'가 '뎝-'(疊)의 활용형으로서의 '뎌버'가 되므로써, 내 몸이 곧 부처요, 부처가 곧 내 몸이라는 뜻으로서의 '내익 모마 뎌버'(내 몸 접어 두고=내 몸 제쳐 놓고) '사롬이샤리'라 읽는다.

現代語譯 :

모든 나의 닦을손
一切 善業 바로 돌려
衆生 바다 가운데
迷惑한 무리 없이 깨닫게 하려노라.
부처 바다 이룬 날은
懺悔하던 惡한 業도
法性 집의 보배라.
예로 그러하시도다.
아아, 절하옵는 부처도
내 몸 접어 놓고 딴 사람 있으리.

XXV. 總結無盡歌

1. 生界盡尸等隱
2. 吾衣願盡尸日置仁伊而也
3. 衆生叱邊衣于音毛
4. 際毛冬留願海伊過
5. 此如趣可伊羅行根
6. 向乎仁所留善陵道也

7. 伊波普賢行願
8. 又都佛體叱事伊置耶
9. 阿耶 普賢叱心音阿于波
10. 伊留叱餘音良他事捨齊

譯 詩 :

盡衆生界以爲期 生界无窮志豈移
師意要驚俗子夢 法歌能代願王詞
將除妄境須吟誦 欲返眞願莫厭疲
相續一心无間斷 大堪隨學普賢慈

轉 字 :

1. 生界—다ᄋᆞ—ㄹ—등—ᄋᆞᆫ
2. 나—ᄋᆡ—願—다ᄋᆞ—ㄹ—날—두—*이시—이—마리—여
3. 衆生—ᄀᆞᆺ—ᄋᆡ—우—음—모
4. ᄀᆞᆺ—몯—ᄃᆞᆯ—*ᄂᆞᆫ—願海—이—고
5. 이—ᄅᆞᆫ—너기—가—뎌—라—녀—근
6. 아ᄋᆞ—오—인—ᄃᆡ—루—ᄆᆞᄅᆞ—릉—길—여
7. 뎌—바—普賢行願
8. ᄯᅩ—도—부텨—톄—ㅅ—일—이—두—야
9. 아—야 普賢—ㅅ—ᄆᆞᅀᆞᆷ—음—아—가—바
10. 뎌—루—ㅅ—남—랑—他事—ᄇᆞ리—져

轉 寫 :

1. 生界 다ᄋᆞᆯᄃᆞᆫ
2. 내ᄋᆡ 願 다ᄋᆞᆯ 날도 이시리마리여,
3. 衆生 가ᄉᆡ오모
4. ᄀᆞᇫ 모ᄃᆞᆫ 願海이고,
5. 이 ᄅᆞᆫ 너겨 뎌라 녀곤
6. 아ᄋᆞᆫᄃᆡ로 ᄆᆞᄅᆞ 길히여.

7. 뎌바 普賢行願

8. ᄯᅩ 부텻 이리도야.

9. 아야 普賢ㅅ ᄆᆞᅀᆞ마 ᄀᆞᄫᅡ

10. 뎌롯나마 他事 ᄇᆞ리져.

1. 生界盡尸等隱

梁柱東의 '生界다ᄋᆞᆯᄃᆞᆫ'으로 충분한 곳이다.

2. 吾衣願盡尸日置仁伊而也

'나의 願 다ᄋᆞᆯ 날도 인이마리여'로 읽은 小倉進平의 해독에 대하여 梁柱東이 '置'까지만을 인정하고 '仁伊而也'는 '이시리여'라고 읽었던 것인데, 그 후의 해독자들은 이 양자의 선택이 어려워 池憲英은 '이시리여'를 택하면서도 '이신마리여'를 제 2 안으로 괄호 안에 묶었는가 하면, 金善琪는 '읻니이라', 金俊榮은 '인시리여'라 하여 梁柱東의 노선을 따르면서도 '인'(仁)을 만족시키려 애쓰고 있다. 그러나 학문에서는 折衷이 美德이 되지 못한다는 것은 이런 경우를 두고서의 말이 아닌가 하는 생각이 든다.

著者는 해독에서 音의 補入이 때로는 있을 수 있는 것임을 인정하지만, '仁伊而也'로서 '이시리여'를 삼을 수는 없다고 본다. '인이마리여'라 읽어 '인이'로서 '이시'의 뜻으로 본 것이 梁柱東의 '이시리여'를 불러 일으켰겠지만, 小倉進平의 그런 추측은 梁柱東이 '仁'의 訓을 '읻-'으로 하고 '잇-'을 유도하려 한 것만큼이나 무리한 일이다.

著者는 우선 小倉進平의 '而也=마리여'를 인정한다. 이러한 글자의 결합이 '마리여' 이외의 표현을 위해서 사용되었으리라고는 생각되지 않기 때문이다. 그 다음에 '仁伊' 두 字로써 '이시리'라 읽는 것인데, 물론 梁柱東이 가정한 '仁'字의 訓 '읻-'에 의존하거나, 小倉進平이 그런 것처럼 音 '인'으로부터 필요한 의미를 찾으려는 것이 아니다. 여기서도 著者는 草書의 誤讀을 전제로 한 '在→仁'을 想定하여 '이실=在'+'이=伊'로 '이시리'를 얻고자 하는 것이다. (참고 : 잡ᄉᆞ와 두어리마ᄂᆞᄂᆞᆫ 〈가시리〉)

3. 衆生叱邊衣于音毛

小倉進平이 '衆生 ㄆ의 움에'라고 읽으며 '于音'으로써 명사 '움'을 삼은 것(金善琪나 金俊榮도 小倉進平의 길을 따르되, 전자에게서는 '于音毛'가 主格, 한편 후자는 '없음이'의 뜻으로 하고 있다.)에 비하면 梁柱東의 'ㅅ우미' 쪽이 월등한 해독이었다고 본다.

그러나 著者는 梁柱東처럼 '邊衣'를 'ㅅ'라고 보지는 않는다. 'ㄆ'과 '이'의 결합으로[43] 의도된 것은 '가싀-'로서 怨歌의 '改衣'와 같은 것으로 보며 '于'를 첨가하여 타동사가 되는 것으로 이해하는 것이니, 衆生들을 改新(*regeneration*)한다는 菩薩行의 發露로 보게 되는 것이다. '音'은 持續態의 표시이고, '毛'는 그 '音'을 받은 어미 '-오'('逐于'에서의 '于'와 같음)이다. 衆生 濟度의 菩薩 修行을 하고 있노라니, 衆生의 수는 한정이 없어 무한히 계속된다는 뜻이 다음 구절로 이어진다.

4. 際毛冬留顧海伊過

'毛冬留'는 '몯올' '모돌', '모롤', '모ᄃᆞᆯ' 등으로 읽히고 있으나, 古代 國語에 관형사형 어미 '-로'가 존재했던 것이 아닌 한에 있어서는 '畓=논'의 轉訛라고 보는 것이 온당할 것 같다.

小倉進平이 '願海伊過'를 '願海이과라'라고 한 것은 '과'라는 어미가 존재하지 않는데다가 넷째 구라는 것을 의식하고 '라'를 붙인 것이겠으나, 종결어미로서의 '良' 또는 '羅'가 생략된다고는 보기 어려울 것이다.

'過'字가 틀림 없다면 '과'라고 읽는 것이 정직하겠으나, '遣'字의 轉訛일 가능성이 짙어 梁柱東 이래의 '고'를 따른다.

5. 此如趣可伊羅行根

이 구절에서는 '趣'字가 해독의 초점이 되어 왔다. 같은 '趣可'가 小倉進平에게서는 '나ᅀᅡ가'이고, 梁柱東에게서는 그대로 '가', 金俊榮에게서

---

43) '于萬隱'(ㄱ만)이 '가'로써 'ㄱ'를 적은 것이라 하면, 여기서는 'ㄱ'로써 '가'를 적은 것이 된다.

는 '너갸'로 되어 있는 것이 주요한 차이인데 앞의 둘이 '趣'字의 동사적 의미에 의존하고 있는 데 반하여 金俊榮은 그 명사적 의미에 기초를 두고 '可'를 만족시킬 수 있는 것으로 보이며, 앞의 두 사람이 이 구절을 행동 일변도로 생각한 것과는 달리 생각과 행동의 대비로 풀이한 데 특징이 있다.

著者는 '此'와 '伊'를 '이'와 '뎌'로 대립시키기 때문에 金俊榮의 對照的 의미 파악을 가장 합당한 것으로 받아 들여 '이ᄅᆞᆫ 너겨 뎌라 녀곤'이라 읽는다. 前半部는 1, 2를 받고 後半部는 3, 4를 받는다.

6. 向乎仁所留善陵道也

'善陵'을 著者의 논리대로 'ᄆᆞᄅᆞ'라 읽는 것 이외에는 梁柱東의 해독을 따른다.(다만 '길이여' 아닌 '길히여.')

7. 伊波普賢行願

'伊波'는 모두 '이바'라 하고 있으나 著者에게 있어서는 '뎌바'가 된다.

8. 又都佛體叱事伊置耶

末尾의 '耶=야'를 빼고는 梁柱東을 따라 읽는다.

9. 阿耶 普賢叱心音阿于波

小倉進平이 '阿于波'로써 '어운바'로 삼은 것은 매우 어울리지 않는 것이나, 이를 看破한 梁柱東도 '阿于波' 석자로 한 단어를 삼는 前轍을 밟아 '아ᄋᆞᄫᅡ'라는 어이없는 讀法을 낳고 말았다. 그런 뜻이라면 '知白良'라고밖에 쓸 수 없는 것이 鄕歌의 표기 체계다. 'ᄫ'이 아직 유지되어 있는 터에 'ㅿ'만이 간 곳 없이 된 어형이 奇怪하거니와, 音韻의 연구가 불충분했던 梁柱東의 시대에는 혹 있을 수 있는 오류라 하더라도, 이 '아ᄋᆞᄫᅡ'의 後身들이 '아우바'등으로 오늘에까지 살아 있는 것은 한 마디로 이해할 수 없는 일이라 할 수밖에 없다.

著者에게 있어서는 '阿'가 '心音'에 붙어 處格의 조사를 이루고 '于波'가 'ᄀᆞᄇᆡ'로서 자동사가 된다. 'ᄀᆞᆸ다'는 '괴다'의 뜻이니, 자비스런 普賢

菩薩의 마음에 잔잔히 괴어 있어 딴 마음 가지지 말자는 뜻인 것이다.

10. 伊留叱餘音良他事捨齊

전체적으로는 梁柱東을 따르되, '伊留叱餘良'는 역시 '이릇나마' 아닌 '더롯나마'로 하고 '捨齊'도 '捨져'를 버리고 'ᄇᆞ리져'로 읽는다.(小倉進平은 '버리제')

現代語譯 :

生界 다한다면
내 願 다할 날도 있으리마는,
衆生 更生시키고 있노라니
갓 모르는 願海이고,
이처럼 여겨 저리 行해 가니
向한 곳마다 善業의 길이요,
저바 普賢行願
또 부처 일이도다.
아아, 普賢 마음에 괴어
저 밖의 다른 일 버릴진저.

XXVI. 悼二將歌

1. 主乙完乎白乎心聞
2. 際天乙及昆
3. 魂是去賜矣
4. 中三烏賜敎
5. 職麻又欲望彌阿里刺及彼
6. 可二功臣良
7. 久乃直隱跡烏隱

8. 現乎賜丁

轉 字:

1. 님—을—오ᄋᆞᆯ—오—ᄉᆞᆲ—오—ᄆᆞᅀᆞᆷ—믄
2. ᄀᆞᆽ—하ᄂᆞᆯ—ᄆᆡᆽ—곤
3. 넋—이—가—시—ᄃᆡ
4. 몸—셰—오—시—말ᄊᆞᆷ
5. 셗—마—ᄯᅩ—려—활잡—아—리—가ᅀᅵ—와—뎌
6. 돟—두—功臣—랑
7. 오래—옷—곧—은—자최—오—은
8. 나토—오—시—뎡

轉 寫:

1. 니믈 오ᄋᆞᆯ오ᄉᆞᆸ본 ᄆᆞᅀᆞ믄
2. ᄀᆞᇫ 하ᄂᆞᆯ ᄆᆡᆺ곤,
3. 넉시 가샤ᄃᆡ
4. 몸 셰오신 말ᄊᆞᆷ,
5. 셕 맛도려 활자바리 가ᅀᅵ와뎌.
6. 됴타 두 功臣아.
7. 오래옷 고ᄃᆞᆫ 자최ᄂᆞᆫ
8. 나토신뎌.

1. 主乙完乎白乎心聞

1에서 3까지는 梁柱東의 해독을 따른다. '主'에 대하여는 鄕歌 解讀에서 '니림'을 쓰는 것이 著者의 태도이나, 高麗 睿宗代에까지 이 어형을 유지할 수 있을지 확실치 않기 때문에 '님'을 그대로 따라 두지만, 高麗歌謠에서의 '나리'로 보아 '니림'이었을 가능성이 없지 않다.

梁柱東의 '오올-'(完)에 대하여 池憲英이 '올-'을 보이고 있으나 '오올오-'와 '올오-'가 같이 訓民正音 初期 文獻에 文證된 것들이고 보면 그

優劣을 가리기 어렵다.

2. 際天乙及昆

'미치다'를 뜻하는 동사는 그 어간이 '밎-'이었기 때문에 池憲英의 '미치곤'은 사역형이 되어 적절치 못하다.

3. 魂是去賜矣

'矣'로 표시되는 것은 '-딗'지만, 현대어의 '-되'처럼 어간에 직결되는 일이 없고, 반드시 '오/우'를 介入시키는 것이기 때문에, 원칙적으로 '賜=시'를 마음에 두면서도 '아'를 보충하여 '가샤딗'를 인정한다.

著者는 '矣'字로 이 구절을 끊고 있으나, 梁柱東은 '中'을 句末에 붙이되, '딗'의 모음 'ㆍ|'와의 중복을 생각하여 결과적으로는 없는 것과 다름없이 다루었고, 池憲英은 '矣中' 두字를 音讀한 듯, '가샤이여=去賜矣中'라 하고 있으나, '-이어'라는 어미는 文獻에 文證된 것이 없다.

4. 中三烏賜敎

梁柱東은 '三烏賜敎'으로써 '사ᄆᆞ샨'으로 읽고, 池憲英은 'ᄉᆞ라여이신'이라 읽으며 'ᄉᆞᄅᆞ'(수리)로서 '聖祖', '天神'이라 하고 있으나, 해독의 논리가 밝혀져 있지는 않다.

著者는 '中'字를 實辭로 하여 '몸'(中=躬)을 뜻하는 것으로 하고 '三烏賜'로써 '셰오신'을 삼는다. 著者가 생각하는 古代의 語形 '모마'를 놓아 두고 '몸'을 쓰는 것은 역시 시대를 의식해서의 일이고, '三烏賜'을 '셰오신'으로 읽는 것은 '셰-(立)'를 위하여 '셰'(三)를 假借한 것으로 보며 訓主音從型으로 다루는 것이지만, 壯節公遺事 行文中

'……太祖嘗設八關會, 與群臣交歡, 慨念戰死功臣不在列, 命有司結草爲公與金樂像, 隨坐班上, 命賜酒食, 酒輒焦乾, 假像仍起舞如生人焉. 自此排置樂庭以爲常……'

'假像仍起'라는 사실을 念頭에 두고서 한 일이다.

'賜'字 다음에 '隱'字가 없지만, 그것은 이 노래의 표기에 보이는 일반적 특성이라고 할 수 있으니, 7의 '直隱'(고)든'에서는 '隱'이 나타나되, '直' 같은 訓讀字가 아닌 1의 '完乎白乎'에서의 '乎' 아래에서의 '隱'의 出現은 보지 못한다. 梁柱東에게 있어서의 '賜敎'는 '시이시(ㄴ)'은 될 수 있어도 그것이 줄어 '샨'이 될 수는 없다

池憲英의 '賜'는 訓讀된 것으로 보이는데, '여어신'에서의 '여어'가 어떻게 해서 나오는가에 대한 설명이 없다.

'敎'를 著者는 명사로 보아 '말씀'이라 하였다. 이는 關東別曲 같은 詩歌에서 보는 '안즌마리' '오른마리'와 같은 措辭를 想定한 것이었다.

5. 職麻又欲望彌阿里刺及彼

梁柱東은 '職麻又欲'으로 끊어 '벼슬마 또 ᄒᆞ져'라 읽어 그 앞의 '사ᄆᆞ샨'(三烏賜敎)과 함께 넷째 行을 이루게 하였다. 우리는 '마'라는 말이 이런 위치에 올 수 있는 것인가도 의심하지만, '사ᄆᆞ샨 벼슬'이라는 것이 과연 무슨 뜻을 가지게 되는 것일까 의아스러운 것이다.

끝에 있는 '及彼'는 다음의 '可'字를 붙여 'ᄀᆞᄢᅴ'라 하고 있으나, 이것은 해독이라 할 수 없는 정도의 처사이고, 그에 앞서 '望彌'를 '望旀'로 보아 'ᄇᆞ라며'라 한 것은 容或無怪하다 하더라도 '阿里刺'로써 '알리라'의 뜻인 '아리라'로 한 것도 '刺'를 '剌'의 誤字로 하며 겨우겨우 비슷하게 맞추어 나갔다는 인상을 준다.

池憲英은 '職麻又欲望彌阿里'로써 '짐ᄃᆡᄂᆞ릐'라 하고 있으나, 몇몇 글자들의 頭音만을 엮었을 뿐, 전혀 반영되지 않은 글자도 있어 보이는 讀法이다. 그의 '즘ᄉᆡᆨ'(짐ᄃᆡ), 'ᄂᆞ릐'(ᄇᆞ드릐)는 地名으로서 각각 '大丘'와 '平壤'을 가리키는 것으로 되어 있으나, 이를 뒷받침하는 논리적 배경은 설명되어 있지 않다.

'刺彼可'를 '자피어'라고 한 것도 비슷한 讀法이니, 梁柱東의 'ᄀᆞᄢᅴ'에 있어서와 같이 내리 音讀하면서도 '可'字의 子音은 무시되어 있다.

旣往의 이들 두 解讀者들이 4, 5를 읽은 결과를 놓고 보면, 특히 1에서

3까지의 해독 결과와 대비시켜 볼 때, 과연 이것이 같은 표기법에 의한 같은 노래의 해독들인가, 그리고 심지어 同一한 解讀者의 해독인가를 의심할만한 내용으로 되어 있는 것이다.

旣往의 해독들이 이렇게 중간에 와서 걷잡을 수 없는 昏迷를 보이기 때문에, 이 부분의 해독은 부분적인 수정이 아니라, 처음부터 완전히 새로 출발하지 않으면 안된다.

'職麻叉欲望'을 우리는 '셕 맛도려'라 읽는다. 이 경우의 '셕'은 '고삐'를 뜻하는 '셕'과 어떤 관계에 있는 것인지 모르지만, '호 남진 호 겨지븐 庶人의 셕시라'(一夫一婦庶人之職)〔內訓 卷一：80〕에서 보는 '職分'을 뜻하는 '셕'이다. '麻叉'는 '맏-+-오-'로서의 '맛도-'를 '마또'로 나타낸 것이며, '欲望'은 三國遺事나 均如傳 所載의 鄕歌에서 '將來'로 표기된 것에 대응되는 '-려'인 것이다.

다음의 '彌阿里刺及彼'는 '활자바리 가시와뎌'라 읽힌다. '彌'('旀'가 아니다)는 '활 잡을 미'로서 '활 잡-'을 나타내며 '阿里'는 '아리'라 音讀하는 것인데, '활 잡는 사람'이란 武夫를 가르키는 것이다. '刺＝가시-', '及＝와', '彼＝뎌'로써 '刺及彼'는 '가시와뎌'가 되는 것인데, 다만 이는 '改'의 뜻의 '가시-'를 위한 義訓借이지 '가시'(刺)라는 뜻일 수는 없다.

'넋이 가셨으되, 몸을 일으키시고 하신 말씀,
《防戍의 職分 맡으려 활 잡는 이들이 새로와 지기를.》'
하는 것은 壯節公遺事에서

'睿宗十五年庚子秋, 省西都, 設八關會, 有假像二, 戴簪服紫, 執笏紆金, 騎馬踊躍周巡於庭, 上奇異問之, 左右曰, 此申崇謙金樂也. 仍奏本末, 上愀然感慨, 問二臣之後, 賜御題四韻端歌二章, ……'

'騎馬踊躍, 周巡於庭'하는 忠臣들의 마음이라 할 것이다.

6. 可二功臣良

'可'는 嗟辭로 보아 '됴타'라 읽으나, 혹 '옳다'일지도 모른다.

7. 久乃直隱

'乃'를 '나'로 읽어 '오라나 고둔'으로 하고 있으나, 著者는 '乃=곳(옷)'으로 보아 '오래옷 고둔'으로 읽는다. 이러므로써 '久乃'는 '直隱'과 대칭되는 용언이 아니라 '現乎賜丁'를 수식하는 말이 된다.

'乃'字는 著者가 慕竹旨郞歌에서 '-곳'으로 읽어(阿多音乃叱好支賜乎隱) '-옷'(伊衣)과 짝을 지은 글자이다.

8. 跡烏隱現乎賜丁

梁柱東의 해독 '자최눈 나토신뎌'로 충분한 곳이다.

이상의 해독에서 著者가 취한 分節은 梁柱東의 것을 기준으로 著者의 해독에 맞게 조정한 것이나, 三國遺事나 均如傳에서와 같이 字間을 떼어 句의 경계를 표시하는 일이 壯節公遺事에는 없는 것이기 때문에, 悼二將歌에서의 分節은 해독자의 적극적 인식에 속하는 일이 된다. 梁柱東에서 비롯된 것이지만, 이 노래를 8句로 볼 경우, 이미 그가 행한 것처럼 等量의 原則에 선다면, '端歌二章'의 두 章은 1~4와 5~8로 二分될 것이나 (1의 끝에 있는 '心聞'은 梁柱東에게 있어서와 같이 2의 첫머리에 놓는 것이 韻律面에서 더 합당할 것이지만) 내용을 위주로 생각하며 鄕歌 形式에서의 嗟辭로 시작되는 이른바 後句를 생각한다면, 다음과 같은 區分이 가능할 것 같이도 생각된다.

主乙完乎白乎
心聞際天乙及昆
魂是去賜矣中三烏賜敎
職麻又欲望彌阿里剌及彼

可二功臣良
久乃直隱跡烏隱現乎賜丁

現代語譯：

님을 온전케 하온
마음은 하늘 끝까지 미치니,
넋이 가셨으되
몸 세우시고 하신 말씀,
職分 맡으려 활 잡는이 마음 새로와지기를.
좋다, 두 功臣이여.
오래 오래 곧은 자취는 나타내신저.

附錄：諸家의 鄕歌解讀

Ⅰ. 慕竹旨郎歌

小倉進平

가ᄂᆞᆫ 봄이 다 다ᄉᆞ리메
모든 것이사 울오어 설음
어듸매나룰 됴화ᄒᆞ샨
짓 年數 닐움에 뻐러뎌 녀져
目煙 멀 ᄉᆞᅀᅵ예
맛나오어 지ᅀᅳ오이리
郞이야 그릴 ᄆᆞᅀᆞᆷ의 녀올 길이
뿍질 굴헝에 잘 밤이 잇이리(오)

梁 柱 東

간봄 그리매
모ᄃᆞᆫ것ᅀᅡ 우리 시름
아ᄅᆞᆷ 나토샤온
ᄌᆞᅀᅵ 살쯈 디니져
눈 돌칠 ᄉᆞ이예
맛보ᄋᆞᆸ디 지소리
郞이여 그릴 ᄆᆞᅀᆞᄆᆡ 녀올길
다봊ᄆᆞᄋᆞᆯ히 잘밤 이시리

池 憲 英

간봄 그리메 몯잇사 울올 이시름
아롬 ᄂᆞ토(ㅅ)샤온 ᄆᆞᆺ(ᄌᆞᅀᅵ) 살음 디ㅅ니져
눈(연) 돌얼ㅅ(칠)사이예 맛보읏 엇지 지ᅀᅳ호리

郞(님)여 그 ᄆᆞᅀᆞ미 녀올길 ᄯᅵㅅ(덕딋) 굴허히 잘밤 잇호리

金 善 琪

깐 밤 가리매
모돈 곧사 울올 이 시름
아돔 낟고디 주온 줏이
나수 마촘 빠디 녀재
눈깔 돌올칠 사이애
맞오디 굳디 짓고까이
님이야 가릴 마삼애 니올 길
부진 골항애 잘밤 앋까이

徐 在 克

간 봄 ᄀᆞ리매
모ᄃᆞᆯ 앗사 우롤이 시름
아ᄃᆞ롬 나토히시온
ᄌᆞᆺ 年數(또는「히數」) 나삼 헐히니져
눈 돌을 ᄎᆞ시의
맛보히 엇디 짓와리
郞이야 그릴 ᄆᆞᅀᆞ미
녀롤 길
다봊ㅅ 굴헝히 잘 밤 이사리

金 俊 榮

간 봄 그리매
모ᄃᆞᆯ 잇사 울올 이 시름
아ᄃᆞᆯ음 낫호△샤온 즈시
年數 주음 디△니져
눈 너돌얼틸 ᄉᆞ이의
맞보 ᅀᅩᆷ앗디 지오ᄒᆞ리

郞여 그릴 ᄆᆞᄉᆞ매 녀올 길
다보잿 굴허ᄒᆡ 잘 밤 잇ᄒᆞ리

Ⅱ. 獻花歌

小倉進平

븕은 바회 ᄀᆞᇫ애 잡온 손(애) 암쇼(ᄅᆞᆯ) 노호이시고
날 아닌지 븟글어워이샤든
곶올 꺽거 들이오리이다

梁 柱 東

딛배 바회 ᄀᆞᇫᄒᆡ
자ᄇᆞ온손 암쇼 노ᄒᆡ시고
나ᄒᆞᆯ 안디 븟ᄒᆞ리샤ᄃᆞᆫ
곶ᄒᆞᆯ 것가 받ᄌᆞᄫᆞ리이다

池 憲 英

딛배 바회 ᄀᆞᇫᄒᆡ 자ᄇᆞ온(손) 암쇼 노ᄒᆡ시고
나ᄒᆞᆯ 안디 븟ᄒᆞ리샤ᄃᆞᆫ 곶ᄒᆞᆯ(블ᄒᆞᆯ) 것가 받ᄌᆞ오리이다

金 善 琪

딛불깐 바꾜 갇기
잡온 손 암소 놓오시겨
우리 깔 아니 불깔이샤든
곶 갇가 받티오리다

徐 在 克

질뵈 바오 겨틔 거몬 손 암쇼 노히시견
나홀 아닐 붓호리시든
고출 것가 받ᄌᆞ보립다

金 俊 榮

질뵈바호 ᄀᆞᆺ희
잡온손 암쇼 노ᄒᆞ이시고
나홀 안디 붓글히샤든
곶홀 것가 받ᄌᆞ오림다

Ⅲ. 安民歌

小倉進平

님금은 아비요
臣ᄋᆞᆫ ᄃᆞᄉᆞ샬 어미라
民ᄋᆞᆫ 밋칠은 ᄋᆞᄒᆡ(라)고 ᄒᆞ샬디(면)
民이 ᄃᆞᄉᆞᄆᆞᆯ 알고다
굴ㅅ댈 生으로 괼 바인 物生
이ᄅᆞᆯ 먹어 다ᄉᆞ리라
이 ᄯᅡᄒᆞᆯ 버리고 어듸 가ᄂᆞᆫ뎡
ᄒᆞᆯ 나라해 디녀 괼고다
後句 님금이다 臣이다 民이다 ᄒᆞᆯ든
나라해 太平(이) 하와이다

梁 柱 東

君은 어비여
臣은 ᄃᆞᄉᆞ샬 어ᅀᅵ여
民ᄋᆞᆫ 얼ᄒᆞᆫ아ᄒᆡ고 ᄒᆞ샬디
民이 ᄃᆞᄉᆞᆯ 알고다
구믈ㅅ다히 살손 物生
이ᄒᆞᆯ 머기 다ᄉᆞ라
이 ᄯᅡᄒᆞᆯ ᄇᆞ리곡 어듸갈뎌 ᄒᆞᆯ디
나라악 디니디 알고다

아으 君다이 臣다이 民다이 ᄒᆞᄂᆞᆯᄃᆞᆫ

나라악 太平ᄒᆞ니잇다

池憲英

君은 어비여 臣은 ᄃᆞᄉᆞ샬어ᅀᅵ여

民은 얼ᄒᆞᆫ아ᄒᆡ고 ᄒᆞ샬디 民이 ᄃᆞᄉᆞᆯ 알고다

구ᄉᆞᆯᄂᆞ 잇실ᄃᆞᆯᄂᆞ 이ᄒᆞᆯ 괴옷 다ᄉᆞ라

이ᄯᅡᄒᆞᆯ ᄇᆞ리고아 어듸 가뎌(려) ᄒᆞᆯ디 나라옷 디니ᄉ 알고다 아으

君다이 臣다ᄉ 民은다이 ᄒᆞᄂᆞᆯᄃᆞᆫ 나라 太平 하리ᄉ다

金善琪

님감안 아비라

아마난 다사샬 아시라

알깔인 알깐 아끼고 까샬디

알간이 다살 알고다

구릳 깐 깔 나리디솜 믈생

이깔 막압끼 다사라라

이 ᄯᅡ깔 바리곡 오돌이 가오댕 깔디

나라 굳이 디니디 알고다

님감답이 아마까디 알깐답이

까날딸안 나라 태삥깝ㄷ다

徐在克

君은 아비야

臣은 ᄃᆞᄉᆞ실 어시야

民은 얼ᄒᆞᆫ 아ᄒᆡ고 ᄒᆞ실디 民이 ᄃᆞᄉᆞᆯ디고다

구릿대ᄒᆞᆯ 내히솜 믈生 이ᄒᆞᆯ 좌히 다ᄉᆞᆯ아라

이 ᄯᅡᄒᆞᆯ ᄇᆞ리격 어드리 가는뎡

ᄒᆞᆯ디 나라히 디니히디고다 아으

君ᄃᆞᆫ 臣다히 民ᄃᆞᆫ

ᄒᆞ늘둔 나라 太平홈ᄯᅡ

金 俊 榮

君은 아비여
臣은 ᄃᆞᄉᆞ샬 어시여
민언 얼ᄒᆞᆫ 아히고 ᄒᆞ샬디
민이 ᄃᆞᄉᆞᆯ디고다
구무릿ᄃᆡ홀 사니ᇫ손 物生
이홀 먹아ᇫ 다ᄉᆞᆯ아라
이 ᄯᅡ홀 ᄇᆞ리곡 어ᄃᆞᆯ이 녀뎌 홀 디
나라아ᇫ 디니ᇫ디고다
後句 君다비 臣다ᇫ 民다비 ᄒᆞ늘든
나락 太平홈ᄯᅡ

Ⅳ. 讚耆婆郞歌

小倉進平

열치매
들어나 ᄇᆞᆰ온 ᄃᆞᆯ이
흰 구름을 조차 ᄠᅧ가는 어듸이(오)
모래 팔은 믈ᄀᆞᇫ애
耆郞의 짓이사 고자
일온 내ㅅ 쟉벼리에
郞이 디녀 괴여샨
ᄆᆞᅀᆞᆷ의 ᄀᆞᇫ ᄉᆞᆯ 조차제
阿耶 잣ㅅ 가지 놉하
눈이 몰나올 花判이요

梁 柱 東

열치매

나토얀 ᄃᆞ리

ᄒᆡᆫ구룸 조초 뼈가는 안디하

새파른 나리여히

耆郎ᄋᆡ 즈ᅀᅵ 이슈라

일로 나릿 지벽히

郎ᄋᆡ 디니다샤온

ᄆᆞᅀᆞᄆᆡ ᄀᆞᇫ홀 좇누아져

아으 잣ㅅ가지 노파

서리 몯누올 花判이여

池憲英

열치매(여올치매)

나토(들호)얀 ᄃᆞ리

ᄒᆡᆫ구룸조초 뼈간 안ㅅ히

새ᄇᆞ른 ᄂᆞ리이여

耆郎(디도리)ᄋᆡ 모ᇫ(즈ᅀᅵ)잇드라

이ᄅᆞ나리ㅅ 별아히

郎(님)예 디니다샤온

ᄆᆞᅀᆞᄆᆡ ᄀᆞᇫ홀 좇누아져 아으

자ᇫㅅ가지 놉허(솟고)

서리 모ᄃᆞ누올 불한여

金善琪

욜쵸매

낟고샨 따리

깬 구룸 조추 뜨깐 아디 까

사이 빠론 나리애

찌랑애 즈시 이시슈라

일오 나릳 도라기

님이야 디니디 깐샤온
마사매 갇깔 좇나라재
아으 자싣 가지 놉온디고
눈이 몰라올 화랑이야

徐 在 克

목메(?)치매
나 볼간 ᄃᆞ리
ᄒᆡᆫ 구롬 ᄯᅩ추 ᄢᅧ가 수만괴하
새 바ᄅᆞᆫ 믈시브리야히
耆郞의 즈시 시슈라
逸烏나릿 작별하희
郞이야 디니히다시온
ᄆᆞᅀᆞᄆᆡ ᄀᆞᆺ홀 ᄧᅩᆽᄂᆞ아져
아으
잣ㅅ 갖 놉괴호
서리 모ᄃᆞᆯᄂᆞ올 花判이야

金 俊 榮

열오 이치매
낟호얀 ᄃᆞ리
ᄒᆡᆫ 구롬 조추 ᄣᅧ간 안ᅀᅧ히
새파른 믌기여히
耆郞의 즈시 이사슈라
이로나릿 작별아희
郞여 디니ᅀᅡ다샤온
ᄆᆞᅀᆞ매 ᄀᆞᆺ홀 좇ᄂᆞ아져
아야 자시ㅅ 가자 놊호
서리 모ᄃᆞᆯᄂᆞ올 花判여

V. 處容歌

小倉進平

東京 ᄇᆞᆰᄋᆞᆫ ᄃᆞᆯ애
밤들어 노녀다가
들어사 자리에 보곤
가ᄅᆞᆯ이 네히러라
둘은 나이엇고
둘은 누이언고
믿이 내이다마ᄅᆞᆫ
ᄲᅢ앗어늘 엇디ᄒᆞ리잇고

梁柱東

ᄉᆡᄇᆞᆯ ᄇᆞᆯ긔 ᄃᆞ래
밤드리 노니다가
드러ᅀᅡ 자리 보곤
가ᄅᆞ리 네히어라
둘흔 내해엇고
둘흔 뉘해언고
본ᄃᆡ 내해다마ᄅᆞᆫ
아ᅀᅡᄂᆞᆯ 엇디ᄒᆞ릿고

池憲英

셔ᄫᆞᆯ ᄇᆞᆯ기 ᄃᆞ래
밤드리 노니다가
드러ᅀᅡ 자리ᄋᆡ 보곤
가ᄅᆞ리 네히러라
둘흔 내해엇고

둘흔 뉘ㅅ해언고
본듸 내해이다마른
아ᅀᅡ놀 엇디ᄒᆞ리고

金 善 琪

사라뿔 빨간 딸애
밤 돌이 노니다가
돌아사 자리 보곤
가롤이 낙이라라
두불깐 우리까온고
두불깐 누기 까안고
모토이 우리까 이다말온
앗을랑을 아다까리고

徐 在 克

東京 볼긔 ᄃᆞ라
밤 드리 노니다가
드라사 자릐 보곤
갈외 너히아라
두블흔 나 하엇고
두블흔 누히 하언고
아릐 나 하이다마는
아사롤 엇다ᄒᆞ리고

金 俊 榮

東京 볼기 돌애
밤들이 노니다가
들아사 자릐 보곤
가로이 네시아라
두홀은 내하엇고

두홀은 ᄂᆟᇫ 하언고
본ᄃᆡ 내하이다마언
앗ᄋᆞ을 엇다ᄒᆞ리고

VI. 薯童謠

小倉進平

善化公主님ᄋᆞᆫ
남(애) 그스기 얼여 두고
薯童房ᄋᆞᆯ
밤애 몰내 안고 가다

梁 柱 東

善化公主니ᄆᆞᆫ
ᄂᆞᆷ그스지 얼어두고
맛둥방ᄋᆞᆯ
바ᄆᆡ ᄆᆞᆯ 안고가다

池 憲 英

善化公主니ᄆᆞᆫ
ᄂᆞᆷ모ᄅᆡ 어러두고
薯童房ᄋᆞᆯ
바ᄆᆡ ᄆᆞᆯ 안고가다

金 善 琪

쌴과 공쥬님은
남 그스기 오랴 도고
쑈뚱· 찝읻
밤이 몰 안겨 깐다

徐 在 克

善化公主니믄
놈 그슥 어라 두고
마퉁바올 바미 알안겨거다

金 俊 榮

善化公主님은
놈 그슥 얼아 두고
마동방을
밤의 몰 안고 가다

Ⅶ. 禱千手觀音歌

小倉進平

무릅을 굽으리며
두ㅅ 손바당올 모오(아) 괴여
千手觀音ㅅ 앏해
빌어 숣오어 두오다
즈믄 손ᄋᆞ로 즈믄 눈을
한 무리홀 노하 한 무리홀 버리어
두만 내라
한 무리산 주셔 고티올더라
阿邪也 나애 씨티샬든
노혼들 쓰오아 慈悲이 큰고

梁 柱 東

무루플 고조며
둘손바당 모호누아
千手觀音ㅅ 前아희

비ᄉᆞᆯᄇᆞᆯ 두누오다
즈믄손ㅅ 즈믄눈홀
ᄒᆞᄃᆞᆫ홀 노ᄒᆞ ᄒᆞᄃᆞᆫ홀 더옵디
둘 업는 내라
ᄒᆞᄃᆞᆫ사 그스시 고티누옷다라
아으으 나애 기티샬ᄃᆞᆫ
노틔 ᄡᆞᆯ 慈悲여 큰고

池憲英

무릅홀고조며
둘ᄉᆞᆫ바당 모옷누아
千手觀音ㅅ前아히
비ㅅᄉᆞᆯᄫᆞᆯ 두누오다
즈믄손 즈믄눈홀
ᄒᆞᄃᆞᆫᄒᆞᆺ노ᄒᆞ ᄒᆞᄃᆞᆫ홀덜옷
둘옵(업)는 내라
ᄒᆞᄃᆞᆫᄉᆞ는즘이 예(괴)누옷다라 아이야
내애 기티샬ᄃᆞᆫ
노ᄒᆞ더 ᄡᅳ올 慈悲여 큰고

金善琪

무릅깔 고됴며
두불 솜 묻고 디나라
쳔슈관음 알배
빌이디 ᄉᆲ올 두나ᄑᆞ다
즈믄 손 즈믄 눈깔
까단 깐애 까단깔 달압디
두불우 만 우리라
까단산 주이고 디나끋다라

아사라 우리래 긷디리 줄 딸안
오돌이 쓰올 짜비란 깐고

徐 在 克

무르플 고조며
두블 손바담 모히ᄂᆞ아
千手觀音ㅅ 前아히
비히술볼 두ᄂᆞ오다
즈믄 손口ㅅ 즈믄 눈흘
ᄒᆞᄃᆞᆫ핫 ᄇᆞ리 ᄒᆞᄃᆞᆫ흘 빠히
두블후 먼 나라
ᄒᆞᄃᆞᆫ사 그시 고지ᄂᆞ오쓰라 아으
나아 기티히실ᄃᆞᆫ
ᄇᆞ리ᄃᆞ리 쓰올 慈悲야 심고

金 俊 榮

무릅흘 고조며
두흘 손바담 모홍ᄂᆞ아
千手觀音ㅅ 前아히
비이ㅿ숣올 두ᄂᆞ오다
즈믄 솏 즈믄 눈흘
ᄒᆞ든홋 노ᄃᆞ ᄒᆞ든흘 덜아ㅿ
두흘 움언 내라
하든사 그스샤이 고디ᄂᆞ오ㅅ드라
아야여 나애 깃디ㅿ샬든
노돌디 쓰올 慈悲여 근고

Ⅷ. 風　謠

小倉進平

온다 온다 온다
온다 서러외더라
서러외다 의내여
功德(을) 닥그러 온다

梁柱東

오다 오다 오다
오다 셔럽다라
셔럽다 의내여
功德 닷ᄀ라 오다

池憲英

오다 오다 오다
오다 셔럽다라
셔럽다 의내여
功德닷ᄀᄅ 오다

金善琪

온다 온다 온다 온다
슬반 까라 슬반 까이
무라 궁독 닫가라 온다

徐在克

오다 오다 오다
오다 셜븐 하라
셜븐 해 무라

功德 닷그라 오다

金 俊 榮

오다 오다 오다
오다 셜ᄫᅥ다라
셜ᄫᅥ다 의내아
功德 닷가라 오다

IX. 願往生歌

小倉進平

ᄃᆞᆯ햇 믿예
西方ᄋᆞ로 가샤리고
無量壽佛앏애
뉘웃기이다가 ᄉᆞᆲ고샤셔
셈 깁산 尊에 울워
두 손(ᄋᆞᆯ) 모도와ᄉᆞᆲ아
願往生願往生(이라고)
그릴 사람(이) 잇다 ᄉᆞᆲ고샤셔
阿邪 이몸(ᄋᆞᆫ) 그냥 두고
四十八大願을 닐우고샤과라

梁 柱 東

ᄃᆞᆯ하 이뎨
西方ᄭᆞ장 가샤리고
無量壽佛前에
닏곰다가 ᄉᆞᆲ고샤셔
다딤 기프샨 尊어히 울워러
두손 모도호ᄉᆞᆯ바

願往生 願往生
그릴사ᄅᆞᆷ 잇다 ᄉᆞᆲ고샤셔
아으 이몸 기텨 두고
四十八大願 일고샬까

池 憲 英

ᄃᆞᆯ하 이뎨
西方ᄭᆞ장 가샤리고
無量壽佛前의
닏곰다가 ᄉᆞᆲ고샤셔
담(셜믜 · ᄃᆞ리) 기프샨 尊어히 울워
두손모도호ᄉᆞᆯ바
願往生 願往生
慕人잇다 ᄉᆞᆲ고샤셔 아으
이몸 끼텨두고
四十八大願 일고샬가

金 善 琪

ᄯᆞᆯ 까이 믿예
셔방 가댕 까샤리고
무량쑤뿔 왋애
노오곰 까가디 ᄉᆞᆯ고샤쇼
다딤 깊샨 존애 바라기
두뿔 솜 몯오 곧고
완왕생 완왕생
그리논 사람 읻다 ᄉᆞᆲ고샤쇼
아으 이 몸 보내 도고
사씹발 때이완 닐고샤쇼

徐 在 克

ᄃᆞᆯ하 이젹

西方 ᄉᆞᆺ뎡 가시리겨

無量壽佛前애

뉘으즐 오람 합ᄌᆞ키 ᄉᆞᆲ겨시셔

다딤 기프신 尊으희 울월히

두블 손 모도호ᅀᆞᆯ바 願往生願往生

그릴 ᄉᆞᄅᆞᆷ 잇다 ᄉᆞᆲ겨시셔 아으
이몸 기탸 두견

四十八大願 이ᄅᆞ겨시가

金 俊 榮

ᄃᆞᆯ하 이뎨

西方 넘뎌 가샤릿고

無量壽佛 前ᄋᆡ

놋곰다가ᇫ ᄉᆞᆲ고샤셔

다딤 깁샨 尊의희 울웝

두손 모도 고조ᄉᆞᆲ아

願往生 願往生

그릴 ᄉᆞᄅᆞᆷ 잇다 ᄉᆞᆲ고샤셔

아— 이몸 깃뎌 두고

四十八大願 일고샤가

X. 兜率歌

小倉進平

오ᄂᆞᆯ 이예 散花(ᄅᆞᆯ) 블너

베푸ᄉᆞᆲ온 곶이여 너는

고ᄃᆞᆫ ᄆᆞᅀᆞᆷ의 命을 바려

彌勒座主 뫼셔려라

梁柱東

오ᄂᆞᆯ 이에 散花 블어

ᄲᆞᆯᄫᆞᆫ 고자 너는

고ᄃᆞᆫ ᄆᆞᄉᆞᄆᆡ 命ㅅ 브리ᄋᆞᆸ디

彌勒座主 뫼셔롸

池憲英

오ᄂᆞᆯ 이에 ᄉᆞᄂᆞ블어

ᄲᆞᆯᄫᆞᆫ 부리여 너ᄂᆞᆫ

고ᄃᆞᆫ ᄆᆞᄉᆞᄆᆡ 命ㅅ 부리오아

彌勒座主(도리ㅅ님) 모셔라

金善琪

오ᄂᆞᆯ 여긔

산과 부라

ᄠᅳᆯ살본 곶이라

나난 곧안 마담이

명ㄷ 부리압기

미륵·좌님 뫼시라라

徐在克

오ᄂᆞᆯ 이ᄋᆡ 散花 블라 ᄇᆞ보ᄉᆞᆯ본 곶자 넌

고ᄃᆞᆫ ᄆᆞᄉᆞᄆᆡ 命ㅅ 브리악

彌勒座主 뫼셔라

金俊榮

오ᄂᆞᆯ 이의 散花 블라

보보ᄉᆞᆲ온 곶아 너은

고ᄃᆞᆫ ᄆᆞ솜의 命ㅅ 브리악

彌勒座主 뫼셔라

XI. 祭亡妹歌

小倉進平

生死길ᄋᆞᆫ
이에 잇아매 저히고
나ᄂᆞᆫ 간다(ᄒᆞᆯ) 말ㅅ도
몰으다 일으고 가닛고
어ᄂᆡ ᄀᆞᄉᆞᆯ 일흔 ᄇᆞᄅᆞᆷ애
이에 뎌에 ᄠᅥ딜 닙(히)여
ᄒᆞᆫ 무리ᄂᆞᆫ 가지애 나고
가논 곧(올) 몰으온뎡
阿也 彌陀刹애 맛나온 나(ᄂᆞᆫ)
道(ᄅᆞᆯ) 닥가 기다리고다

梁柱東

生死路ᄂᆞᆫ
예 이샤매 저히고
나ᄂᆞᆫ 가ᄂᆞ다 말ㅅ도
몯다 닏고 가ᄂᆞ닛고
어느 ᄀᆞᄉᆞᆯ 이른 ᄇᆞᄅᆞ매
이에 저에 ᄠᅥ딜 닙다이
ᄒᆞᄃᆞᆫ 가재 나고
가논곧 모ᄃᆞ온뎌
아으 彌陀刹애 맛보올 내
道닷가 기드리고다

池憲英

生死길ᄋᆞᆫ

이ᄋᆡ이샤매 즈흘이고
나ᄂᆞᆫ 가ᄂᆞ다 말ㅅ도
몯닏고 가ᄂᆞ닛고
어ᄂᆞ ᄀᆞᅀᆞᆯ 이른 ᄇᆞᄅᆞ매
이에 저에 ᄠᅧ딜 닙다이
ᄒᆞᄃᆞᆫ 가재나고
가ᄂᆞᆫᄃᆡ 모ᄃᆞ오져 아으
彌陀刹(수ᄃᆞᄅᆞ)애 맛보올 내
길닷가 기드리고다

金 善 琪

생사 깔깐
어긔 잇아 마이자깔이고
우리난 까나다 말도
몯 다 닐고 까나닏고
아나 가쌀 일온 바람 애
어긔 뎌긔 빠랑딜 이뻐다
까단 가달애 나고
까논 곧 몰온뎅
아아 미따 더래 맞은 우리
깔 대달아 기두리고라

徐 在 克

죽사리 길혼
이ᄋᆡ 이사매 멈흐리견
난 가ᄂᆞ다 말ᄯᅩ
모다 니ᄅᆞ견 가ᄂᆞ닛고
어ᄂᆞ ᄀᆞᅀᆞᆯ 이른 ᄇᆞᄅᆞᄆᆡ
이ᄋᆡ 뎌ᄋᆡ ᄠᅥ라딜 닙곤 ᄒᆞᄃᆞᆫ 가자 나고 가논 곧 모ᄃᆞ론뎡

아으

彌陁剎아 마조 나 道 닷가 기드리고다

金俊榮

生死 길은

이의 잇사매 ᄌᆞ흘이고

나은 가ᄂᆞ다 말ㅅ도

모ᄃᆞ 니ᄅᆞ고 가ᄂᆞ닛고

어ᄂᆞ ᄀᆞᅀᆞᆯ 이른 ᄇᆞᄅᆞ미

이의 뎌의 ᄠᅥᆯ아딜 닙 다비

ᄒᆞ든 갓애 나고

가논 곧 모ᄃᆞᆯ온뎌

아— 彌陀剎애 맛보온 나

道 닷가 기드리고다

XII. 彗星歌

小倉進平

녜로 東ㅅ 믈ᄀᆞᇫㅅ

乾達婆의 노온 잣올난 바라고

예내ㅅ 軍도 왓다(고)

烽 살은 ᄀᆞᇫ애 고자

三花의 오롬 보샤올 듣고

ᄃᆞᆯ도 발써 쉴 바애

길올 ᄡᅳᆯ 별을 바라고

彗星(이)라 ᄉᆞᆲ월 사ᄅᆞᆷ이 잇다

後句 ᄃᆞᆯ(이) 뻐갓더라

이에 밧갓듸 밤ㅅ 비질악(이) 잇고

梁柱東

녜 ᄉᆡᆺ믌ᄀᆞᇫ 乾達婆ᄋᆡ
노론 잣홀란 ᄇᆞ라고
예ㅅ 軍두 옷다
燧ᄉᆞᆯ얀 ᄀᆞᇫ 이슈라
三花ᄋᆡ 오롬보샤올 듣고
ᄃᆞᆯ두 ᄇᆞ즈리 혀렬바애
길ᄡᅳᆯ 별 ᄇᆞ라고
彗星여 ᄉᆞᆯᄫᅩᆫ여 사ᄅᆞ미 잇다
아으 ᄃᆞᆯ 아래 ᄠᅥ갯더라
이 어우 므슴ㅅ 彗ㅅ기 이실꼬

池憲英

구술ᄂᆞㅅ 乾達婆(디돌이)(ᄉᆞᆺ(ᄀᆞᆷ)·ᄃᆞᆯ·ᄫᅥᆯ)ᄋᆡ
노론잣홀란 ᄇᆞ라고
예ㅅᄃᆞᆯ두 왓다
烽(블) ᄉᆞᆯ얀 ᄀᆞᇫ에드ᄅᆞ
三花(ᄉᆞᄂᆞ)ᄋᆡ ᄃᆞ리(오름) 보샤올 듣고
ᄃᆞᆯ두 ᄇᆞ즈리 셔(혀) 올바애
길ᄡᅳᆯ 벼리 ᄇᆞᄅᆞ고
彗星여 ᄉᆞᆯᄫᅩᆫ여 사ᄅᆞ미 잇다 아으
ᄃᆞᄅᆞᄅᆞ ᄠᅥ갯드라
이에 번ᄃᆞᆯㅅ 소리ㅅ ᄉᆞᆯ(혜)ㅅ아 잇고

金善琪

나리 샐 믇간 깐딸빠이
놀온 잣깔란 바라고
야마린 군도 왠다
퐁사란 갇애 고지라

삼화이 올옴 보샤올 듣고

딸도 바즈리 잣올 바이

길쁠볼이 바라고

쒸셩이야 살바란 사람 읻다

딸 아라이 뜨갠따라

이야 반몬 다뵈솜ㄷ 쒼끼 읻고

徐 在 克

녜누리 샐 물ᄀᆞᆺ

乾達婆ᄋᆡ 노론 잣하 ᄇᆞ라고

여릿軍두 옷다 烽 ᄉᆞ란 모히야 슈라

三花ᄋᆡ 오롬 보시올 듣고

돌두 바치 혀바돌 바의

길 ᄡᆞᆯ 벼리 ᄇᆞ라고

彗星이야 술본 녀니 잇다

아으

달아라 뻐가 잇드라

이야 벋믈 배숌ㅅ 뷧즈락 잇고

金 俊 榮

녜 샐 믌ᄀᆞᆺ

乾達婆의 놀온 잣홀아 바라고

옛 군두 옷다

烽 술안 ᄀᆞ여슈라

三花의 오롬 보샤올 듣고

돌두 ᄇᆞ즐이 혀어 올 바의

길 ᄡᆞᆯ 벼리 ᄇᆞ라고

彗星여 술본여 사롬이 잇다

아야 달ᄋᆡ라 뼈갯드라

이여우 믓솜 쉾 잇고

XIII. 怨　　歌

小倉進平

것쳐 잣(이)

ᄀᆞᄉᆞᆯ 안들 갓가오어 뻐러디매

너 어듸 녀제이신

울워 조을은 ᄂᆞᆾ에 고티샤온들로

ᄃᆞᆯ의 그름자 고인 못을

녈난 솜ㅅ 모래애 머믈어

짓을사 바라나

누리도 지즐온 제요

梁 柱 東

몯ᄒᆡ 자시

ᄀᆞᄉᆞᆯ 안ᄃᆞᆯ 이우리 디매

너 엇뎨 니저 이신

울월던 ᄂᆞ치 겨샤온ᄃᆡ

ᄃᆞᆳ 그림제 녯 모샛

녈 믈결 애와티ᄃᆞᆺ

즈ᅀᅡ ᄇᆞ라나

누리도 아쳐론 뎨여

池 憲 英

들홋장

ᄀᆞᄉᆞᆯ 안ᄃᆞ리옷디매

너 어ᄃᆞᆺ니져이신

울월던ᄂᆞ치 고티샤온 겨을여

달빛 고인(옌) 소애ㅅ

녈믌결잇 사이 잇ᄃᆞᆺ
못(즈ᅀᅵ)ᄉᆞㅅ ᄇᆞ라나
누리(뉘즈리) 셔볼앳 일온뎨여 아으(後句亡)

金 善 琪

갇고디 잣이
가잘 안들 니오 디매
나 오다기 니져시인
울올돈 낮이 고띠샤온 겨슬이라
딸이 오디 고린 못애
녈 믇걀 앋 사이 이디다디
짓이사 바라나
누리도 깐 일온 집이야

徐 在 克

믈ㅅ 됴히 잣
ᄀᆞᄉᆞᆯ 안ᄃᆞᆯ 글오히 디매
너다히 녀져 ᄒᆡ신
울월돈 ᄂᆞ치 가싀시온 ᄃᆞ리야
ᄃᆞ리 얼히고 다ᄉᆞ론 모싔
녈 믈
ᄉᆞᆷㅅ사 ᄋᆡ히다히
ᄌᆞᆺ사ㅅ ᄇᆞ라나
누리도
ᄌᆞᆺᄃᆞ론뎨야

金 俊 榮

믌홋 자시
ᄀᆞᄉᆞᆯ 안ᄃᆞᆯ 이오ㅿ 디매
너 어드ᇫ 니져이신

울월ᄃᆞᆫ 곶의 고티샤온 ᄃᆞᆯ이여
ᄃᆞ리 그르메△ 녜린 못
닐 ᄆᆞᇝ결앳 사이이△ᄃᆞᆺ
즈시샷 ᄇᆞ라나
누리 모ᄃᆞᆺ 이론 뎨여

XIV. 遇賊歌

小倉進平

저의 ᄆᆞᅀᆞᆷ애
짓 몰올단ᄋᆞᆫ
해 머오일□□디나아고
엳단 숨에 가고소다
[20字 未詳]
이 兵物을사 디나오
말ᄒᆞ기 몰라온 단이(여)
阿耶 아기 젊잔ᄒᆞᆫ 潛陵은
어ᄂᆡ 놉즉(이) 두오니이다

梁 柱 東

제 ᄆᆞᅀᆞ매
ᅀᅳᆼ 모ᄃᆞ렷단 날
머리 □□ 디나치고
엳ᄯᆞᆫ 수메 가고쇼다
오직 외온 破戒主
저플 즈ᅀᅦ ᄂᆞ외 ᄯᅩ 돌려
이 잠ᄀᆞᆯᅀᅡ 디내온
됴ᄒᆞᆯ날 새누옷다니
아으 오지 이오맛ᄒᆞᆫ 善은
안디 새집 ᄃᆞ외니다

池憲英

나(져)ᄋᆡ ᄆᆞᅀᆞ매
모ᇰ(즈ᅀᅵ) 모ᄃᆞᄅᆞ 올ᄃᆞᆫᄋᆞᆫ
져므올(져믄 올) ᄂᆞ리 디나알고
ᄀᆞᆷ ᄃᆞᆫ 드메 가고쇼다
다위(단위)온ᄋᆞᆫ 바위숫(귓ㅅ)(이ㅅ)불
니ㅅ누어 셔ᄫᆞᆯ 돌얼 나죄
이돌들ㅅ 사괴홀(ᅀᅡ 맛보)
니사(닛사)어누오다니
아으 어제
내 소래ㅅ 하ᄂᆞᆫ ᄉᆞ론안ㅅ
수ᄐᆞ(술)오니다

金善琪

저이 마잠 아이
즛이 몯 아기 올라니
멀오일 셔산 디나간 알고
연뼈 다니 수메 가고쇼다
단비고 숨안 바계듀
자불이 사나오도 돌올 사나히라
이 잠갈사 디나고
긷갈 날 사야나온다니
아사라 아기 올옴앨 깐 이른은
아디 놉깐집 도고 숨은이다

徐在克

저ᄋᆡ ᄆᆞᄉᆞ매
ᄌᆞᆺ 모ᄌᆞ락 디녀오ᄃᆞᆫ 날 멀 새 ᄃᆞᆫ [ᄃᆞ히] 디나티견
여ᄃᆞᆫ 드ᄆᆡ 가겨싱다

다ᄆᆞᆫ 외ᄋᆞᆫ 破[戒]主

치블 [잇]ᄂᆞ오도 돌올랑야

이 잠개사 글온 됴홀 ᄀᆞ롬사 이아ᄂᆞ온ᄃᆞ니

오직 이노ᄆᆡᆺ 恨은 서른 안히 안ᄌᆞᆨ 모도니다

金 俊 榮

저의 ᄆᆞᅀᆞ메 즈시

모둘ᄀ아 오ᄃᆞᆫ ᄂᆞᆯ

머오일□□ 디나디고

열ᄯᅳᆫ 슈매 가고쇼다

오직 외오 숨언 破戒主

자블이사 ᄂᆡ어도 도ᄅᆞ혈 郎여

이 잠갯사 디내온

됴홀 날 사여ᄂᆞ오ᄃᆞ니

阿耶 오직 이내 소릿 ᄒᆞᆫ 이든은

安ㅎ尙宅 도온이다

XV. 禮敬諸佛歌

小倉進平

ᄆᆞᅀᆞᆷ의 붇으로

그리ᅀᆞᆸ온 부텨 앏애

빌으온 몸ᄋᆞᆫ

法界 믿ᄶ지 닐으과라

塵塵마다 부텨ㅅ 刹이오

刹刹마다 마ᄌᆞ리ᅀᆞᆸ은

法界(예) ᄎᆞ샨 부텨

九世 다ᄋᆞ아 절ᄒᆞᅀᆞᆸ제

歎曰 身語意業 疲厭 업시

이러히 지ᅀᅳ사 믿으드라

梁柱東

ᄆᆞᅀᆞᄆᆡ 부드루

그리ᅀᆞᄫᆞᆫ 부텨前에

저누온 모ᄆᆞᆫ

法界ᄆᆞᆺᄃᆞ록 니르가라

塵塵마락 부텨ㅅ刹이

刹刹마다 뫼시리ᅀᆞᄫᆞᆫ

法界 ᄎᆞ샨 부텨

九世 다아 禮ᄒᆞᅀᆞᆸ져

아으 身語意業无疲厭

이에 브즐 ᄉᆞᄆᆞᆺ다라

池憲英

ᄆᆞᅀᆞᄆᆡ筆루

그리ᅀᆞᆸ온 부텨前에

ᄇᆡ누온 모ᄆᆞᆫ

法界ᄆᆞᆺᄃᆞ로 닐가라

塵塵마락 부텨ㅅ刹이

刹刹마다 ᄆᆞᄌᆞ리ᅀᆞᆸ온

法界ᄎᆞ샨부텨

九世다아 禮ᄒᆞᅀᆞᆸ져 아으

身語意業无疲厭

이에 브질ᄉᆞᄆᆞᆺ다라

金善琪

마잠애 붇우루

그리살본 부텨 앒비

빌나온 몸안

법계 몯고디 이르가라

디글 마다 부텨 뎔이

뎔뎔마다 뫼시리살본

봅계 차샨 부텨

구셰 다라 뎔하살졔

아으 신어 의업 아찻없이

이라 부작 사몯돌아

金 俊 榮

ᄆᆞᄉᆞᄆᆡ 筆루

그리숣온 부텨 前의

저ᄂᆞ온 모먼

法界 ᄆᆞᆺᄃᆞ록 니르가라

塵塵마락 부텨ㅅ刹여

刹刹마다 마ᄌᆞ리숣온

法界 ᄎᆞ샨 부텨

九世 다아 禮ᄒᆞ숣져

아一 身語意業无疲厭

이애 브질 ᄉᆞᄆᆞᆺ드라

XVI. 稱讃如來歌

小倉進平

오ᄂᆞᆯᄂᆞᆯ 이를어

南无佛이라 숣올손 혀에

無盡辯才ㅅ 바ᄅᆞᆯ들

一念여해 ᄉᆞᆺᄋᆞ나과라

塵塵虛物을 마ᄌᆞ리숣온

功德ㅅ 몸올 對ᄒᆞ숣혀이

ᄀᆞᇫ이 먼 德바ᄅᆞᆯ
間王들을 기리ᄉᆞᆸ제
隔句 반ᄃᆞ기 一毛ㅅ德도
도두어 다ᄋᆞ아 ᄉᆞᆸ온네

梁 柱 東

오ᄂᆞᆯ 주비ᄃᆞᄅᆡ
南无佛이여 ᄉᆞᆯ ᄇᆞᆯ손 혀아ᄋᆡ
無盡辯才ㅅ 바ᄃᆞᆯ
一念악ᄒᆡ ᄉᆞᆺ나가라
塵塵虛物ㅅ 뫼시리ᄉᆞᆯᄇᆞᆫ
功德ㅅ身을 對ᄒᆞᄉᆞᆸ디
ᄀᆞᇫ업는 德바ᄃᆞᆯᄒᆞᆯ
西王ᄃᆞᆯ루 기리ᄉᆞᆸ져
아으 비록 一毛ㅅ德두
몯ᄃᆞᆯ 다아 ᄉᆞᆯ보뇌

池 憲 英

오ᄂᆞᆯ 주비ᄃᆞᄅᆡ
南无佛여ᄉᆞᆸ손 ᄉᆞᄅᆡ
無盡辯才ㅅ바ᄃᆞᆯ
一念아ᄒᆡ ᄉᆞᆺ나가라
塵塵ᄃᆞᆯ들ㅅ ᄆᆞᄌᆞ리ᄉᆞᆸ온
功德ㅅ身을 對ᄒᆞᄉᆞᆸ아
ᄀᆞᇫ업는 德바ᄅᆞᆯ
ᄉᆞᆺ(ᄉᆡ)님ᄃᆞᆯ루 기리ᄉᆞᆸ져 아으
비로 一毛ㅅ德두
모ᄃᆞᆯ 다아 ᄉᆞᆸ오뇌

金善琪

오ᄂᆞᆯ 주비돌이
나무불이라 살손 혀라이
무진 변잴 바돌
일념악애 손나가라
띠끌 허물도 뫼시료 살본
공독 몸을 대가살재
가주 만 독개깔
깐왕 들루 기리살재
비록 일몯독도
모돌 다라 살본내

金俊榮

오ᄂᆞᆯ 주비ᄃᆞᆯ의
南無佛여 ᄉᆞᆲ손 셔아의
無盡辯才ㅅ 바ᄃᆞᆯ
一念악히 ᄉᆞᆺ나가라
塵塵虛物ㅅ ᄆᆞᄌᆞ리ᄉᆞᆲ온
功德ㅅ身을 對ᄒᆞᄉᆞᆲ악
ᄀᆞᆽ 움언 德 바ᄃᆞ홀
ᄉᆞᆺ님ᄃᆞᆯ루 기리ᄉᆞᆲ져
아— 비록 一毛ㅅ德두
모ᄃᆞᆯ 다아 ᄉᆞᆲ온 나혀

XVII. 廣修供養歌

小倉進平

火箸를 잡음에
부텨 ᄋᆞᆸ 등잔ᄋᆞᆯ 고티ᄂᆞᆫ대

등잔심지는 須彌요

등잔기름은 大海 일과라

손은 法界 밋두록 ᄒᆞ며

손애마다 法供으로

法界에 ᄎᆞ샨 부텨

佛佛에 周物을 供ᄒᆞᅀᆞᆸ제

阿耶 法供을사 만흐나

이것바 最勝供이요

梁 柱 東

브져 자ᄫᆞ며

佛前燈을 고티란ᄃᆡ

燈炷는 須彌여

燈油는 大海 이루가라

소ᄂᆞᆫ 法界뭇도록 ᄒᆞ며

소내마다 法ㅅ供ᄋᆞ루

法界 ᄎᆞ샨 부텨

佛佛 ᄃᆞ뭇 供ᄒᆞᅀᆞᆸ져

아으 法供사 하나

이 어의바 最勝供이여

池 憲 英

브져 자ᄫᆞ며

佛前燈을 고티란대

燈炷는 須彌여

燈油는 大海 이루가라

손ᄋᆞᆫ 法界 뭇ᄃᆞ로 ᄒᆞ며

손애마다 法ㅅ供ᄋᆞ루

法界ᄎᆞ샨부텨

佛佛들듣ㅅ 供ᄒᆞ숣져
아으 法供ㅅ아ㅅ하나
이 어의밠 最勝供여

金 善 琪

브져 잡오매
뿔젼 등을 고텨란 까이
심지는 수미야
등유난 때해 이루가라
손안 봅개 몯고디 까며
손라 마다 봅공으루
봅개 차샨부텨
부텨마다 주물ㄷ 이바지 깔졔
아으 봅공사 까나
이 오이바 최승공이랴

金 俊 榮

火條 잡으매
佛前燈을 고텨언대
燈炷은 須彌여
燈油은 大海 일우가라
손언 法界 몯ᄃᆞ록 ᄒᆞ며
손애마다 法ㅅ供으루
法界 차샨 부텨
佛佛 周物ㅅ 供ᄒᆞ숣져
아— 法供삿 하내
이 어의바 最勝供여

XVIII. 懺悔業障歌

小倉進平

걱구러디이어
菩提 아ᄂᆞᆫ 길을 믜워(ᄒᆞ야)
지슬누온 모딘(이)는
法界를 남기어 나니이다
모딘 버릇(에) 디누온 三業
淨界ㅅ님을 디어내고
오ᄂᆞᆯᄂᆞᆯ 頓ㅅ懺悔
十方ㅅ부텨 알고샤셔
落句 衆生界ᄅᆞᆯ 다ᄋᆞ아 내 懺悔
來際 길어 造物(을) 버리제

梁 柱 東

顚倒 이라
菩提 아ᄋᆞᆫ 기ᄅᆞᆯ 이밤
지ᄉᆞᆯ누온 모디는
法界 나목 나니잇다
모딘 ᄇᆡᄒᆞᆺ 디누온 三業
淨戒ㅅ主루 디니누곡
오ᄂᆞᆯ 주비 頓部ㅅ 懺悔
十方ㅅ부텨 알곡샤셔
아으 衆生界盡我懺盡
來際 기러 造物捨져

池 憲 英

顚倒이라
菩提 아ᄋᆞᆫ 길을 이밤

지슬누온 머즌은
法界남오아 는이리ㅅ다
머즌習 디누온 三業
淨界ㅅ主루 디니ㅅ누고아
오놀 주비 頓部ㅅ 懺悔
十方ㅅ부텨 알고아샤셔
아으 衆生界盡我懺盡
來際기리造物捨져

金 善 琪

갇고리라
보리 바란 깔이바
지실논 모딘
봅개 나옴이 읻다디
모딘 보롯 디논 삼업
쟁갠듀루 디아 디나 겨곡
오날 주빈 돈북 쌈회
시방 부텨 알겯샤셔
듕생개 다아 우리 쌈회
올제 까라 조물 빠리재

金 俊 榮

顚倒이라
菩提 아언 길을 이바
짓어 오누온 머즌은
法界 남옥 난임다△
머즌 비홋 디누온 三業
淨戒ㅅ主루 디니△내곡
오놀 주비 돈부ㅅ 懺悔
十方ㅅ 부텨 알곡샤셔

아— 衆生界盡我懺盡

來際 길애 造物 捨져

XIX. 隨喜功德歌

小倉進平

迷悟同體ㅅ

緣起ᄅᆞᆯ 다ᄉᆞ려 ᄎᆞ저보곤

부텨 衆生 민ᄊᆞ지

나의 몸 아닌디인 사ᄅᆞᆷ 잇이리오

닥샬은 頓올 나의 닥손뎡

어드심에 딜 사ᄅᆞᆷ이 업곤

어닉 사ᄅᆞᆷ의 善陵돌이사

안들 깃부어 두오릿가

後句 이러히 비겨 녀든

嫉妬ㅅ ᄆᆞᅀᆞᆷ이 닐도올가

梁 柱 東

迷悟同體ㅅ

緣起ㅅ理ㄹ 차지보곤

부텟 衆生 뭇ᄃᆞ록

내몸 안딘 놈 이시리

닷ᄀᆞ샤론 頓部ㅅ 내 닷골손뎡

어드샤리마락 ᄂᆞ미 업곤

어느 人의 善돌사

안돌 깃홀 두오릿고

아으 이라 비겨 녀둔

嫉妬ㅅ ᄆᆞᅀᆞᆷ 닐도올가

池 憲 英

迷悟同體ㅅ

緣起ㅅ理애 차자 보곤

부테衆生 뭇ᄃᆞ로

내몸 안딘 남잇호리

닷ᄀᆞ샤ᄅᆞᆫ 頓部ㅅ 내 닷ᄀᆞㅅ손져

얻샤리마락 ᄂᆞ미 업곤

어느 사람의 ᄉᆞᄅᆞ든사

안돌깃홀 두오리ㅅ고

아으 이라너겨녀든

嫉妬ㅅ마ᅀᆞᆷ 닐도올가

金 善 琪

메오똥텐

연걷리라 찾디 보고

불이 중생 몯고디

우리몸 아닌 사람인까로

닦샾은 돈북 우리 닦손댕

앋샾이 마락 남이 업곤

애나 사람이 이론달사

안들 긷골 도오릳가

後句 이리이가이 년달

딜툰 마쌈 일도올까

金 俊 榮

迷悟 同體ㅅ

緣起ㅅ 理애 찾보곤

佛이 衆生 뭇ᄃᆞ록

나의 몸 안딘 사ᄅᆞᆷ 잇ᄒᆞ려

닷곳샬은 돈븟 내 닷곳손뎌
얻샤리마락 사르미 업ㅅ곤
어누 사룸의 이든들사
안돌 깃흘 두오리ㅅ고
아— 이라 너갸녀둔
嫉妬ㅅ무숨 닏오올가

XX. 請轉法輪歌

小倉進平

뎌를 지ᄌ얀
法界옛 佛會예
나는 頓욀 들여
法雨를 비솗올더라
無明土 깁히 묻은
煩惱熱을 다리(又 지지)도륵 내매
善芽 몰으기 긜은
衆生ㅅ받을 불어삼으오
後言 菩提ㅅ 열음 열니얀
覺月 붉온 ᄀ술욀 밧치요

梁 柱 東

뎌 너븐
法界악잇 佛會아히
나는 또 나악
法雨를 비술봇다라
無明土 기피 무다
煩惱熱루 다려내매
善芽 몯돌 긜은
衆生ㅅ田을 저지샵여

아으 菩提ㅅ여름 오올봃

覺月볼군 ᄀᆞᄉᆞᆯ 바티여

池憲英

뎌 너븐

法界앳 佛會아히

나는 頓ㅅ 나ᄉᆞᄅᆞ

法雨를 비슯오ㅅ다라

無明土기피무다

煩惱熱루 다려내매

善芽(ᄉᆞᄅᆞ) 모돌 길은

衆生ㅅ田을 저처(대어)샤여

아으 菩提ㅅ여름 오올봃

覺月볼군 ᄀᆞᄉᆞᆯ 바티여

金善琪

뎌 나반

볍개 앤 뿔회아기

우리난 돈북 나라기

볍우르 비리삽곧돌아

무명토 깁이 묻아

본노 열루 다리올나매

션아 몯돌 깔온

듕생 반일 붇기삽이라

뽀딘 열음〔烏乙反隱 해당분 빠짐〕

각월 밝안 가찰 반쵸라

金俊榮

뎌 느븐

法界앳 佛會아회

나언 모롯 나악
法雨을 비ᄉᆞᆲ오ㅅᄃᆞ라
無明土 깊이 묻아
煩惱熱루 다려 내매
善芽 모돌 길은
衆生ㅅ 田을 적삼여
아ㅡ 菩提ㅅ 여름 오울븐
覺月 볼근 ᄀᆞᄉᆞᆯ 바텨

XXI. 請佛住世歌

小倉進平

ᄆᆞ룻 부텨
비록 化緣을 다ᄋᆞ아 움즉이샤나
손을 부븨여 울니니
누리예 머물게 ᄒᆞᄉᆞᆲ오더라
새벽으로 아ᄎᆞᆷ 밤이
아오샤 번(을) 알아 일허
이러케 ᄒᆞ매
길올 윈 무리여 스러워쇠
落句 우리 ᄆᆞᅀᆞᆷ올 ᄇᆞᆰ히든
佛影 안돌 應ᄒᆞ샤이리(오)

梁 柱 東

한 부톄
비루 化緣 ᄆᆞᄎᆞ샤나
소ᄂᆞᆯ 부븨 올이
누리ᄒᆡ 머믈우ᄉᆞᆸ보다라
새배루 아ᄎᆞᆷ 바ᄆᆡ

아ᄋᆞ샬벋 아라셰라
이 알긔 ᄃᆞ외매
길이본 믈 슬홀셔
아으 우리 ᄆᆞᅀᆞᆷ믈 몰가ᄃᆞᆫ
佛影 안ᄃᆞᆯ 應ᄒᆞ샤리

池 憲 英

한부톄
비루 化緣ᄆᆞᄎᆞ샤나
ᄉᆞᆫ을 부븨올여
누리히 뮛ᄉᆞᆸ오다라
새배루 아ᄎᆞᆷ 바ᄆᆡ
아오샬벋 아라셰라
이알긔 ᄃᆞ외매
길이본물 슬홀셔
아으 우리 ᄆᆞᅀᆞᆷ물 말(싀)ᄀᆞᄃᆞᆫ
佛影안ᄃᆞᆯ 應ᄒᆞ샤리

金 善 琪

함목 뿌텨
비록 화연 다아 뮈샨나
손을 보비 우라니
누로애 긷디반 삷곧다라
샐 아차무만 밤애
아오샬 받이라 아라새라
이디가이 까매
깔 이빤 무라 소로교
우리 마잠 밀 맑돈
뿔영 안돌 잉까샤까로

金 俊 榮

모ᄃᆞᆫ 부텨
비루 化緣 ᄆᆞᄎᆞ 뮈샤나
손을 보븨 오라며
누리히 머믈우 ᄉᆞᆲ오ᄃᆞ라
새배루 아춤 바매
아오샬 번 알아셜여
이알 모ᄃᆡ ᄒᆞ매
길 이븐 물아 셜얼셔
아— 우리 ᄆᆞᅀᆞᆷ믈 몰ᄀᆞ든
佛影 안돌 應ᄒᆞ샤ᄒᆞ려

XXII. 常隨佛學歌

小倉進平

우리 부텨
므릇 가ᄂᆞᆫ 누리예 닥글샬은
難行苦行ㅅ願을
나ᄂᆞᆫ 頓ᄋᆞᆯ 조차이다
몸업시 부스러뎌 듣글이 가매
命을 줄 날애도
ᄯᅩ 다혀 디이리(오)
므릇 부텨도 ᄯᅩ ᄒᆞ샨 일이네
城上人 佛道 아ᄂᆞᆫ ᄆᆞᅀᆞᆷ이
他道애 안들 빗겨 녀제

梁 柱 東

우리 부톄
니건 누리 닷ᄀᆞ려샤론

難行苦行ㅅ 願ᄋᆞᆯ

나ᄂᆞᆫ 頓部ㅅ 조추리잇다

모미 ᄇᆞ삭 드트리 가매

命을 施ᄒᆞᆯ ᅀᆞ히두

그랏긔ᄒᆞᆯ 비ᄒᆞ리

한 부텨두 그랏ᄒᆞ샤니뢰

아으 佛道아ᄋᆞᆫ ᄆᆞᅀᆞᆷ하

넌길 안ᄃᆞᆯ 빗겨 녀져

池 憲 英

우리부톄

녠(니건) 누리 닷ᄀᆞ려샤ᄅᆞᆫ

難行苦行ㅅ願ᄋᆞᆯ

나ᄂᆞᆫ 頓部ㅅ 조추리잇다

모미아ᄇᆞᄉᆞ아 드트리가매

命을施(식)ᄒᆞᆯ ᅀᆞ히두

그랏긔 ᄒᆞᆯ 디호리

한 부텨두 그랏ᄒᆞ샨이뢰

아차 佛道아ᄋᆞᆫ ᄆᆞᅀᆞᆷ하

他道(넌길) 안ᄃᆞᆯ 빗겨아 녀져

金 善 琪

우리 뿌텨

개 까안 누로 닭오샤론

난행 코행 완을

우리난 돈북 좇고반읻다

몸 옵기 부사라기 도꼴이 까매

명알 뻡골 나시애도

개릳개 긷골 디까리

개 쁨터도 개릳 까샨 이루개

(城上人) 쁨또 아안 마잠까

년깔 안돌 비두라기 녀재

金 俊 榮

우리 부텨

모ᄃᆞᆫ 니건 누리 닷ᄆᆞ 오샤뮨

難行 苦行ㅅ 願을

나언 돈붓 조초우립ㅅ다

모미ㄱ ᄇᆡ ᄉᆞㄱ 드틀이 가메

命을 벱홀 ᄉᆡ시히두

그럿긔 홀 디ᄒᆞ리

모ᄃᆞᆫ 부텨두 그럿 ᄒᆞ샨 이루혀

아一 佛道 아은 ᄆᆞ솜하

년길 안돌 빗겨ㄱ 녀져

XXIII. 恒順衆生歌

小倉進平

覺樹王ᄋᆞᆫ

迷火에 숨을 불휘에사 옮샤는일야

大悲ㅅ믈을 부어

안들 이우올더라

法界에 가득ᄒᆞᆫ 丘物ㅅ 丘物을

ᄒᆞᆯ 나도 同生同死

念念相續 間斷업시

부텨 ᄒᆞᆫ데 삼가여더라

打心 衆生이 安ᄒᆞᄂᆞ든

부텨 頓을 깃부샤일야

梁 柱 東

覺樹王ᄋᆞᆫ
이보늘 불휘 사ᄆᆞ샤니라
大悲ㅅ믈루 저지역
안ᄃᆞᆯ 이우누올ㅅ다라
法界ᄀᆞᄃᆞᆨ 구믈구믈
ᄒᆞᆯ 나두 同生同死
念念相續无間斷
부톄 ᄒᆞᆯᄃᆞᆺ 敬ㅅ홎다라
아으 衆生 便安ᄒᆞᄂᆞᆫ
부톄 ᄯᅩ 깃그샤리롸

池 憲 英

覺樹王ᄋᆞᆫ
이본을 불휘 삼샤니라
大悲ㅅ물루 저쳐아(대야아)
안ᄃᆞᆯ이오누올ㅅ다라
法界잇실 ᄃᆞᆰ들ㅅ
ᄃᆞᆰ들ᄃᆞ욀나두 同生同死
念念相續无間斷
부톄 ᄒᆞᆯᄃᆞᆺ 敬ㅅ홎다라
아으 衆生 便安(ᄃᆞᄉᆞᆯ)ᄒᆞᄂᆞᆫ
부톄 頓ㅅ 깃샤리롸

金 善 琪

각슈왕 안
미화 솜올 불귀애 샘 주안이라
깐 짜비물루 부라기
안들 이오나기 마문다라

볍개 고독 구물구물깔
우리도 똥생똥사
념념 상쇽 무간똰
뿌텨 깔라비 경곧다라
즁생 안가나돈
뿌텨 돈북 긷샨 이루라

金 俊 榮

覺樹王언
이븐을 불ᄒᆡ 삼샨이라
大悲ㅅ水루 저자ㄱ
안ᄃᆞᆯ 이옥ᄂᆞ오루ㅅᄃᆞ라
法界 거득 구믈ㅅ구믈ㅅ
ᄒᆞᆯ 나두 同生同死
念念相續无間斷
부텨 ᄒᆞᆯ다비 敬ㅅᄒᆞᆺᄃᆞ라
아一 衆生 편안ᄒᆞ놀든
부텨 모롯 깃샤루여

XXIV. 普皆廻向歌

小倉進平

므ᄅᆞᆺ 나의 ᄃᆞᆨ손
一切善陵頓部ᄅᆞᆯ 돌녀
衆生ㅅ 바ᄅᆞᆯ여해
왼 물이 업시 깨닷게 ᄒᆞ야 가제
부텻 바ᄅᆞᆯ돌 닐운 날ᄒᆞᆫ
懺ᄒᆞ다온 모딘 業도
法性ㅅ宅앳 寶라

녜로 ᄯᅩ ᄒᆞᆫ 일이더라
病吟 절ᄒᆞᄉᆞᆲ을손 부텨도
나의 몸인바 사ᄅᆞᆷ 잇이리(오)

梁 柱 東

ᄒᆞᆫ 내ᄋᆡ 닷ᄀᆞᆯ손
一切善 頓部ㅅ 도ᄅᆞ혀
衆生ㅅ 바ᄃᆞᆯ악ᄒᆡ
이본물 업시 알리가져
부텨ㅅ 바ᄃᆞᆯ 이룬 날ᄒᆞᆫ
懺ᄒᆞ다온 모딘 業두
法性ㅅ 지빗 보ᄇᆡ라
녜루 그랏ᄒᆞ샷두라
아으 禮ᄒᆞᄉᆞᆯᄇᆞᆯ손 부텨도
내몸 이바 ᄂᆞᆷ 이시리

池 憲 英

ᄒᆞᆫ내ᄋᆡ닷손
一切ᄉᆞᄅᆞ頓部ㅅ도ᄅᆞ혀(돌려아)
衆生ㅅ바ᄃᆞᆯ아ᄒᆡ
이본물업시 알리가(거)져
부텨ㅅ바ᄃᆞᆯ 이룬날ᄒᆞᆫ
懺ᄒᆞ다온 머즌業두
法性ㅅ宅잇寶라
녜루그랏 하샤두라
아으 禮ᄒᆞᄉᆞᆲ손 부톄두
내ᄋᆡ몸이바 ᄂᆞᆷ잇호리

金 善 琪

개 우리 닥손

일체 이론 돈북 도라기

중생 바돌애

이반 무라 옵시 깨나가재

뿌텨 바돌 이루안 날

깐짭까가 온 모딘 업도

봅셩 댁아이 보라

녜루 개린 까사도라

덜까살손 뿌텨도

우리 몸 이바 남 읻까로

金 俊 榮

모ᄃᆞᆫ 내 닷ᄀᆞᆷ손

一切 이든 돈부ㅅ 돌려ㄱ

衆生ㅅ 바ᄃᆞᆯ 아ᄒᆡ

이ᄇᆞᆫ 물 업시 씨ᄂᆞ가져

佛體ㅅ 바ᄃᆞᆯ 이룬 날ᄒᆞᆫ

懺ᄒᆞ다온 머즌 業두

法性ㅅ宅앳 보ᄇᆡ라

녜루 그럿 ᄒᆞ샤두라

아一 禮ᄒᆞ숣손 부텨도

내 몸 이바 사ᄅᆞᆷ 잇ᄒᆞ리

XXV. 總結無盡歌

小倉進平

生界를 다올든

나의 願 다올 날도 인이마리여

衆生ㅅ ᄀᆞᇫ의 움에

ᄀᆞᇫ 몰올 願海이과라

이다이 나ᅀᅡ가 닐어녀곤

아온 바일 善陵道여

이바 普賢行願

다시 ᄯᅩ 부텻 일이더라

阿耶 普賢ㅅ ᄆᆞᅀᆞᆷ애 어운바

이를 남아 달은 일을 버리제

梁 柱 東

生界 다ᄋᆞᆯᄃᆞᆫ

내願 다ᄋᆞᆯ 날두 이시리여

衆生ㅅ ᄭᅢ우미

ᄌᆞᇫ모ᄃᆞᆯ 願海이고

이다이 가 이라 녀곤

아온ᄃᆡ루 善길이여

이바 普賢行願

ᄯᅩ 부텨ㅅ 일이두라

아으 普賢ㅅᄆᆞᅀᆞᆷ 아ᄋᆞ바

이릇나마 他事捨져

池 憲 英

生界 다ᄋᆞᆯᄃᆞᆫ

내願다ᄋᆞᆯ 날두 이시리여(이신마리여)

衆生ᄭᅢ우미

ᄌᆞᇫ모ᄃᆞᆯ 願海이고

이다이가 이라 녀곤

아온ᄃᆡ루 ᄉᆞᄅᆞᆫ길여

이바 普賢行願

ᄯᅩ부텨일이두라

아으 普賢ㅅᄆᆞᅀᆞᆷ 아우바

이룻남아 他事捨져

金善琪

생개 다알다란

우리 원 다알 날도 읻니이라

중생ㄷ 갇이 음모

갇 모롤 원해닏가

이라개 나아가 이라 녀곤

아온 바루 이론 깔이라

이바 보현 완행

또 뿌텨 일이도라

보현 마잠 아우바

이롤 남래 따사 바리재

金俊榮

生界다올든

나의 願 다올 날두 인시리여

衆生ᄀᆞ이움이

ᄌᆞᇫ 모둘룰 願海이고

이 다비 너갸 이라 녀곤

아온 ᄃᆞ루 이든 길여

이바 普賢行願

ᄯᅳᆫ 모ᄃᆞ 부텨ㅅ 일이두라

아― 普賢ㅅᄆᆞ숨 아우바

이룻 남아 他事捨져

XXVI. 悼二將歌

梁 柱 東

一. 니믈 오올오ᄉᆞᆲ본
ᄆᆞᄉᆞᄆᆞᆫ ᄀᆞᇫ하ᄂᆞᆯ 밋곤
넉시 가샤ᄃᆡ
사ᄆᆞ샨 벼슬마 ᄯᅩᄒᆞ져

二. ᄇᆞ라며 아리라
그ᄣᅴ 두 功臣여
오라나 고ᄃᆞᆫ
자최ᄂᆞᆫ 나토샨뎌

池 憲 英

님을 올오ᄉᆞᆲ온 ᄆᆞᄉᆞᄆᆞᆫ
ᄀᆞᇫ하ᄂᆞᆯ 미치곤
넉시 가샤이여
ᄉᆞᄅᆞ(수리)여이신
짐ᄃᆡᄂᆞ리(ᄇᆞ드) 자피어
두 功臣여
오래나 고ᄃᆞᆫ 자리는
나토샤져

參考 論著

金善琪 : 1967~1975, 향가의 새로운 풀이, 現代文學 145호-250호 사이 16회 分載.

金完鎭 : 1973, 國語 語彙 磨滅의 研究, 震檀學報 35.

1977a, 三句六名에 대한 한 假說, 李崇寧先生 古稀紀念 國語國文學論叢.

1977b, 鄕歌의 語學的 研究의 基準, 言語와 言語學 5.

1978, 鄕歌 原文의 訂誤를 爲하여, 冠岳語文 3.

1979a, 鄕歌 解讀의 實際, 國語學 9.

1979b, 慕竹旨郎歌 解讀의 考究, 震檀學報 48.

1979c, 鄕歌 解讀의 考究 二篇, 東洋學 9.

1979d, 鄕歌 解讀 三章, 學術院 論文集(人文·社會) 18.

金俊榮 : 1979, 鄕歌文學.

徐在克 : 1974, 新羅 鄕歌의 語彙 研究.

小倉進平 : 1929, 鄕歌 및 吏讀의 研究.

安秉禧 : 1965, 後期 中世國語의 疑問法에 대하여, 學術誌(建國大學校) 6.

梁柱東 : 1942, 朝鮮古歌研究.

1965, 增訂 古歌研究.

1947, 麗謠箋注.

兪昌均 : 1971, 鄕歌의 「支」字 表記에 대하여, 藏菴池憲英先生華甲紀念論叢.

李基文 : 1973, 國語音韻史研究.

李崇寧 : 1955, 新羅時代의 表記法 體系에 관한 研究, 서울大學校 論文集 2.

1956, 濟州島方言의 形態論的 研究, 東方學志 2.

李　鐸 : 1958, 鄕歌新解讀, 國語學論攷.

鄭然粲 : 1972, 鄕歌 解讀의 一斑, 鄕歌의 語文學的 研究(金烈圭, 李在銑과의 共著)

池憲英 : 1948, 鄕歌麗謠新釋.

語 彙 索 引

고자 X-2.

구룸

구룸 IV-3.

구리

구릿 III-5.

구믈ㅅ구믈ㅅᄒᆞ-

구믈ㅅ구믈ㅅᄒᆞ야ᄂᆞᆯ XXIII-5~6.

九世

九世 XV-8.

軍

軍도 XII-3.

君

君은 III-1.

君다 III-9.

굴헝

굴헝히 I-8.

그릇

그릇 XXII-7, XXII-8, XXIV-8.

그르메

그르메 XIII-5.

그리-(慕)

그릴 I-7.

그리리 IX-8.

그리-(畫)

그리ᅀᆞᄫᆞᆫ XV-2.

그ᅀᅳᆨ

그ᅀᅳᆨ VI-2.

기드리-

기드리고다 XI-10.

기르-

기른 XX-7.

耆郞

耆郞ᄋᆡ IV-5.

기리-

기리ᅀᆞᆸ져 XVI-8.

기티-

기텨 IX-9.

기피

기피 XX-5.

길

길 I-7, XII-7, XXI-8, XXII-10.

길흔 XI-1.

길흘 XVIII-2.

길히여 XXV-6.

깃-

기스샤 I-2.

깄-

깃그시리로여 XXIII-10.

깃글 XIX-8.

깊-

기프신 IX-5.

ᄀᆞᄃᆞᆨ

ᄀᆞᄃᆞᆨ XXIII-5.

ᄀᆞᄅᆞ긋-

ᄀᆞᄅᆞ그ᅀᅵ XII-6.

ᄀᆞᆷ-

ᄀᆞ만 VII-7.

ᄀᆞᇦ-

ᄀᆞᄫᅡ XXV-9.

ᄀᆞᅀᆞᆯ

ᄀᆞᅀᆞᆯ XI-5, XIII-2, XX-10.

ᄀᆞᆺ

ᄀᆞᇫ XVI-7, XXV-4, XXVI-2.

ᄀᆞᅀᆞᆯ IV-8.

ᄀᆞᅀᅢ II-1.

ᄀᆞᆺ곰

ᄀᆞᆺ곰 IX-4.

나

나 XI-9.

나ᄂᆞᆫ XI-3, XX-3, XXII-4.

나ᄅᆞᆯ II-3.

김완진(金完鎭)

서울대학교 국어국문학과 명예교수
한국정신문화연구원 객원교수 역임
서울대학교 국어국문학과 졸업
서울대학교 대학원 문학석사 및 문학박사
『향가와 고려가요』, 『국어연구의 발자취(1)』(공저) 등

서울대학교 규장각한국학연구원 한국문화연구총서 21

향가해독법연구

초판 1쇄 발행 1980년 12월 20일
초판 16쇄 발행 2022년 4월 30일

지은이 김완진

펴낸곳 서울대학교출판문화원
주소 08826 서울 관악구 관악로 1
도서주문 02-889-4424, 02-880-7995
홈페이지 www.snupress.com
페이스북 @snupress1947
인스타그램 @snupress
이메일 snubook@snu.ac.kr
출판등록 제15-3호

ISBN 978-89-521-1834-9 93810
978-89-521-1069-5 (세트)